Male Spaces

D1663510

Jan G. Grünwald, Dr. phil., ist wissenschaftlicher Mitarbeiter im Bereich Neue Medien am Institut für Kunstpädagogik der Universität Frankfurt am Main.

Jan G. Grünwald

Male Spaces

Bildinszenierungen archaischer Männlichkeiten
im Black Metal

Campus Verlag
Frankfurt/New York

Bibliografische Information der Deutschen Nationalbibliothek:
Die Deutsche Nationalbibliothek verzeichnet diese Publikation in der Deutschen Nationalbibliografie.
Detaillierte bibliografische Daten sind im Internet unter http://dnb.d-nb.de abrufbar.
ISBN 978-3-593-39645-3

Copyright © 2012 Campus Verlag GmbH, Frankfurt am Main
Umschlaggestaltung: Campus Verlag, Fankfurt am Main
Druck und Bindung: CPI buchbücher.de, Birkach
Gedruckt auf Papier aus zertifizierten Rohstoffen (FSC/PEFC).
Printed in Germany

Dieses Buch ist auch als E-Book erschienen.
www.campus.de

Inhalt

Einleitung

Dominante Fiktionen von Männlichkeit

»Something in the adolescent male wants risk, courts danger, goes out to the edge – even to the edge of death.«[1]

Robert Bly, Autor und Protagonist der konservativen mythopoetischen Männerbewegung, sucht in seinem Buch *Iron John – Man and Masculinity*[2] eine Essenz von Männlichkeit, also einen natürlichen und monolithen Kern von Männlichkeit, der jedem Mann inhärent sei. Bly verbindet die Idee einer bestimmten Ur-Männlichkeit, die er beispielsweise in Mythen und Märchen ausmacht, mit der Innerlichkeit des Manns selbst.[3]

Bezeichnend an dem einleitenden Zitat ist der Begriff »something«, welcher einerseits auf etwas verweist – eine Essenz des Männlichen –, jedoch diese gleichzeitig undefiniert lässt. Dieses Etwas manifestiert Bly dann in einer Märchenfigur der Brüder Grimm: dem Eisenhans.[4] Das Märchen vom Eisenhans handelt von einem König, in dessen Reich sich ein Wald befindet, aus dem die Personen, die diesen betreten, nicht mehr zurückkehren. Schließlich entsendet der König einen mutigen Jäger mit seinem Hund. Der Hund findet die Gefahrenstelle – einen Tümpel – und wird vom »wilden Mann« in die Tiefe gezogen. Eisenhans haust auf dem Grund des Tümpels und zieht Menschen und Tiere in den Abgrund. Der Jäger lässt den Tümpel ausschöpfen und nimmt Eisenhans gefangen, der in einen Käfig auf dem

---

1 Bly, *Iron John*, S. 29.
2 Ebd.
3 Der Glaube an eine Urform von Geschlecht ist nicht zwingend an Männlichkeit gebunden. *Women Who Run with the Wolves: Myths and Stories of the Wild Woman Archetype* von Clarissa Pinkola Estés ist der weibliche Gegenentwurf zu Blys Iron John. Estés verortet die Essenz von Weiblichkeit in der Wolfsfrau, als Hüterin weiblicher Urinstinkte und einem intuitiven Wissen, um Gut und Böse zu unterscheiden. Darauf verweist auch der Titel der deutschen Übersetzung des Buchs: *Die Wolfsfrau: Die Kraft der weiblichen Urinstinkte.*
4 Grimm, *Kinder- und Hausmärchen,* http://www.textlog.de/40182.html.

Königshof eingesperrt wird und den Königssohn überredet, den Schlüssel für den Käfig unter dem Kopfkissen der Mutter zu stehlen und ihn freizulassen. Der Sohn folgt Eisenhans, aus Angst vor der Strafe seiner Eltern, in den Wald.[5]

Der Eisenhans stellt für Bly eine Art prototypische Männlichkeit dar, die er als »wild man« bezeichnet. Er verbindet diesen fiktionalen, prototypischen Charakter mit einer Art biologistischem Apriori:

»The knowledge of how to build a nest in a bare tree, how to fly to a wintering place, how to perform the mating dance – all of this information is stored in the reservoirs of the bird's instinctual brain. But human beings, sensing how much flexibility they might need in meeting new situations, decided to store this sort of knowledge outside the instinctual system; they stored it in stories. Stories, then – fairy stories, legends, myths, heart stories – amount to a reservoir where we keep new ways of responding that we can adopt when the conventional and current ways wear out.«[6]

Durch die moderne Gesellschaft scheinbar unterdrückte männliche Instinkte werden in Märchen und Mythen ausgelagert und bieten dort einen Behälter, der diese Instinkte konserviert. Bly stereotypisiert Männlichkeit als animalisch. Der »wilde Mann« soll, so Bly, von der »soften«, zeitgenössischen Männlichkeit wiederentdeckt werden, um letztlich glücklich werden zu können.[7] Im Gegensatz zum »soften Mann« ist der »wilde Mann« ernsthaft und entschlossen, handelt instinktiv und ist noch nicht gänzlich zivilisiert.[8] Die Märchenfigur des Eisenhans stellt für Bly eine nutzbare Metapher dar, weil er den wilden Mann repräsentiert, der noch unter Wasser lebt und darauf wartet, an die Oberfläche zu gelangen – sprich vom »realen Mann«, der bei Bly häufig mit dem »soften Mann« tautologisiert wird, wiederentdeckt zu werden. Die Problematik dieses Konzepts einer essentialistischen Männlichkeit,[9] welches Bly beschreibt, ist gleichzeitig ein wichtiges Beispiel dafür, dass der Begriff der Männlichkeit einen Raum benötigt, um bestimmte

---

5 Der Rest des Märchens ist für die Analyse nicht von Belang und findet deswegen keine Erwähnung.

6 Bly, *Iron John*, S. IX.

7 Der *soft male* ist ein Phänomen, welches in den siebziger Jahren begonnen hat, so Bly: »Sometimes even today when I look out at an audience, perhaps half the young males are what I'd call soft. They're lovely, valuable people – I like them – they're not interested in harming the earth or starting wars. There's a gentle attitude toward life in their whole being and style of living. But many of these men are not happy. You quickly notice the lack of energy in them. They are life-preserving but not exactly life-giving.« (Ebd. S. 2.)

8 Ebd. S. 8.

9 Inszenierungen archaischer Männlichkeit oszillieren zwischen Naturalisierung und Inszenierung, versuchen jedoch ebenfalls Männlichkeit als etwas Essenzielles zu vermitteln.

Ideen zu transportieren. Und vor allem, dass Männlichkeit selbst eine Art beschreibbare ideologisierte[10] Leerstelle ist, die mit Vorstellungen und Ideen aufgeladen wird. Zwei Punkte der Inszenierung von Männlichkeit werden durch die von Bly geschaffene Figur sichtbar:

Die Inszenierung soll nicht als solche erkennbar sein. Männlichkeit wird als natürlich und instinktiv dargestellt und als »something«, welches den archetypischen Kern von Männlichkeit zu beschreiben versucht. Selbst ein Autor, der von einer archetypischen Essenz von Männlichkeit ausgeht, muss dies über eine fiktive Figur tun. Männlichkeit ist fiktional, und der Mann dient dabei als Träger von Zuschreibungen. Der ideologische Kern von Männlichkeit manifestiert sich im Äußeren: bei Bly in Märchen und Mythen oder in dieser Arbeit in der Verbildlichung von Männlichkeit.

Die Hauptproblematik von Blys Männlichkeitskonzept liegt darin, Märchen und traditionelle Narrationen als eine Art natürlichen Kern von »wilder Männlichkeit« zu deuten und nicht in Betracht zu ziehen, dass diese Fiktion von Männlichkeit ein ideologischer Raum ist, um Ideen von Männlichkeit zu transportieren, die eben keinem essenziellen Kern von Männlichkeit zugrunde liegen.[11]

Von Autoren wie Robert Bly wird versucht, eine Kohärenz und gar eine Essentialität von Männlichkeit vorauszusetzen.[12] Eine solche Essenz bezieht sich auf die Fantasie einer ernsten, naturhaften und wilden Männlichkeit. Es zeigt sich der Versuch, ein utopisches Bild von Männlichkeit zu konservieren. Der vermeintlich archetypische Kern einer solchen fiktionalen Männlichkeit kann mit dem Begriff der Ernsthaftigkeit beschrieben werden. Für Kirchner und Michaelis bedeutet »Ernst«, im Gegensatz zur »Heiterkeit«, »die Wahrhaftigkeit einer Aussage und die erreichte Übereinstimmung der

---

10 Der Begriff der Ideologie ist hier im Sinne von Alain Badiou zu verstehen: als eine Idee von etwas. (Vgl. Badiou, *The Communist Hypothesis*, S. 240.)

11 Was Žižek treffend (für das Medium Kino) feststellt, kann hier auf jede Projektionsfläche von Ideen über Männlichkeit übertragen werden, nämlich dass Kino der perfekte Repräsentant für den momentanen Stand der ideologischen Realität ist. Eine Geschichte, ein Bild, ein Film oder ein Musikvideo zeigen nicht den aktuellen Stand von Männlichkeit selbst und schon gar nicht eine natürliche Essenz, sondern die Ideen, die sich mit diesem ideologischen Konstrukt verbinden. (Vgl. Žižek, *Perverts Guide to Cinema*, DVD.)

12 Der Bezug von Bly auf Carl Jung ist hierbei unübersehbar. Jung verwies darauf, dass die Geschlechtsidentität nicht alleine durch Sozialisation bestimmt sei, sondern mittels Archetypen. Während Freud eher darauf bedacht war, die Mann/Frau-Dichotomie zu beseitigen, so war Jung nicht nur ein Verteidiger dieser Polarität, sondern verortete sie als unveränderliche Wahrheit in der menschlichen Psyche. (Vgl. Connell, *Masculinities*, S. 13.)

Aussage mit dem Gegenstande derselben«[13]. Diese Definition trifft auf Blys Männlichkeitskonzept zu: Er geht davon aus, dass das fiktive Ideal von Männlichkeit nur die Veräußerung eines natürlichen Kerns sei, der im Mann selbst liege. Das Paradox, dass ein immaterieller Kern von Männlichkeit (von einem solchen Kern auszugehen, ist bereits ein ideologisch verklärter Ausgangspunkt) veräußert werden kann, ist in seiner exakten Umkehrung das Leitmotiv des hier verwendeten Männlichkeitsbegriffs: die materialisierte Männlichkeit (über Inszenierungen und deren Bilder) ist alleiniger Ausgangspunkt. Der Glaube an eine männliche Innerlichkeit ist abzulehnen. Männlichkeit existiert allein in ihrer Veräußerung über den Körper und seine Verortung sowie der medialen Bilder, die generiert werden.

Weil Mythen von Männlichkeit heutzutage weniger in Märchen ausgelagert werden als in (Pop-)Bilder,[14] ist die Analyse von Männerbildern und deren Inszenierung unerlässlich. Der Begriff der Ernsthaftigkeit ist das Prinzip einer solchen Männlichkeit und deren inszenatorischer Kern. Der Begriff der Ernsthaftigkeit stellt eine (immaterielle) Instanz dar, die kaum Erwähnung findet,[15] und dies nicht, weil sie nicht präsent ist, sondern gerade weil sie so präsent ist, dass sie normalisiert[16] und dadurch unsichtbar – als Teil jeder Darstellung von Männlichkeit – geworden ist. Männlichkeit und Ernsthaftigkeit werden zusammen gedacht. Meist wird diese Verbindung nur im Moment der Abweichung oder der Überzeichnung sichtbar bzw. visualisiert. Die Visualisierung von Männlichkeit ist Gegenstand dieser Arbeit.

---

13 Kirchner/Michaëlis, *Wörterbuch der Philosophischen Grundbegriffe*, S. 188–189.

14 Zum Popbild vgl. Richard/Grünwald/Ruhl, *Me, Myself & I*, S.114 –132 und vgl. auch die Einschätzung von Steven Shaviro: »Pop culture figures are icons, which means that they exhibit, or at least aspire to, an idealized stillness, solidity, and perfection of form. Yet at the same time, they are fluid and mobile, always displacing themselves. And this contrast between stillness and motion is a generative principle not just for celebrities themselves, but also for the media flows, financial flows, and modulations of control through which they are displayed, and that permeate the entire social field.« (http://www.shaviro.com/Blog/?p=714.)

15 Latzel, *Der ernste Mensch und das Ernste*, S. 9.

16 »Was ›Ernst‹ ist, scheint sich von selbst zu verstehen. Es verhält sich damit ähnlich wie mit den unmarkierten Verbformen in der Sprachwissenschaft. Den Indikativ, das Aktiv, das Präsens hat man weit weniger untersucht als z.B. den Konjunktiv, das Passiv oder die Tempora Perfekt und Imperfekt. Man erklärt die erstgenannten Formen auch kaum im Fremdsprachenunterricht. Sie scheinen sich von selbst zu verstehen, das ›Normale‹ zu sein. Als ähnlich ›normal‹, ›alltagsnormal‹ wird offenbar das Ernstsein angesehen, es scheint als Gegenstand der Reflexion kein Kopfzerbrechen zu bereiten.« (Ebd., S. 9.)

Visualisierung von Männlichkeit

Es soll im Folgenden das Bildprogramm einer bestimmten Form von Männlichkeit untersucht werden. Dies geschieht anhand der Analyse der Bild-Inszenierungen des Musikgenres »Black Metal« im Musikvideo. Anhand verschiedener Bildbeispiele und Referenzen soll zudem ein Begriffsrahmen gefunden werden, in dem sich diese Inszenierungen verorten lassen. Die Form von Männlichkeit, die hier thematisiert wird, oszilliert zwischen einem vermeintlich systemimmanenten Konsens bei gleichzeitiger Distanzierung davon. Es herrscht eine Gleichzeitigkeit von Teilen einer Dominanzkultur und Teilen einer Gegenkultur.[17] Dabei entstehen inszenatorische Räume der Widerständigkeit, die Neues, Abseitiges produzieren und jeder Konsensualität entgegenzustehen versuchen.

Der Fokus dieser Arbeit liegt auf Bildern und darauf, wie diese zueinander stehen, sowie auf Ästhetiken, die diese Bilder verbinden oder voneinander trennen (Kapitel 3–7). Zugleich wird das Bild-Surplus untersucht (Kapitel 8) mit dem Versuch, eine Theorie der Widerständigkeit zu entwickeln (Kapitel 9), die als bedrohliche Ernsthaftigkeit beschrieben werden soll. Bedrohliche Ernsthaftigkeit ist zugleich Metaebene und Bildästhetik und als wichtigeres Verbindungsglied zwischen den Bildern einzustufen als beispielsweise narrative Zusammenhänge. Das Bild einer bestimmten, hier entwickelten Darstellungsform von Männlichkeit setzt sich aus drei Punkten zusammen, die dem Bild zugeordnet sind: Subjekt, Raum und Ereignis. Diese drei Bildkomponenten stehen in bestimmten Relationen zueinander und ergeben das Bild dessen, was als archaische Männlichkeit klassifiziert werden wird. Archaische Männlichkeit ist die Inszenierungspraxis von Männlichkeit, die sich aus der Analyse des Bildmaterials ergibt. Diese bestimmte Form von Männlichkeit, wie sie in dem Musikgenre Black Metal inszeniert wird, ist nicht ohne ihre Verortung und ihr Ereignis-Surplus zu denken.

Die Aktualität dieser Inszenierungen und der Versuch anderer musikalischer und künstlerischer Bereiche, sich dieser ins Popbild eingebetteten Abweichungsstrategie archaischer Männlichkeit zu bemächtigen, zeigen sich an mannigfaltigen Beispielen: Der Fotograf Peter Beste veröffentlicht den Fotoband *True Norwegian Black Metal* (2008); die Dokumentation *Until The Light Takes Us* widmet sich ebenfalls der norwegischen Black-Metal-Szene (2009); das Mo-

---

17 »Als Gegenkultur definiert Ilse Modelmog ein zur Dominanzkultur gegenläufiges Geschehen, welches durch Reflexivität, aber auch durch Neugier, Leidenschaften oder Imaginationen ausgelöst werden kann.« Löw, *Raumsoziologie*, S. 185.

demagazin *D-Mode Magazine* zeigt eine Modestrecke, welche die Models im Stil des Black Metal inszeniert (2008); ein Spielfilm über das Leben des Black -Metal-Musikers Varg Vikernes ist in Planung, bei dem der Schauspieler Jackson Rathbone die Hauptrolle spielen soll, der durch die populären *Twilight*-Filme bekannt ist; das Modelabel *Silas And Maria* veröffentlicht Accessoires im Black-Metal-Stil unter dem Namen »Black Metal Home Ware« (2004).

Im ersten Kapitel dieses Buchs wird anhand der Analyse gender- und männerwissenschaftlicher Diskurse ein Begriff von Männlichkeit erarbeitet und die Wichtigkeit der Verortung dieser Männlichkeit im Bewegtbild hervorgehoben. Darauffolgend wird auf das Medium eingegangen, anhand dessen diese bestimmten Inszenierungspraxen von Männlichkeit und deren Verortung sichtbar werden. Das Bewegtbild, welches das Forschungsfeld darstellt, wird durch den hier entwickelten Methodenapparat analysierbar. In Kapitel 2 wird der Begriff der archaischen Männlichkeit entwickelt. Dieser stellt eine Form von stereotyper Idealvorstellung einer monolithen und rückgewandten Männlichkeit dar, die sich bewusst unzeitgemäß gibt. Die Realitätsferne, die Wichtigkeit der Inszenierung und ihrer Verortung sowie ein konsequenter Wille zur Differenz, welche Definitionsmerkmale archaischer Männlichkeit sind, finden sich in dem Musikgenre Black Metal. Dieses Musikgenre wird exemplarisch für die Inszenierungspraxis der archaischen Männlichkeit analysiert. Kapitel 3–7 analysiert die Verortung archaischer Männlichkeit in seinen Inszenierungsräumen. Es wird die Wichtigkeit von Anwesenheit und Absenz für die Inszenierung hervorgehoben, um dann eine Typologie des Raums zu entwickeln, in dem die Inszenierungen archaischer Männlichkeit im Black Metal stattfinden. Es zeigt sich, dass Raum und Männlichkeitsinszenierungen einander bedingen. Während in Kapitel 3–7 die Darstellungsparadigmen des sichtbaren Raums, sprich des Darstellungsraums beschrieben werden, widmet sich Kapitel 8 einem Raum, der immer anwesend ist, ohne sichtbar zu sein. Dieser wird als Ereignisraum bezeichnet und beschreibt das Bedeutungs-Surplus, welches zur Inszenierung im Bild gehört und im Bild visualisiert wird. In diesem Kapitel wird die Wichtigkeit eines Realereignisbezugs für die Inszenierung archaischer Männlichkeit hervorgehoben, und es werden Strategien, wie die immateriellen atmosphärischen Begriffe »Ernsthaftigkeit«, »trueness« oder »das Böse«, herausgearbeitet, die über die Inszenierungen materialisiert werden. In Kapitel 9 werden die Ergebnisse resümiert und die Anwendbarkeit auf Männlichkeitsinszenierungen in anderen Bildmedien wird gezeigt. Abschließend wird reflektiert, wie die hier analysierten Widerstandsstrategien zu werten sind und wie sie zu anderen Formen widerständiger Inszenierungen stehen.

1. Kontextualisierung: Männlichkeit, Raum, Bild

1.1 Männlichkeit

Da diese Veröffentlichung mit einem konkreten, anti-essentialistischen Begriff von Männlichkeit als Inszenierungspraxis operiert, sollte zuerst auf den wissenschaftlichen Diskurs von Männlichkeit eingegangen werden, um dann die Wichtigkeit der Inzenierungsräume hervorzuheben. Der Autor setzt voraus, dass Männlichkeit als variables Konstrukt verstanden wird und es somit nicht nur eine Form von Männlichkeit gibt. Wenn der Begriff der Männlichkeit im Singular verwendet wird, ist der Plural mitzudenken. Männlichkeit als Kategorie erhält ihre konkreten Inhalte durch kulturelle und historische Zuschreibungen, deren Variabilität zu erkennen notwendig ist und unterschiedliche Formen annehmen kann. Männlichkeit ist ein kulturelles Produkt, kein biologisches: Sie ist ein Konstrukt und manifestiert sich in der Inszenierung. Sie ist keineswegs eine Zusammenstellung von Attributen, die dem männlichen Subjekt von Geburt an inhärent sind, sondern eine Reihe von Erwartungen, die gesellschaftlich angemessen scheinen und so vermittelt werden.

»Sex differences, on almost every psychological trait mesured, are either non-existent or fairly small. Certainly much smaller than the differences in social situations that are commonly justified by the velief in psychological difference – such as unequal incomes, unequal responsibilities in child care and drastic differences in access to social power.«[18]

Stefan Hirschauer nennt drei »axiomatische Basisannahmen«[19], die den Konstruktionsprozess von Geschlecht verschleiern, um so immer nur zwei Sorten von Menschen zuzulassen (Mann/Frau). Erstens nennt er die Annahme der Konstanz, bei der unterstellt wird, dass es eine lebenslange Gültigkeit der

---

18 Connell, *Masculinities*, S. 21.
19 Hirschauer, *Die soziale Fortpflanzung der Zweigeschlechtlichkeit*, S. 668–692.

Geschlechtszugehörigkeit gebe. Die Geschlechtszugehörigkeit zeige sich allein an körperlichen Merkmalen und stärke die Annahme der Naturhaftigkeit von Geschlecht. Und drittens nennt er die Annahme der Dichotomizität, bei der nur eine polare Geschlechtszugehörigkeit anerkannt wird und nichts jenseits davon.

1.1.1 Naturalisierungsprozesse

Bezogen auf die Naturalisierungsprozesse von Geschlechtszuschreibungen wäre Erving Goffmans Begriff der »Geschlechtsklasse«[20] zu nennen. Laut Goffman dient das Geschlecht als Grundlage eines zentralen Codes, nach dem soziale Interaktion und soziale Strukturen aufgebaut sind und der die Vorstellung der Einzelperson, der eigenen menschlichen Natur, entscheidend prägt. Schon bei der Geburt werden Kleinkinder aufgrund ihrer körperlichen Gestalt, also anhand von biologischen Merkmalen, einer Geschlechtsklasse zugeordnet, welche an eine geschlechtsbezogene Identifikationskette gebunden ist.[21] Um die biologischen Unterschiede, welche Goffman als gering einstuft, als Ursachen sozialer Konsequenzen zu sehen, welche aus diesen biologischen Vorgaben scheinbar resultieren, bedarf es eines »geschlossenen Bündels sozialer Glaubensvorstellungen und Praktiken«[22]. Die Vorstellung von der Natur des Menschen wird vom Code des Geschlechts geprägt, nicht umgekehrt.[23] Goffman spricht erst von Geschlecht, wenn ein Individuum dem gesellschaftlichen Sondierungsprozess unterworfen wird. Das Individuum, indem es in diese Sondierungsprozesse einbezogen wird und die Ordnung der Geschlechter (was einen Mann und eine Frau ausmacht) übernimmt, entwickelt so eine Geschlechtsidentität. Die Geschlechtsidentität zeigt sich an Vorstellungen und wirkt sich gleichfalls auf Verhaltensmuster aus. Dies bezeichnet Goffman als »genderism«: Geschlecht als ein naturalisierter Ordnungsfaktor von Interaktionen.

---

20 »Sex-class« (Goffman, *Interaktion und Geschlecht*, S. 108.)
21 In unserer Gesellschaft gibt es vier wichtige diffuse Statuskategorien: Alter, Geschlecht, Klasse und ethnische Zugehörigkeit. Diese Kategorien bilden ein Raster sich überschneidender Linien, in dem jedes Individuum durch den Bezug auf jeder der vier Statuskategorien verortet werden kann.
22 Goffman, *Interaktion und Geschlecht*, S. 106.
23 Vgl. ebd. S. 163.

1.1.2 Binäre Arrangements

Erving Goffman versucht sich von einer sozialstrukturellen Betrachtung abzugrenzen und untersucht die Anordnung der Geschlechter in sozialen Situationen,[24] also nicht nur das Verhältnis der Geschlechter zueinander, sondern das Arrangement. Es könnte ergänzt werden, dass der Handlungs- bzw. Inszenierungsraum hier bereits eine große Rolle für die Darstellung von Geschlecht spielt. Während Goffman auf das soziale Arrangement verweist, soll in diesem Buch der Hauptfokus auf das visuelle Arrangement gelegt werden. Der Begriff des Arrangements bezieht sich einerseits auf die Konstellation, in der Frauen und Männer zueinander stehen;[25] sie arrangieren sich so, dass die ihnen zugeschriebenen Eigenheiten zum Ausdruck kommen können. Andererseits ist das Arrangement aber auch die Anordnung, in welcher die Geschlechter durch Kulturmuster klassifiziert werden, die nicht zur Disposition stehen und die in ihren Handlungen nicht frei gewählt werden können. Geschlecht bildet so den Prototyp einer »sozialen Klassifikation«[26], weil die Ordnung der Geschlechtsklassen, außer in Fällen von Intersexualität oder Fehlzuschreibungen, die gesamte Bevölkerung einnimmt und lebenslange Geltung hat. Für Goffman ist das dritte Geschlecht folglich nur eine Ausnahme, deren Bedeutung daher rührt, dass es eine Normwidrigkeit darstellt und dadurch eine Geschlechterdichotomie stützt. Auch Transvestiten erschüttern die rituelle Ordnung nur peripher, »solange sie nicht die den Geschlechtern zugeschriebenen Orte im Alltag für sich beanspruchen«[27]. Die Möglichkeit, mit der Ordnung zu spielen, bestätigt nur die bestehende Ordnung. Individuelle Verhaltensabweichungen sind erst dann subversiv, wenn sie beanspruchen, in die Institutionen des jeweiligen Geschlechts integrierbar zu sein. Jedoch sind Darstellungen der Geschlechtsidentität dem Wandel der Zeit unterworfen und bedürfen so eines historischen Verständnisses.

Die »Geschlechtsklasse« ist der erste Schritt zu einem fortwährenden Sortierungsvorgang, welcher dazu führt, dass beide Klassen einer unterschiedlichen Sozialisation unterworfen werden. Durch die unterschiedliche Behandlung, das Sammeln unterschiedlicher Erfahrungen, werden andere Erwartungen gestellt und erfüllt, was dazu führt, dass sich die äußere Er-

---

24 Soziale Situationen sind für Goffman jeder räumliche Schauplatz, in dem sich eine Person der Face-to-face-Gegenwart einer oder mehrerer Personen ausgesetzt findet, auch wenn sie nur geringfügig miteinander verbunden sind. Ebd. S. 106.
25 Dies wird in der Raumforschung als *Spacing* bezeichnet. Vgl. Löw, *Raumsoziologie*.
26 Goffman, *Interaktion und Geschlecht*, S. 108.
27 Ebd. S. 173.

scheinung, das Handeln und das Fühlen objektiv über das »biologische Muster«[28] legt und dieses Muster stützt, missachtet oder durchkreuzt.[29] Die Binarität der Geschlechter als soziale Kategorie erscheint in völligem Einklang mit den biologischen Gegebenheiten. Obwohl das soziale Geschlecht[30] eine soziale Folge gesellschaftlicher Funktionsweisen darstellt, findet diese Folge doch einen sichtbaren Ausdruck. Deswegen unterstreicht Goffman, dass sein Begriff der »Geschlechtsklasse« als soziologische Kategorie zu sehen ist, die sich nicht auf die Biowissenschaften bezieht.[31] Das gesellschaftliche Konzept der wesentlichen Charakteristika der beiden Geschlechtsklassen generiert Idealbilder von Männlichkeit und Weiblichkeit sowie eine bestimmte Vorstellung von der grundsätzlichen Natur des Menschen. Dies schließt positive wie negative Züge ein und bietet somit ein Instrumentarium der Erklärung, Rechtfertigung und Missbilligung individueller Handlungsweisen. Die »Geschlechtsidentität«[32] entwickelt sich durch das Gefühl des Individuums dafür, wie es sich selbst hinsichtlich seiner Geschlechtsklasse und Idealvorstellungen des eigenen Geschlechts beurteilt. Diese Identifikationsquelle gilt Goffman als äußerst wichtig.

Die »Glaubensvorstellungen« von Geschlecht und Sexualität stehen in einem engen Wechselspiel mit dem tatsächlichen Verhalten der Geschlechter. Der Begriff der Sexualität beschreibt Handlungsmuster sexueller Erfahrung und Stimulierung, die »kulturspezifische Formen der äußeren Erscheinung, der Kleidung, des Stils, der Gesten und ähnlichem, annehmen«[33]. Ein großer Teil des Sexualverhaltens ist an Geschlechtsklassen gebunden und macht somit einen Teil des sozialen Geschlechts aus. Idealbilder von Männ-

---

28 Ebd. S. 109.

29 Hier könnte man ergänzend Goffmans Beschreibungen über das, was er »face« nennt und auf die Einzelperson bezieht, auf das Geschlecht übertragen. Das »face«, das eigene Image, ist die soziale Außenseite des Individuums, welches mithilfe von Ritualen aufgebaut wird. Hinter dieser Außenseite verbirgt sich, laut Goffman, ein zynischer Spieler. Goffman unterteilt dieses doppelte Selbst in eine »akute soziale Identität«, die situationsbedingt eingesetzt und bestätigt werden kann, und eine »virtuelle Identität«, die über Situationen hinweg aufrecht erhalten wird. Das »face« wird in jeder Interaktion aufs Neue auf die Probe gestellt. Passt der Ausdruck nicht zu der verfolgten Verhaltensstrategie, so hat das Individuum ein »wrong face«, verfolgt es keine erkennbare Strategie, so ist es »out of face« (gesichtslos). Das Individuum versucht sein Gesicht/Image aufrechtzuerhalten und erreicht dies über den Gleichklang mit der jeweiligen »Geschlechtsklasse«.

30 In der englischen Sprache verwendet Goffman den Begriff des sozialen Geschlechts »gender«, wenn er von Geschlecht spricht.

31 Vgl. Goffman, *Interaktion und Geschlecht*, S. 109.

32 »Gender identity« (Ebd., S. 110.)

33 Ebd.

lichkeit und Weiblichkeit können sich als »selfulfilling prophecy« auf das tatsächliche Verhalten der jeweiligen Klasse auswirken. Durch den Zusammenhang sekundärer Geschlechtsmerkmale mit der Sexualität und durch die Beschreibung des Zusammenhangs als »geschlechtsspezifisch« deutet man fälschlicherweise eine Personenkategorie an, die durch eine biologische Sichtweise definiert wird. Geschlechtsbezogene Handlungsweisen werden nicht nur von einer beispielsweise männlichen Masse oder männlichen Einzelkörpern ausgeführt, sondern durch etwas motiviert, das dem einzelnen Individuum innewohnt[34], und wirken sich also auf individuelle Verhaltensmuster aus. Dies beschreibt Goffman als »Genderismus«.[35] Diese Genderismen entstehen nicht durch die direkte Konfrontation mit einer unerbittlichen Außenwelt, sondern durch eine Umwelt, deren speziell dafür eingerichtete Zweckmäßigkeit diese heraufbeschwört.

Rituelle Darstellungen[36] spiegeln eine Politik der Geschlechter wider, die dem Mann Züge der Kompetenz und selbst der kompetenten Frau Züge der Hilfsbedürftigkeit zuweist. Für Goffman ist die moderne Gesellschaft deswegen als patriarchalisch anzusehen, in der Frauen benachteiligt werden. In der ethnischen und sozialen Schichtung, bei Erbregelungen, Bildungschancen (bis zum niedrigsten akademischen Grad) und bei individuellen Konsummöglichkeiten, so Goffman, sind Frauen und Männer als gleichgestellt zu betrachten. Bei der Entlohnung der Arbeit, dem Erreichen von Dienstgraden, dem Zugang zu bestimmten Berufsfeldern und dem Benutzungsan-

---

34 Hier ist jedoch nicht ein essenzieller Kern von Geschlecht gemeint, sondern viel mehr soziale Konditionierungen.

35 Goffman, *Interaktion und Geschlecht*, S. 113.

36 Goffman schließt mit seinem Ritualbegriff an Durkheims Ritualtheorie an, bei der Rituale nicht als eine Folge psychologischer Kräfte, sondern als eine symbolische Darstellung des gesellschaftlichen Kollektivs angesehen werden. Goffman ist aber der Meinung, dass »die traditionellen Großrituale im Niedergang begriffen sind«, während nur die kleinen interaktiven Rituale der Höflichkeit und des Respekts geblieben sind. Mit Ritualen wird »nicht mehr das gesellschaftliche Kollektiv verehrt, sondern der Individualismus«. Es gibt einen ausgeprägten modernen Individualismus, der in den Ritualen zum Ausdruck kommt, welche das eigentliche Bindeglied zwischen dem strategischen Akteur und den Strukturen der Interaktion bilden. Das Sozialleben zehrt von der Spannung strategischer individueller Interessen und vorgegebener Muster. Soziales Handeln bewegt sich zwischen Strategie und Ritual. Die interpersonellen Rituale regulieren auf vielfältige Weise den Umgang der Individuen mit einander. Die wertvollen Objekte, die im Ritual verehrt werden, sind die Individuen selbst. Rituale beschreiben eine Formalisierung von Verhaltensweisen, die, zum Zweck der effektiven Signalwirkung, vereinfacht, übertrieben, stereotypisiert und aus dem ursprünglichen Sinnzusammenhang der auslösenden Reize, herausgelöst werden. (Vgl. Goffman, *Interaktion und Geschlecht*, S. 14.)

spruch öffentlicher Strassen und Plätze sind Frauen im Nachteil. Das Interesse gilt den Arrangements, in denen diese Benachteiligung geschieht und ihrer symbolischen Bedeutung. Es gibt verschiedene Merkmale der sozialen Organisation bzw. der institutionellen Reflexivität[37], die zu einer Verfestigung der Geschlechtsrollenstereotypen und vorherrschenden Arrangements der Geschlechter führen. Tief verankerte institutionelle Praktiken wirken so auf soziale Situationen ein, dass sich diese in Kulissen zur »Darstellung von Genderismen beider Geschlechter (sexes) verwandeln«[38]. Viele dieser sozialen Situationen haben rituellen Charakter und bekräftigen die Glaubensvorstellungen über die Unterschiedlichkeit der beiden Geschlechter und bieten gleichzeitig Verhaltensmuster, die eine Annäherung erleichtern.

»Wenn die Sexualbeziehung als Herrschaftsverhältnis erscheint, dann deshalb, weil sie anhand des fundamentalen Einteilungsprinzips zwischen dem Männlichen, Aktiven, und dem Weiblichen, Passiven, konstruiert wird und weil dieses Prinzip den Wunsch hervorruft, ausformt, ausdrückt und lenkt, den männlichen Wunsch als Besitzwunsch, als erotisierte Herrschaft und den weiblichen Wunsch als Wunsch nach männlicher Dominanz, als erotisierte Unterordnung oder gar, im Extremfall, als erotisierte Anerkennung der Herrschaft.«[39]

Die traditionellen Idealbilder von Weiblichkeit und Männlichkeit ähneln sich insofern, als dass ideologische Vorstellungen über das andere Geschlecht von beiden Geschlechtern unterstützt werden. Gleichzeitig ergänzen sie sich darin, dass sich das Idealbild des jeweiligen Geschlechts vom anderen unterscheidet und dennoch beide zusammen passen. Diese Dichotomie zeigt sich in der Gegenüberstellung scheinbar geschlechtsspezifischer Merkmale wie Stärke gegenüber Schwäche oder technischer Kompetenz gegenüber technischem Unwissen.[40] Die Idealbilder haben eine politische Wirkung, weil sie das eine Geschlecht dem anderen gegenüberstellen und so die Konkurrenz im Wettstreit auf das jeweilige Geschlecht beschränkt quasi halbiert wird. Für Goffman sind Gesellschaften sexistisch, weil das jeweilige Geschlecht,

---

37 Der Unterschied der Geschlechter wird nicht nur in der Interaktion erzeugt, er wird zugleich von Institutionen geregelt.

38 Goffman, *Interaktion und Geschlecht*, S. 150.

39 Bourdieu, *Die männliche Herrschaft*, S. 41.

40 Wilfried Gottschalch beschreibt diese historisch determinierten Geschlechtsvorstellungen so: »Als männlich gelten Aktivität, Außen, Produktion, Arbeitswelt, Härte, Distanz; als weiblich: Passivität, Innen, Konsumtion, Familie, Solidarität und Intimität«. (Gottschlach, *Männlichkeit und Gewalt*, S. 32.)

um die eigene Identität[41] zu bestätigen, etwas tun muss, das das andere Geschlecht, aufgrund der eigenen »Natur«, nicht vermag.[42]

1.1.3 Hegemoniale Männlichkeit

Das soziale Geschlecht ist mit anderen sozialen Strukturen wie *class* und *race*[43] verwoben, die berücksichtigt werden müssen. Es müssen bei der Darstellung und Analyse von Geschlechterrelationen nicht nur das Herrschaftsverhältnis zwischen Männern und Frauen beachtet werden, sondern auch Relationen zwischen Männern und verschiedenen Männlichkeiten. Genauso bildet der männliche Körper keineswegs eine physikalische Einheit, sondern ist als kulturelle Form und soziales Geschlecht Informationsträger.[44] Definitionen von Männlichkeit sind somit auch immer mit der Entwicklung von Institutionen und ökonomischen Strukturen verwoben. Das dekonstruktivistische Konzept Judith Butlers[45] hat auch Vorstellungen von Männlichkeit zersetzt, indem Männlichkeit und Weiblichkeit gleichermaßen als Variablen diskursiver Praktiken gesehen werden und als Ergebnis komplexer Inszenierungsstrategien. An der Infragestellung traditioneller Männlichkeitskonzepte und der Ansicht, dass das männliche Geschlecht diskursiv produziert wird

41 Der Identitätsbegriff muss kritisch betrachtet werden und sollte nur als ein Verfahren der individuellen und kulturellen Identätsbildung verstanden werden – nicht als Ideologie einer stabilen und homogenen Identität. (Vgl. Martschukat/Stieglitz, *Geschichte der Männlichkeiten*, S. 52.)

42 Goffman orientiert sich an amerikanischen Mittelschichtsverhaltensweisen und -vorstellungen, während andere Patriarchate ohne vergleichbare Rituale und Handlungen auskommen.

43 Auch der *race*-Begriff ist einer permanenten Bedeutungsverschiebung unterworfen, weil die definierenden historischen, kulturellen, politischen und sozialen Bedingungen, die ihn prägen, selbst diesen Verschiebungen unterworfen sind. Der Begriff *race* beschreibt öfter das Aussehen und äußerliche Merkmale von Menschen, während sich der Ethnizitätsbegriff eher auf traditionell und kulturell verbundene Gemeinschaften bezieht (also Herkunftsland oder Religion.)

44 Hagemann-White stellt 1984 die theoretischen Grundlagen der Zweigeschlechtlichkeit, in ihrem Aufsatz »Thesen zur Konstruktion der Zweigeschlechtlichkeit«, infrage. Es zeigt sich die Schwierigkeit ihrer Herleitung aus einer biologischen Geschlechterunterscheidung. Die diversen Möglichkeiten der naturwissenschaftlichen Klassifikation bilden nämlich keineswegs binäre Kriterien, sondern beinhalten komplexe Kombinationsformen, welche die Zuordnung des Geschlechts zu einer »gesellschaftlich entwickelten Übereinkunft« (Faulstich-Wieland) werden lassen. Die reflexive Kritik an der Zweigeschlechtlichkeit machte das Festmachen der Geschlechterdifferenz an biologischen Merkmalen obsolet. (Vgl. Hagemann-White, *Thesen zur Konstruktion der Zweigeschlechtlichkeit*.)

45 Vgl. Butler, *Das Unbehagen der Geschlechter*.

und veränderbar ist, waren die sogenannten *men's studies* maßgeblich beteiligt, welche sich in der Auseinandersetzung mit feministischen Debatten in den siebziger Jahren in den USA entwickelten.[46] Mannsein und Männlichkeit, welche in der Forschung bis dahin eine Einheit bildeten, werden einzeln betrachtet, was beispielsweise in Veröffentlichungen wie *Men and Masculinity*[47] deutlich wird. Männlichkeit wird als Konstrukt begriffen, welches mit dem realen Mann nicht identisch sein muss. Genauso ist Männlichkeit nicht als in sich geschlossenes und schlüssiges Konzept zu sehen, wie die Veröffentlichung *Masculinities*[48] des Soziologen Robert Connell verdeutlicht, welche als einflussreich für die Etablierung der Männerforschung als eigenständige, wissenschaftliche Disziplin zu sehen ist. Connell versteht Geschlecht als etwas, das sich in den Körper »einschreibt und gleichzeitig auf ihn bezogen ist, ohne sich auf ihn zu reduzieren«[49]. Er vertritt eine dynamische Theorie der Geschlechterverhältnisse, bei der Männlichkeit und Weiblichkeit als körperreflexive Praxen gesehen werden. Es soll nicht versucht werden, Männlichkeit als Objekt zu definieren, sondern darauf zu achten, welche Prozesse und Beziehungen Männer und Frauen ein »vergeschlechtliches« Leben führen lassen. Männlichkeit ist eine Position im Geschlechterverhältnis und somit relational.

»Masculinity does not exist except in contrast with feminity. A culture which does not treat women and men as bearers of polarized character types, at least in the principle, does not have a concept of masculinity in the sense of modern European/ American culture.«[50]

Connell begründet ein offenes und dynamisches Konzept hegemonialer Männlichkeit. Sein Hegemoniebegriff bezieht sich explizit auf das Konzept von Antonio Gramsci, welches für Klassenbeziehungen entwickelt wurde und die Hegemonie als nicht-statisch und veränderbar beschreibt.[51] Die Hegemonie beruft sich neben der optionalen Gewaltandrohung und -anwendung, im Gegensatz zur reinen Gewaltherrschaft, auf ein großes Maß an

---

46 Der Begriff der *men's studies* sollte jedoch problematisiert werden, weil allein der Begriff und die große Anzahl von Veröffentlichungen das Streben nach einer spezifischen Standortbestimmung verkörpern und Männer sich somit wieder in den Mittelpunkt des akademischen Diskurses stellen könnten. (Vgl. Martschukat/Stieglitz, *Geschichte der Männlichkeiten*, S. 45.)

47 Pleck/Sawyer, *Men and Masculinity*.

48 Connell, *Masculinities*.

49 von Braun/Stephan, *Genderstudien: Eine Einführung*, S. 100.

50 Connell, *Masculinities*, S. 68.

51 Vgl. zum Beispiel Buckel, *Hegemonie gepanzert mit Zwang*.

Autorität. In dem dynamischen Konzept des sozialen Geschlechts als »körperreflexive Praxis«[52] hat Connell ein dreistufiges Analysemodell entwickelt, welches, ausgehend von der *hegemonic masculinity*, Machtbeziehungen (im Besonderen solche, die eine männliche Dominanz und weibliche Unterordnung bewirken), Produktionsbeziehungen (welche sich in einem kapitalistischen System, das auf einer geschlechterspezifischen Arbeitsteilung basiert, manifestieren) und emotionale Bindungsstrukturen unterscheidet, um der Mehrdimensionalität der Struktur von gender gerecht zu werden. Somit wird gender immer in Abhängigkeit zu anderen sozialen Strukturen wie *race* und *class* gesehen und unter einem globalen Aspekt diskutiert. Eine Stärke des Konzepts von hegemonialer Männlichkeit ist, dass es nicht nur Herrschaftsverhältnisse zwischen Männern und Frauen beschreibt, sondern auch jene zwischen Männern bzw. zwischen verschiedenen Männlichkeiten.

»To recognize diversity in masculinities is not enough. We must also recognize the relations between the different kinds of masculinity: relations of alliance, dominance and subordination. These relationships are constructed through practices that exclude and include, that intimidate, exploit, and so on. There is a gender politics within masculinity.«[53]

Es handelt sich bei dem Konzept der hegemonialen Männlichkeit um eine historisch bewegliche Relation, deren Repräsentation zwar an eine Gruppe dominanter hegemonialer Männer gebunden ist, dennoch aber der Masse der Männer in industriekapitalistischen Gesellschaften als Identitätsstifter dient, obwohl sie nicht alle über diese Dominanz verfügen. Connell nennt dies die »patriarchale Dividende«,[54] welche besonders in Situationen einer männlichen Unterlegenheit (häufig auch als Krise bezeichnet) genutzt wird. Mit Connells Ansatz ist es möglich, männliches Handeln im Spannungsfeld zu gesellschaftlichen Entwicklungen und gleichzeitig auch die Identitätsdimension zu erfassen.

Die These Bourdieus, dass der Habitus eine Art Reservoir für geschlechtsbezogene »Wahrnehmungs- und Bewertungskategorien« ist, welche »wiederum auf den Körper in seiner biologischen Realität«[55] zurückwirken, überschneidet sich punktuell mit Connells Konzept der hegemonialen Männlichkeit[56] sowie mit dem Begriff der »Glaubensvorstellungen« von Goff-

---

52 Vgl. von Braun/Stephan, *Genderstudien: Eine Einführung*, S. 100.
53 Connell, *Masculinities*, S. 37.
54 Ebd., S. 79.
55 Bourdieu, *Die männliche Herrschaft*, 153–217.
56 Stephan, *Im toten Winkel*, S. 20.

man. Bourdieu geht ebenfalls von der Beharrlichkeit des Habitus aus, welcher auch in Zeiten des Umbruchs für eine Stabilisierung traditioneller Geschlechtersichtweisen sorgt. Somit wird der Infragestellung von Geschlechterrollen und dem parodistisch-performativen Umgang mit Geschlechteridentitäten ein enger Rahmen gesetzt.[57]

1.1.4 Der männliche Habitus – der Körper als Produkt sozialer Praxis

Der Habitus ist Ausdruck einer anhaltenden sozialen und geschlechtlichen Modellierung des Körpers sowie des Umgangs mit ihm unter den Bedingungen der jeweiligen gesellschaftlichen Normen und Lebensumstände. Somit drückt sich im geschlechtsspezifischen Habitus, sofern es geschlechtsspezifische gesellschaftliche Differenzen gibt, auch die soziale Bedeutung dessen aus, was als männlich (oder weiblich) gesehen wird.

Der Habitus-Begriff, welcher auf eine breite philosophische und soziologische Tradition zurückblickt und sich bei Autoren wie Hegel, Husserl, Weber, Durkheim und Mauss[58] finden lässt, legt nach Pierre Bourdieus Sichtweise nahe, dass Körper und Gesellschaft nicht in einem äußeren Gegensatz zueinander stehen, sondern der Körper selbst schon eine Einheit von Biologischem und Sozialem bildet. Der Habitus ist gesellschaftlich, also auch gleichzeitig historisch bedingt und beruht auf individuellen und kollektiven Erfahrungen und ist somit nicht angeboren. Habitus beschreibt das gesamte Auftreten einer Person, also Anlage, Haltung, Erscheinungsbild, Gewohnheit und Lebensweise. Die Geschlechtsidentität als Teil des Bildes, welches eine Person von sich selbst in Relation zu anderen macht und das essenziell vom geschlechtsspezifischen Habitus bestimmt wird, beschreibt mehr als das Bewusstsein, Mann (oder Frau) zu sein, es umfasst ein ganzes Feld von Merkmalen und Haltungen. Dieses Feld klassifiziert nicht nur den jeweiligen Mann als »Mann schlechthin«[59], sondern auch die Bewertung des Selbst oder Anderer als männlicher oder weniger männlich. Jede Haltung des Körpers ist mit symbolischer Bedeutung belegt. Bourdieu spricht von dem Gegensatz »der zentrifugalen männlichen und der zentripetalen weiblichen Orientierung«[60], welche die Wahrnehmung des eigenen Körpers, wie auch

---

57 Vgl. Benthien, *Das Maskerade-Konzept*, S. 41.
58 Schwingel, *Bourdieu – zur Einführung*, S. 54.
59 Brandes, *Der männliche Habitus*, S. 36.
60 Bourdieu, *Sozialer Sinn*, S. 143.

bestimmte Arten der körperlichen Bewegung sowie des Sprechens und des Gehens impliziert. Der Körper ist ein soziales Kommunikations- und Ausdruckswerkzeug, welcher durch Haltung, Gestik und Mimik soziale Hierarchie- oder Interaktionsrelationen zum Ausdruck bringt. Bourdieus Habitusbegriff beschreibt einen injizierten Wertekanon, welcher sich durch körpernahe Interaktion innerhalb einer bestimmten Umgebung unvermeidbar angeeignet wird. Somit ist der Habitus mehr als nur Haltung und Einstellung, wenn er auch dies nach sich zieht, und »weniger eine Ordnung im Hirn als eine Ordnung im Körper«[61]. Der Habitus impliziert zwar die Zuordnung zu einer sozialen Gruppe, schließt aber einen individuellen Auslegungsspielraum nicht aus. Er gibt somit keine statischen Denk- und Handlungsweisen des Individuums vor, setzt jedoch einen Rahmen, in dem die jeweiligen Empfindungen möglich sind. Der Körper ist quasi soziales und vergeschlechtlichtes Gedächtnis. Die Männerbilder, genau wie die damit verbundenen Ikonen und Ideologien, die eine Gesellschaft generiert, sind immer nur Modifizierungen innerhalb der Grenzen des männlichen Habitus.

»Der Habitus bewirkt also keine mechanische Reproduktion ursprünglicher Konditionierungen, sondern erlaubt durchaus Freiheit in der Hervorbringung von Gedanken, Wahrnehmungen, und Handlungen, aber ›in den historischen und sozialen Grenzen seiner Erzeugung‹.«[62]

Weil sich der anatomische Unterschied zwischen Mann und Frau besonders dafür anbietet, Relationen von Macht und Herrschaft zum Ausdruck zu bringen und sie als natürlich (im biologischen Sinne) erscheinen zu lassen, ist der geschlechtsspezifische Habitus essenziell. Die individuelle Wahrnehmung des geschlechtsspezifischen Habitus wird dadurch bedingt, inwieweit sich der individuelle Stil in den Bereich der gesellschaftlich tolerierten Wahrnehmung des sozialen Habitus integriert oder aus ihm herausfällt.

Als Ergänzung zum Habitus-Begriff könnte man Rancières Begriff der *dominant fiction* sehen, der den privilegierten Modus der Repräsentation beschreibt. Den Mitgliedern einer sozialen Formation wird ein Bild des sozialen Konsens geboten, mit dem sie sich identifizieren können.[63] Gesellschaftliche Ordnung wird so durch vorherrschende Fiktionen und Bilder konstituiert und erhalten. Somit muss es nicht die gesellschaftliche Realität sein, die das Individuum formt, sondern oder vielleicht gerade das ideologische Konzentrat, welches sich in den Fiktionen über diese Realität manifestiert.

---

61 Brandes, *Der männliche Habitus.*, S. 40.
62 Ebd.
63 Vgl. Silverman, *Male Subjectivity at the Margins*, S. 30.

Innerhalb der Männlichkeitsforschung findet das Maskerade-Konzept in den Kulturwissenschaften eine größere Akzeptanz als in den Sozialwissenschaften, weil eine »Ästhetik des Performativen«[64] in Kultur und Literatur schon lange eine bedeutende Rolle spielt:

»Verkleidung und Geschlechtertausch haben als Motive ein lange literarische Tradition, und Transgressionsphantasien haben das Schreiben spätestens seit der Romantik beflügelt – sei es in Bezug auf die Überschreitung von Genres, sei es in Hinsicht auf die Aufhebung von Geschlechtergrenzen.«[65]

Stephan verweist auf die eigenständige Tradition der Performanzdebatte im deutschen Sprachraum, wie beispielsweise Mimesis- und Mimikry-Konzepte, und nennt besonders Klaus Theweleits *Männerphantasien* (1977) und Silvia Bovenschens *Die imaginierte Weiblichkeit* (1979) als wichtige Impulsgeber für die internationale Männerforschung. Theweleit spricht von Männlichkeit als einer »institutionellen Maske«, die den Zweck erfüllt, Frauen und Männer davon abzuhalten, das »Geheimnis« zu durchschauen:

»[…] zu einer Art Frau, die keine Ahnung hat von den Geheimnissen des männlichen/philosophischen Diskurses […] sie denken tatsächlich, da ist ein Geheimnis, hinter das sie kommen müssen mit ihren Gedanken. Die meisten philosophischen (wie auch religiösen) Gedanken dieser Art bestehen ganz schlicht aus der Tatsache, die Mutter gestrichen zu haben aus der Geburt. Sie einzubeziehen ergäbe in der Tat völlig andere Probleme, solche, die nur zwischen Männern und Frauen lösbar wären, nicht denkerisch. Das aber will der Institutskopf nicht; er will sein mit anderen Männern geteiltes institutionelles Denkgebäude […].«[66]

Theweleits pessimistische Sicht auf die »Masken des Männlichen« steht einer postmodernen Sicht gegenüber, die die spielerischen und unernsten Momente der Maskerade in den Vordergrund stellt. Für die mediale Visualilsierung von Gender-Performanz hat sich der Maskerade-Ansatz ebenfalls als produktiv erwiesen, so Inge Stephan. Sie verweist darauf, dass Fotografie, Film, Fernsehen und Videoclips Möglichkeiten für eine Inszenierung schaffen, bei der die eigenen inszenatorischen Verfahren gleich mitausgestellt werden.[67]

Bourdieu und Connell sind mit ihren Konzepten aufgrund der Sicht, dass Geschlecht von ihnen als gemacht verstanden wird, zwar mit postmodernen

---

64 Vgl. Fischer-Lichte, Erika (2004): *Ästhetik des Performativen*. Suhrkamp, Frankfurt.

65 Stephan, Inge: *Im toten Winkel*. In: *Männlichkeit als Maskerade. Kulurelle Inszenierungen vom Mittelalter bis zur Gegenwart*. Hg: Claudia Benthien und Inge Stephan. Böhlau Verlag, Köln, 2003. S. 22.

66 Theweleit, *Das Land das Ausland heisst*, S. 46.

67 Vgl. Stephan, *Im toten Winkel*.

Performanz- und Maskerade-Vorstellungen kompatibel, sie stellen jedoch für beide eine Fiktion dar. Während Bourdieu und Connell in Tradition der soziologischen Männerforschung stehen und der Überzeugung sind, dass Männlichkeiten und deren Ausdrucksformen eng an den jeweiligen sozialen Standort gebunden sind, so argumentieren Literatur- und Kulturwissenschaftler/-innen in Inszenierungs- und Performanzkategorien. Man bezieht sich hier auf den *performative turn* innerhalb der Literatur- und Kulturwissenschaften, »der Begriffe wie Repräsentation und Verkörperung mit Praktiken des doing gender[68] bzw. doing masculinity aus der Genderforschung zu harmonisieren versucht«[69]. Besonders in der Visualisierung von Männlichkeit, in zeitgenössischer Fotografie, Film, Popkultur und im Musikvideo, wird auf Bilder zurückgegriffen, die eine lange Tradition der Imagination von Geschlecht haben. Das Faktum der hegemonialen Männlichkeit ist nunmehr nicht nur als Konstrukt, sondern auch als Zitat (sprich: selbstreflexiv) erkennbar geworden. Dabei spielt es keine Rolle, ob das perfomierende Subjekt um die Zitathaftigkeit weiß oder nicht. Jedoch ist eine einfache Umkehrung der Geschlechterposition der Maskerade nicht möglich:

»Während der Feminismus jedoch längst gezeigt hat, dass die Projektion des weiblichen ›Anderen‹ (der unvollkommenen Kopie) sich an die Stelle des ›Eigenen‹ (des Originals) setzt, scheint das Verhältnis in Bezug auf die neue Männlichkeit komplizierter zu sein […]. Wem ist diese Männlichkeit das ›Andere‹ und wo ist sie angesiedelt? Die kulturellen Geschlechterpositionen sind ja nicht invertiert, Weiblichkeit und Männlichkeit haben nicht den Platz gewechselt. Dagegen liegt die Vermutung mehr als nahe, dass sich – als feministische Errungenschaft – das vermeintlich ›Andere‹ nicht mehr so ohne weiteres ins Weibliche ausgrenzen lässt, dass gleichsam die Geschlechtsmigration stattfindet, bei der männliche Maskeraden nicht nur zuweilen entlarvt, sondern auch neu besetzt werden können – vom biologischen Geschlecht ›Frau‹ ebenso wie vom biologischen ›Mann‹.«[70]

---

68 Der Alltag ist, bewusst oder unbewusst, von geschlechtsspezifischen Normierungen geprägt. *Doing gender* bedeutet, dass Geschlecht beständig kommunikativ, medial und performativ konstruiert und reproduziert wird. Mit der Fokussierung von *doing* werden kulturelle Inszenierungspraktiken als zentral gesehen, nicht biologische Gegebenheiten. Das Konzept des *doing gender* wird nicht nur über Wissen und Sprache, sondern auch ganz wesentlich über den Körper und damit über Darstellungen und Inszenierungen, vermittelt. Diese *embodied practice* (Hirschauer) zeigt, dass Geschlechtszugehörigkeit nicht nur an mentales, sondern auch an praktisches Wissen gebunden ist, dass die Darstellung über Routinen erfolgt. Interaktionen werden so entlastet, weil über die Formierung der Körper eine Stabilität des Geschlechts gesichert wird.

69 Stephan, *Im toten Winkel*, S. 21.

70 Erhart/Herrmann, *XY – Ungelöst*, S. 54.

Wenn, laut der These Erharts und Herrmanns, die Maskerade ein Mimikry eines nichtvorhandenen Originals betreibt, dann müssen männliche Maskeraden dieses nicht mehr zu verbergen versuchen, weil Männlichkeit immer als »Essenz, Echtheit und Ganzheit« gesehen wurde. »Maskeraden der Männlichkeit sind daher – mehr als Maskeraden der Weiblichkeit – auch Aufführungen von Authentizität, sogar wenn sie einen gänzlich ›unmännlichen Mann‹ performieren.«[71] Daraus resultiert das Paradox, dass auch der »verstellte« Mann der »echte« Mann ist, was Einwirkungen auf die parodistische Überzeichnung von Geschlechtsidentität hat. Stark zur Schau gestellte Weiblichkeit kann laut Benthien leicht als künstliche Übertreibung gelesen werden, während es sich im Falle von Männlichkeit vermutlich um den Versuch einer Potenzierung selbiger handelt, besonders in der zeitgenössischen Kultur, in der sich eine »exzessive Männlichkeit« primär in einer physischen Männlichkeit zeigt.[72]

1.1.5 Der männliche Körper

Der menschliche Körper unterliegt von Geburt an dem soziokulturellen Zwang, gesellschaftlich ein geschlechtlich definierbarer Körper zu werden, obwohl er zugleich schon immer als ein solcher wahrgenommen wird. Die Dualität von Wahrnehmen und Herstellen des Geschlechts ist stark an eine vermeintliche Authentizität gebunden, welche dem Körper anhaftet. Anhand von Körperbildern und Körperpraktiken zeigt sich, dass es einen Körper unabhängig von kulturellen Zuschreibungen, quasi als physiologisches Manifest, nicht gibt. Das historisch variable Körperverständnis und der damit verbundene Idealkörper zeigen den Körper als eine Projektionsfläche historisch wechselnder Ein- und Zuschreibungen.

»The body […] is inescapable in the construction of masculinity, but what is inescapable is not fixed.«[73]

Es kann nicht zwischen dem physischen und dem Fantasie-Körper unterschieden werden, weil sich Fantasien und Ideen, den Körper betreffend, auch

---

71 Benthien, *Das Maskerade-Konzept*, S. 56.

72 Hier zeigt sich eine Verschiebung der Geschlechterverhältnisse: Wurde traditionell der Mann als Geist und die Frau als Körper gesehen, so zeigt sich heute, im Vergleich zum verkörperlichten Mann, gesteigerte Weiblichkeit durch eine »gekonnte Mixtur aus Körper, Kleidung, Styling, Gestik und Bewegung«. (Benthien, *Das Maskerade-Konzept*, S. 56.)

73 Connell, *Masculinities*, S. 56.

auf das persönliche Empfinden auswirken.[74] Das Kulturelle, in Form von Ideen, Assoziationen und Images, hat also Einfluss auf das Physische. Dies macht die Physiologie nicht gänzlich überflüssig, es wird nur sichtbar, mit wie vielen verschiedenen symbolischen Bedeutungen Körper und Geschlechtsmerkmale, aufgeladen sind. Hier zeigt sich, dass es sich als nicht sinnvoll erweist, einerseits von kulturell abhängigen Geschlechterkategorien zu sprechen, die diskursiv entstehen, andererseits jedoch von einem konstant unveränderlichen Körper auszugehen. Historische, soziale und kulturelle Faktoren produzieren den Körper aktiv als Körper eines bestimmten Typus, so Elizabeth Grosz.[75] Es sind Repräsentationen und kulturelle Einschreibungen, die dazu beitragen, den Körper zu erschaffen. Somit findet eine Abkehr von der Aufteilung des Geschlechterbegriffs in die Kategorien *sex* und *gender* statt.

»Man kann nämlich den Körpern keine Existenz zusprechen, die der Markierung ihres Geschlechts vorherginge. So stellt sich die Frage, inwiefern der Körper erst in und durch die Markierung(en) der Geschlechtsidentität ins Leben gerufen wird.«[76]

Der (männliche) Körper ist kein natürliches statisches Objekt, sondern ein historisch-kulturelles, welches interaktiv und produktiv funktioniert.[77] McGrath verweist darauf, nicht einer ideologischen Konstruiertheit zu erliegen, die der Analyse von Körperbildern nicht hilfreich ist:

---

74 Vgl.: »By body I understand a concrete, material, animate organization of flesch, organs, nerves, muscles, and skeletal structure which are given a unity, cohesiveness, and organization only through their psychical and social inscription as the surface and raw materials of an integrated and cohesive totality.« (Grosz, *Bodies-Cities*, S. 243.)
75 Grosz, *Volatile Bodies*.
76 Butler, *Das Unbehagen der Geschlechter*, S. 26.
77 Judith Butler vertritt die These, dass nicht nur das soziale Geschlecht (*gender*), sondern auch das biologische (*sex*) durch Diskurse hervor gebracht wird, und stellt somit die natürliche Verfasstheit des Körpers infrage, während der kulturell und geschichtlich markierte Körper noch weiter ins Zentrum des Interesses rückt. Während Butlers These, dass die Relation von *gender* und *sex*, keine ontologische, sondern eine diskursive ist, weitgehend akzeptiert ist, wird die These, dass nicht nur *gender*, sondern auch *sex* als biologisches Geschlecht durch Diskurse hervorgebracht wird, häufig als problematisch eingeschätzt: »Doch der ›Leib‹ ist selbst eine Konstruktion – wie die unzähligen ›Leiber‹, die das Feld der geschlechtlich bestimmten Subjekte bilden. Man kann nämlich den Körpern keine Existenz zusprechen, die der Markierung ihres Geschlechts vorherginge. So stellt sich die Frage, inwiefern der Körper erst in und durch die Markierung(en) der Geschlechtsidentität ins Leben gerufen wird. Wie können wir den Körper neu und anders begreifen denn als passives Medium und Instrument, das gleichsam auf die lebensspendende Kraft eines getrennten, immateriellen Willens wartet.« (Butler, *Das Unbehagen der Geschlechter*, S. 26.)

»Ideologies of masculinity and feminity cannot simply be peeled back like a mask to reveal the ›naked truth‹ of the body. The whole point is that underneath there is quite simply nothing: no central core of identity or meaning. The idea of the body as natural and uncoded, while persistent, is a romantic and impossible fiction; and just as the preferred meanings there are also preferred sexual identities. We're all marked: men or women.«[78]

Der Körper hat hohen Symbolcharakter und ist ein Ort, an dem (Geschlechter-)Zuschreibungen festgemacht werden. Wo die Sinnhaftigkeit von sozialen Strukturen verhandelt wird, geschieht dies häufig anhand der Repräsentation von Körpern.[79]

1.1.6 Die mediale Repräsentation von Geschlecht

Der Begriff *gender* impliziert eine kulturelle Codierung des Geschlechts, welche weitgehend medial bedingt ist. Somit sind die Begriffe »Kultur« sowie »symbolische Ordnung« nicht von den medialen Bedingungen und ihrer Entstehung zu trennen. Der Medienbegriff kann allerdings mehr meinen, als nur einen Vermittlungsträger oder eine Prothese[80] zu beschreiben, mit deren Hilfe der Sinnesapparat um jeweils spezifische Momente verstärkt, verschärft und erweitert wird. Bei der Übertragung von Botschaften der Medien auf die Rezipierenden geht es nicht mehr nur um die Vermittlung von Inhalten, sondern um die mediale Form selbst.

»Ein Medium steht in keiner eindeutigen Zweck-Mittel-Relation, sondern stellt selbst einen Beitrag zur Sinnproduktion des vermeidlich nur transportierten Inhalts dar. Damit wird wiederum deutlich, wie sehr sich die beiden Begriffs- und Analysefelder gender und Medium ähneln, da sie beide erstens auf einem interdisziplinären Forschungsansatz und zweitens auf einer quer zu der traditionellen Wissenschaft verlaufenden Argumentationsstrategie basieren.«[81]

Der Repräsentationsbegriff ist ebenfalls von großer Wichtigkeit. Die Omnipräsenz medialer Botschaften macht eine Auseinandersetzung mit Repräsentation und Geschlecht unausweichlich. Die Filmtheoretikerin Teresa de Lauretis beschreibt Geschlecht als Repräsentation und die Repräsentation des

---

78 McGrath, *Looking Hard*, S. 56.
79 Grimm, *Die Repräsentation von Männlichkeit im Punk und Rap*, S. 19.
80 Vgl. McLuhan, *Understanding Media*.
81 von Braun, *Medienwissenschaft*, S. 300.

Geschlechts als Konstruktion.[82] Der Repräsentationsbegriff ist mehrdeutig und bedeutet mehr als nur Darstellung, sondern auch Vertretung (bezogen auf einen politischen Kontext) und Vorstellung. Dies zu erkennen ist konstitutiv, da diese Mehrdeutigkeit der Kritik an einer essenziellen Definition von Subjekten Schranken setzt. Durch die Dreifachbedeutung von Repräsentation wird es möglich, »die performative Herstellung geschlechtlicher, ethnischer und Klassen-Identitäten im politischen, theoretischen sowie medientechnologischen Kontext zusammenzudenken«.[83] Auch wenn *gender* ein Konstrukt ist, so ist es doch als elastisch anzusehen, also permissiv und veränderbar. Mit gesellschaftlicher Veränderung geht auch eine Veränderung der Wahrnehmung von Sexualität und somit auch des Geschlechterdiskurses einher. Hier wäre wieder auf den Begriff des Habitus zu verweisen, welcher ein durch Sozialisation erworbenes System von Denk- und Wahrnehmungsmustern beschreibt, das mit bestimmten Handlungsformen und Bewertungen einhergeht und die objektive und subjektive Konditionierung und Praxis von Angehörigen bestimmter sozialer Klassen zur Reproduktion der Machtverhältnisse bezeichnet.[84] Mediale Geschlechterrepräsentationen tragen einerseits zu einer Festigung tradierter Wahrnehmungsmuster bei, andererseits bietet sich die Möglichkeit, nicht nur Geschlechterstereotypen zu produzieren und sie zu fixieren, sondern auch sie zu hinterfragen und sie zu dekonstruieren, woraus wiederum eine veränderte Wahrnehmung von Geschlecht resultieren kann.

Der Autor geht davon aus, dass Männlichkeit in seiner Funktion, Körperlichkeit und Darstellung ein elastisches und relationales Konstrukt darstellt. Dabei soll allerdings vermieden werden, die Konstruiertheit an sich zu bewerten. Es ist der Analyse der Inszenierung von Männlichkeit nicht zuträglich, wenn der Aspekt der Konstruiertheit von Geschlecht entweder als performative Freiheit geschönt oder als gesellschaftlich-kapitalistische Determiniertheit negativ gewertet wird. Es geht gerade darum, den Raum für Widersprüchlichkeiten offenzuhalten, in dem alle Interpretationen gleichzeitig möglich werden.

---

82 Ebd. S. 304.
83 Angerer, *The Body of Gender*, S. 30.
84 Bourdieu, *Die feinen Unterschiede*, S. 278.

1.1.6.1 (Weiße) Männlichkeit sichtbar machen

Genau wie versucht wird, über den Körper Männlichkeit zu naturalisieren, wird über subtile Regimes der Visibilität weiße Männlichkeit[85] als unsichtbares Zentrum, als »core notion of humanness«[86] erhalten. Weiße Männlichkeit ist sozusagen die Leerstelle, die, über ihre Nicht-Benennung, die Grundinstanz alles menschlichen Lebens darstellt:[87]

»Other people are raced, we are just people.«[88]

Die soziokulturelle Konstruktion weißer Männlichkeit wird wiederum durch Naturalisierungsprozesse verschleiert. In der bildlichen Repräsentation von Geschlechterstereotypen gilt weiterhin die visuelle Faustregel John Bergers: »men act and women appear.«[89] Solange die Repräsentation von Männlichkeit innerhalb eines konsensuellen Habitus operiert, bleibt diese, als normative Unmarkiertheit, die Matrix, von der sich alles andere als das Andere unterscheidet. In diesem Fall kann fast nicht mehr von »Geschlechtsklasse« im Sinne Goffmans gesprochen werden, weil nur das Andere als geschlechtlich sichtbar ist. Männlichkeit kann nur aus dieser Matrix gelöst und

---

85 Es muss betont werden, dass auch eine »white straight masculinity« in keiner Weise ein singuläres und monolithes Konstrukt darstellt, sondern in einem gesamtgesellschaftlichen Kontext gesehen werden muss: »To the extent to which the most hegemonic forms of contemporary American feminism posit masculinity – including and especially white straight masculinity – as a single, monolithic, absolute evil against which an interminable struggle for turf and power must be waged, such tribalized and market-friendly forms seem not only to have abandoned the most revolutionary aspirations of feminism for the human species, but increasingly to be in thrall to market-based logics of commodification and reification to which the more revolutionary feminism that preceded them was – and remains – intransigently opposed.« (Pfeil, *White Guys*, S. xii.)

86 Seshadri-Crooks, *Desiring Whiteness*, S. 54.

87 »There has been an enormous amount of analysis of racial imagery in the past decades, ranging from studies of images of, say, blacks or American Indians in the media to the deconstruction of the fetish of the racial Other in the texts of colonialism and post-colonialism. Yet until recently a notable absence from such work has been the study of images of white people. [...] As long as race is something only applied to non-white peoples, as long as white people are not racially seen and named, they/we function as a human norm.« (Vgl. Dyer, *White*, S. 1.)

88 Dyer, *White*, S. 1

89 Berger, *Ways of Seeing*, S. 45 und vgl. Bordo zu dieser These: »As embodied in attractive and sometimes highly manipulative images, ›men act and women appear‹ functions as a visual instruction. Women are supposed to care very much about fashion [...] The reverse goes for men. The man who cares about his looks the way a woman does, self-esteem on the line, ready to be shattered at the slightest insult or weight gain, is unmanly, sexually suspect.« (Bordo, *The Male Body*, S. 200.)

als Inszenierung/Konstrukt sichtbar gemacht werden, wenn sie selbst diesen Status zu verteidigen sucht,[90] beispielsweise über die hier untersuchten Inszenierungen von Männlichkeit. Dann findet eine Transformation von einer unsichtbaren hin zu einer demonstrativ zur Schau gestellten Männlichkeit (Hyper-Maskulinität) statt. In diesem Zusammenhang wird häufig von einer Krise (der Männlichkeit) gesprochen, die in regelmäßigen Abständen immer dann erkannt wird, wenn das Konzept eines essenziellen Kerns von »authentischer« Männlichkeit durch die gesellschaftlichen Lebensumstände (Wirtschaftskrise, Frauenbewegung …) gestört wird. Gleichzeitig verweist die Bezeichnung einer »Krise der Männlichkeit« wiederum auf eine scheinbar stabile, essenzielle Männlichkeit, die vor der Krise Bestand hatte. Der Begriff der Krise impliziert somit ein kohärentes System, welches, positiv konnotiert, durch die Krise gestört wird. Männlichkeit scheint als solches vor allem in diesen Krisensituationen überhaupt erst sichtbar zu werden. Somit könnte eine Krise auch dafür hilfreich sein, die Ideologie einer essenziellen Männlichkeit hinterfragbar zu machen.[91]

Bergers These (»men act and women appear«) müsste, um Männlichkeit aus seiner normativen Unsichtbarkeit zu lösen, ergänzt werden: »men overact« in Verbindung mit dem anderen Extrem, welches auch Teil der analysierten bildlichen Inszenierungspraxen ist, »men disappear«. Genau diese Praxis, die, über die Inszenierung einer Hyper-Maskulinität und deren visuelle Diffusion als neues Bildparadigma, das ideologische Konstrukt »Männlichkeit« erkennbar macht, wird im Folgenden als archaische Männlichkeit beschrieben und noch genauer definiert werden. Diese Inszenierungen sind jedoch nicht nur an bestimmte Medien gebunden,[92] sondern gleichsam an bestimmte Inszenierungsräume.[93]

---

90 »There lies ahead a frightening prospect: that masculinity will be shorn of its hierarchical power and will become simply one identity among others.« (Chapman/Rutherford, *The Forward March of Man Halted*, S. 11.)

91 Wenn der Krise-Begriff nicht rein negativ konnotiert wäre und die einzige Antwort auf diese Krise zu sein scheint, dass Männlichkeit als solche wieder unsichtbar gemacht werden soll. (Vgl. Martschukat/Stieglitz, *Geschichte der Männlichkeiten*, S. 64.)

92 Siehe Kapitel 2.3.1 Archaische Männlichkeit als *shifting image*.

93 Siehe Kapitel 3–7.

1.2 Raum und Männlichkeit

Geschlecht ist nicht ohne seine Verortung zu denken, genau wie Inszenierungen von Männlichkeit nicht ohne ihren Darstellungsraum zu denken sind. Männlichkeit ist immer an einen bestimmten Raum gebunden, in dem sie operiert, den sie beschreibt und von dem sie beschrieben wird. Dabei wird gerade heterosexuelle, weiße Männlichkeit durch räumliche Kontexte normalisiert.[94] Der Raumbegriff selbst ist mannigfaltig in seiner Verwendung und weist verschiedenste Definitionen auf. Martina Löw verweist auf eine wichtige Unterscheidung in Raumvorstellungen und deren Diskursen hin. Es gilt zwischen »absolutistischen« und »relativistischen« Raumvorstellungen zu unterscheiden. Die absolutistische Raumvorstellung geht von einem Raum-Körper-Dualismus aus, das heißt, es existieren Raum und Körper. Dabei geht die relativistische Raumvorstellung davon aus, dass das Handeln des Körpers den jeweiligen Raum konstituiert: Der Raum leitet sich aus der Anordnung der Körper ab, die durch ihr aktives Handeln Räume produzieren.[95] Löws relativistische Raumdefinition kann für die Analyse von Männlichkeit und deren Verortung nutzbar gemacht werden, eben weil sie davon ausgeht, dass die Konstitution von Räumen »durch (strukturierte) (An)Ordnungen von sozialen Gütern und Menschen an Orten«[96] geschieht und diese im Handeln geschaffen werden. Dabei geht sie von einem Raum aus, der verschiedene Komponenten aufweist. Sie unterscheidet zwei verschiedene Prozesse der Raumkonstitution:

- *Spacing.* Das Spacing beschreibt die Konstituierung eines Raums durch das Platzieren von Gütern oder Menschen, sowie das Positionieren von symbolischen Markierungen.
- Syntheseleistung. Zur Konstituierung eines Raums bedarf es einer Syntheseleistung, das heißt, dass über »Wahrnehmungs-, Vorstellungs- oder Erinnerungsprozesse«[97] Güter und Menschen zu Räumen zusammengefasst werden.

Es herrscht eine Gleichzeitigkeit von Positionierung (Spacing) und der Verknüpfung der umgebenden Güter oder Menschen zu Räumen (Syntheseleistung). Raum ist somit als prozessual anzusehen und kann nicht aus dem je-

---

94 Vgl. Scheer, *Que(e)rräume*, S. 246.
95 Löw, *Raumsoziologie*, S. 17.
96 Ebd. S. 204.
97 Ebd. S. 159.

weiligen Aktions- oder Handlungskontext herausgelöst werden. Er kann
somit kein Behälter sein, der ein Ergebnis bzw. eine Konstitution schon vo-
raussetzt.[98]

1.2.1 »Gestimmte« Räume und »gestimmte« Körper

»Fragt man einen heimatverbundenen Menschen, welche gefühlsmäßige Einstellung
er zu seiner Heimat hat, wird er mit größter Wahrscheinlichkeit seine emotionale
Verbundenheit kundtun und seine Heimat in den hellsten Farben und den schöns-
ten Tönen schildern. Würde ein unbeteiligter diesen Ort schließlich aufsuchen,
könnte es sein, dass er enttäuscht ist. Der zuvor so heiter und farbenfroh geschilder-
te Raum, hätte für ihn nichts außergewöhnliches, ja, er würde ihm vielleicht sogar
eher nüchtern und drückend erscheinen. An diesen unterschiedlichen Gefühlsmo-
menten, mit denen zwei Menschen ein und den selben Raum belegen können, wird
sichtbar, dass es keinen neutralen, sozusagen objektiven Raum gibt, in den der
Mensch eintreten kann. Vielmehr ist der Mensch selber stets von einer Stimmung
ergriffen und wird in Entsprechung zu ihr stärker oder schwächer von dem Charakter des Raums bestimmt, in dem er sich gerade bewegt. Umgekehrt trägt jeder Raum
immer schon seine eigenen Bedeutungen, durch die er den menschlichen Leib an-
spricht. Jeder Raum ist daher in einer bestimmten Intensität gestimmt, wodurch er
z. B. feierlich oder sachlich, freundlich oder kühl erscheinen mag. Wir können folglich eine wechselseitige Abhängigkeit zwischen der Verfasstheit des Menschen und
der Atmosphäre des Raums erkennen.«[99]

Wenn mit Martina Löw gesagt werden kann, dass der Körper für den Raum
konstituierend ist,[100] so kann mit Foucault gesagt werden, dass der Raum
auch immer konstituierend für den Körper ist (zum Beispiel im Gefängnis,
in der Armee, als Körperraum).[101] Körper und Raum bedingen sich gegenseitig, um etwas Bestimmtes auszudrücken, wie zum Beispiel Inszenierungen
von Ernsthaftigkeit. Die Konstitution des Körpers ist hier genauso an seine
Anordnung im Raum gebunden, und der Raum beeinflusst den Körper wie
der Körper in seinem Handeln den Raum. Es gibt somit auch einen »gestimmten Körper«, so wie es einen »gestimmten Raum« gibt. Die analysierten Inszenierungspraxen nutzen diese Möglichkeit, Raum und Subjekt
»ernsthaft« oder »böse« zu »stimmen«.

---

98 Ebd. S. 271.
99 Joisten, *Philosophie der Heimat*, S. 65.
100 Vgl. Löw, *Raumsoziologie*, S. 204.
101 Vgl. Foucault, *Überwachen und Strafen.*

Löw verwendet ebenfalls den Begriff der »Atmosphäre«, um diese Gestimmt-
heit als Potenzialität der Räume, die Gefühle beeinflussen kann, zu beschreiben.[102] Auf inszenatorischer Ebene ist es jedoch weniger wichtig, atmosphärische Potenziale des Subjekts im Raum und des Raums für das Subjekt
anzuerkennen, als Atmosphären zu inszenieren. Es geht also nicht um ein
subjektives Empfinden eines oder mehrerer Subjekte gegenüber eines Raums,
sondern um die Raum-Subjekt-Konstellationen, durch die der Raum erst
möglich gemacht wird, und die Inszenierungspraxen, die eine bestimmte
Atmosphäre erzeugen sollen. Somit ist das Subjekt nicht ohne den Raum zu
denken und die Körperdarstellung nicht ohne das individualisierte Hand-
lungsrepertoire eines Subjekts. Anders als bei Foucault, beispielsweise, wird
das handelnde Subjekt hier als Subjekt bezeichnet und nicht als Körper. Körper beschreibt ein Element, welches im Raum platziert oder auf das Macht
ausgeübt wird. Das Subjekt aber ist es, welches in der Lage ist, aktiv in das
Geschehen einzugreifen und sich als handelndes Individuum zu positionieren. Genauso sind die räumlichen Strukturen in der Lage, ein Subjekt zu
schaffen und nicht nur einen Körper in bestimmten Positionen zu verorten.
Körperlichkeit ist hier somit direkt in ihrer Positionierung zu denken, während das positionsorientierte Subjekt sich über Machtkonstellationen und
das Kreuzen bzw. Zusammenprallen mit Raum- und Machtstrukturen definiert. Die Beschreibung des Autorenkollektivs »Invisible Commitee«, was
ein Subjekt konstituiert, kann hier hilfreich sein, wenn man diese auf die
bildliche Darstellungsebene überträgt:

»What am I? I'm totally tied to places, sufferings, ancestors, friends, loves, events,
languages, memories, all kinds of things that obviously are not me. Everything that
attaches me to the world, all the links that comprise me, all the forces that populate
me – they don't weave an identity, though I am encouraged to wield one, but an
existence: singular, common, living, and from which emerges – in places, at certain
moments – that being that says ›I‹. Our feeling of inconsistency is only the effect of
this foolish belief in the permanence of the ›I‹, and the very slight concern we give to
what makes us.«[103]

Der hier verwendete Subjekt-Begriff ist nur in diesem Sinn zu verstehen: als
ein Subjekt, das durch Dialog/Kampf/Bekenntnis mit etwas entsteht,[104] das
nicht das Subjekt selbst ist, und nicht als eine bestimmte Verfassung des
Menschen oder als Konstante. Das Subjekt entsteht und bleibt prozessual:

---

102 Vgl. Löw, *Raumsoziologie*, S. 204.
103 The Invisible Committee, *Coming Insurrection*, S. 7.
104 Vgl. »I am, because I am struggling.« (Hallward, *Badiou: A Subject to Truth*, S. xxvi.)

»Die Menschen treten ständig in einen Prozess ein, der sie als Objekte konstituiert und sie dabei gleichzeitig verschiebt, verformt, verwandelt – und der sie als Subjekte umgestaltet.«[105]

Dass das Subjekt nicht etwas ist, das a priori besteht, sondern etwas, das man wird,[106] wird auch von Žižek betont:

»The subject is not a substantial agent but emerge's in the course of an act of decision/choice that is not grounded in any pre-given factual order.«[107]

In den zu analysierenden Darstellungen archaischer Männlichkeit – innerhalb des Bildmediums »Musikvideo« – ist nicht nur die materielle Körperlichkeit relevant. Das heißt, dass die männlichen Subjekte nicht alleine über ihre Körperlichkeit funktionieren, sondern vor allem über ihre Subjektivierung. Körperlichkeit ist nicht ohne dieses immaterielle Surplus zu denken. Es »zählt nicht der individuelle Körper, sondern seine virtuose und würdevolle, manchmal allerdings auch hyper-arrogant präsentierte Verpackung und Inszenierung. Der Körper ist das Trägermaterial für die Individualisierung der [...] Oberfläche«[108]. Körperlichkeit und die Relation zu anderen Subjekten und vestimentären Praxen stehen, wie die technischen Praxen (zum Beispiel Licht und Positionierung), im Dienst einer Bedeutungserweiterung und des Erzeugens einer bestimmten Atmosphäre. Es wird ein gestimmter Körper erschaffen, dessen atmosphärische Verlängerung das Subjekt ist, in dem technische und darstellungsbezogene Praxen zusammenfinden. Körper kann hier als Träger von Ideen über Männlichkeit verstanden werden, jedoch nicht als Träger von Männlichkeit selbst. Genau wie ein Raum immer viele Räume/Raumkomponenten zugleich ist, so wird das Subjekt auch von einer Bedeutungs- und Darstellungsmannigfaltigkeit geprägt. Unter einem *gender*-Gesichtspunkt bedeutet dies, dass Subjekt- sowie Körperpolitiken immer im Raum ausgehandelt werden und dass sich Raumpolitiken auch immer im Subjekt bzw. Körper manifestieren.

---

105 Auszug aus einem Gespräch Foucaults mit Ducio Trombadori. In: Ruoff, *Foucault-Lexikon*, S. 198.
106 Vgl. »Subject is not something that one is, but is rather something that one becomes. One can only speak of the subject in Badiou as a subject-in-becoming insofar as it shapes itself in relation to the demand apprehended in a situation.« (Critchley, *Infinitely Demanding*, S. 44.)
107 Žižek, *The Ticklish Subject*, S. 182.
108 Richard/Grünwald/Recht, *Schwarze Stile*. Auch wenn der Szene-Habitus des zu analysierenden Feldes ein anderer ist als in der Gothic-Szene (auf die sich dieses Zitat bezieht), so sind doch die Körperpraxen vergleichbar.

1.3 Bewegte Bilder zur Musik

Nach der Definition des hier verwendeten Begriffs von Männlichkeit und dessen Bezug zum Raum, soll nun genauer auf das Medium eingegangen werden, das die Inszenierungspraxen von Männlichkeit und deren Verortung sichtbar werden lässt. Das Musikvideo gehört mit seinen eigenen visuellen Ausdrucksformen zum Kanon akzeptierter Alltagskultur und hat gleichzeitig eine Position als wichtiges Marketinginstrument der Musikindustrie. Diese Form der bildlichen Inszenierung von Musik zeichnet sich durch schnelle Schnitte, teilweise den Willen zur technischen Experimentierfreude, inhaltliche Mehrdeutigkeit, Zitatreichtum kulturhistorisch aufgeladener Symbolik[109] und die teilweise Abwesenheit von Erzählstrukturen aus. Musikvideos stellen weiterhin eine stilbildende Instanz dar, die sich neue Vermittlungsformen erschlossen hat, da die klassischen Vermittler von Musikvideos (MTV und VIVA) auf einen Format-Mix mit starkem quasidokumentarischen Anteil umgestellt haben.[110] Somit ist das Web zum wichtigen Vermittler der Musikvideo-Kultur geworden, wobei sich das klassische Videoformat mit anderen Formen der Videopräsentation mischt.[111] Auch stehen jetzt High-Budget-Videos und die teilweise günstig produzierten Genrevideos auf einer Präsentationsstufe. Der Vergleich von Popvideos mit szenespezifischen Clips, die eine andere Präsenz und Verbreitungsqualität haben, birgt einerseits die Gefahr, eine künstliche Gleichwertigkeit herzustellen, welche dem Genre-Video eine übermäßige Gewichtung und Bedeutung zuweist, die vielleicht durch »den ursprünglichen Entstehungskontext überhaupt nicht gerechtfertigt ist«.[112] Andererseits ist auch eine Chance gegeben, eine Reflexion über alle Bilder (hier bezogen auf das Musikvideo) zu vollziehen und nicht nur das »bedeutungsvolle Einzelwerk«[113], sondern eine Bildgruppe, zu thematisieren, wodurch Bilder zum wissenschaftlichen Gegenstand werden, die nicht nur »in ihrer besonderen Bedeutung liegen«[114]. Diese Chance überwiegt die

---

109 Also Clips mit inhaltlicher und formaler Komplexität, die diverse kulturelle Kontexte zitieren, ironisieren und persiflieren.

110 Vgl. Richard/Grünwald, *Horde und Kriegsrevue?*

111 Musikvideos sind somit in eine Mannigfaltigkeit an Cliptypen eingegliedert, bleiben jedoch als Ästhetik- und Stilvorlage immer noch prägend und werden dann erst im zweiten Schritt über Fanclips adaptiert und reflektiert. Ein umfangreicher Überblick verschiedener Clipformen im Web 2.0 findet sich in: Richard/Grünwald/Metz/Recht, *flickrnde Jugend.*

112 Wiesing, *Artifizielle Präsenz,* S. 12.

113 Ebd.

114 Ebd.

Gefahr der Gleichsetzung von Wertigkeiten. Hauptaugenmerk des hier untersuchten Felds liegt auf Musikvideos eines bestimmten Musikgenres, die teilweise im »alten« Vermittlungsapparat durch die Musikkanäle Verbreitung fanden und jetzt im Netz vermittelt werden. Wie dieses Bewegtbild-Material zusammengestellt und wie sich diesem Material genähert wurde, soll im Folgenden erläutert werden.

1.3.1 Analysemethode – bewegtes Bild

Bewegte Bilder bzw. bewegte Pixelströme[115] sind im Vergleich zu Einzelbildern um ein Vielfaches komplizierter in der Analyse, weil Stills von Bewegtbildern nicht als gleichartig mit Einzelbildern zu sehen sind. Film- und Videostills sind nicht zwingend als Repräsentanten für Bewegtbilder identifizier- und abbildbar. Trotzdem dient die Abbildung von Bewegtbildern als Stills als Beleg bestimmter Sachverhalte und Darstellungsformen.

1.3.1.1 Die mediale und ästhetische Struktur des Videobildes

»Music videos could emerge in which not a single pixel is based on photography or film.«[116]

Trotz ähnlicher, stereotyper Männlichkeitsbilder und Bildvorlagen, die dem Film zu entstammen scheinen, und technisch-medialer Ähnlichkeiten dieser zwei Arten von bewegten, technischen Bildern, weisen Film und Musikvideo doch grundsätzliche mediale Unterschiede auf. Eine oft selbstverständlich angenommene Intermedialität existiert nicht.[117] Laut Paech unterscheiden sich die Strukturen von Film und Video durch die Zeit-Raum-Verhältnisse in ihren Bild-Ton-Abläufen.[118] Michael Altrogge stellt fest, dass die Bedeutung einzelner Bilder im Film in der Regel durch übergeordnete Bildfolgen und diese wiederum durch die Interaktion mehrerer Bildfolgen aufgehoben wird. Somit ordnet die filmische Wahrnehmung Einzelbilder dem gestalteten Bildkontext unter, ohne sie bewusst werden zu lassen. Das Zusammenspiel von Erwartungshorizont und Bildkontext ist für ein schnelles Verständ-

115 Wiedemann, *Film und Fernsehen*, S. 369.
116 Kittler, *Imaging*, S. 48.
117 Richard/Kerscher, *MoVie und MuVi*, http://www.uni-frankfurt.de/fb09/kunstpaed/index-wszwei/filmvideomethode.html.
118 Paech, *Bilder-Rhythmus*, S. 47.

nis entscheidend. Dieses trifft meistens nicht auf den Bildgebrauch im Musikvideo zu, weil die Darstellungsebene zwar die Bilder fragmentarisch aneinanderreiht, sie aber nicht zu einer »sinnvollen« Bedeutung verknüpfen muss. Im Gegensatz zur Filmmusik bildet die Musik der Videoclips zumindest produktionstechnisch in der Regel die Vorraussetzung für die Bilder, und es stellt sich die Frage, inwieweit die Musik für die Ordnung der Bilder eine Rolle spielt. Trotzdem sind wichtige strukturelle Aspekte der Darstellung als getrennt von der Musik, als »Prinzipien der Darstellung«[119] zu beschreiben und zu untersuchen. Aufgrund der Unterschiedlichkeit der Aufnahme- und Präsentationsmedien von Musikvideos[120] kann Video nicht mehr nur als technisches Medium, sondern muss als ästhetischer Stil und formale Bezeichnung gedacht werden. Video ist hier also nicht im Sinne des Mediums (technischer Begriff) zu verstehen, sondern im Sinne einer bestimmten Darstellungsästhetik verschiedener Vermittlungsmedien.[121] Gleichzeitig wirken die dem technischen Medium immanenten Charakteristika weiter, nur sind diese zitathaft und nicht mehr an die medienstrukturellen Vorgaben von Video gebunden. Somit wird das Aufzeichnungsmedium Video (also eine Videokamera) obsolet, um ein Video zu erstellen. Es kann auch etwas Video sein, was im technischen Sinne nicht Video ist.

1.3.1.2 Die Bewegtbild-Suche

Da es sich bei dem zu untersuchenden Feld, der Inszenierung von Männlichkeit im Musikvideo des Genres Black Metal, um einen subkulturell geprägten Bereich handelt, der vor allem außerhalb der klassischen Mainstream-Medien (Musikfernsehen, Radio) stattfindet, muss das Material auf verschiedenen Wegen zusammengestellt werden. Hierbei lassen sich zwei allgemeine Trägermedien unterscheiden: erstens das Internet und zweitens DVD-Kompilationen. Allgemeine Voraussetzung bei der Suche nach den hier analysierten Musikvideos ist ein Wissen über Bands, Bandnamen, Genre-Unterteilungen und verschiedene Schlüsselbegriffe. Die Suche nach Musikvideos im Internet gestaltete sich, dessen medialer Struktur entsprechend, über Suchbegriffe und Tags. Es wurde in Google mit bestimmten Stichworten gesucht, um Seiten von Bands aufzutun, die eventuell Musikvideos prä-

---

119 Altrogge, *Tönende Bilder*, S. 119.

120 Musikvideos werden beispielsweise mit Super8 aufgenommen und dann über YouTube verbreitet.

121 Die Medienstruktur des jeweiligen Vermittlungsmediums (TV, Computer, aber auch die Vermittlungsplattform, wie zum Beispiel YouTube) ist jedoch immer zu berücksichtigen.

sentieren, oder um Seiten zu finden, die Zusammenstellungen der Musikvideos von Black-Metal-Bands anbieten. Die Netzwerkplattform Myspace[122] bietet die Möglichkeit, Profile von Bands einzusehen, um dort auch nach eingebetteten Videos zu suchen. Diese eingebetteten Videos wurden vorher auf die Videoplattform YouTube[123] hochgeladen. YouTube ist die meistfrequentierte Quelle für die Suche nach den hier analysierten Musikvideos. Auch bei YouTube wurde als erster Schritt die Stichwort- und Tag-Suche gewählt, um sich dann über Videovorschläge weiter zu orientieren. Weiter wurden DVD-Kompilationen und Videographien von Bands gesichtet. Da keine reinen Black-Metal-Kompilationen erhältlich sind, wurden DVDs gesichtet, die sich jeder Art von Heavy-Metal-Musikvideos widmen, um dort nach Black-Metal-Videos zu suchen. Durch die Recherche auf diesen verschiedenen Medien und Plattformen entstand eine Musikvideo-Datenbank, die dann nach bestimmten Kriterien unterteilt und untersucht werden konnte (Bildstil, ästhetische Darstellungstypen, Geschlecht, Raum, Gewalt und so weiter).

1.3.1.3 Sichten der Musikvideos

Es wurden 134 Musikvideos gesichtet und analysiert. Davon wurden 23 Fallbeispiele ausgewählt und Bild für Bild untersucht. Beim Sichten des Gesamtmaterials zeigten sich bereits visuelle Auffälligkeiten und Symmetrien, die bereits auf die daraus resultierenden Thematiken verwiesen. Vom Bewegtbild ausgehend (induktiv), ergab sich so grob der Bereich, der dann anhand von Stills genauer untersucht werden konnte. Das Bildmaterial ist

---

122 Myspace ist ein soziales Netzwerk im Web 2.0, bei dem Nutzerprofile mit Fotos, Videos, Audiodateien und Blogs kostenlos eingerichtet werden können und das sich über Werbung finanziert. Das Musikprofil einer bestimmten Band muss nicht zwingend von der Band selbst stammen. Auch Fans können ein Profil ihrer Lieblingsband erstellen. Somit können Bands über diverse Profile auf Myspace in Erscheinung treten. Vom Myspace-Profil kann die Webseite der Band verlinkt werden. Die Verortung innerhalb einer Szene wird, neben Angaben über persönliche Vorlieben oder Musikreferenzen, durch die Freundeliste vereinfacht. Die Top Freunde erscheinen auf der Profilseite und bieten dem Rezipienten so die Möglichkeit, beispielsweise neue Bands oder Privatpersonen kennen zu lernen, die ähnliche Interessen aufweisen. (Vgl. Grünwald, *Apokalyptische Jungs.*)

123 YouTube ist eine Videoplattform und eine typische Erscheinung der zweiten dialogischen Epoche des Internets, des sogenannten Web 2.0. Hier beurteilen die Nutzer die Erzeugnisse anderer Teilnehmer/-innen über die Kennzeichnung ihrer Favoriten oder über eine textliche Kommentierung, antworten (response) visuell über einen Videoclip oder erstellen ein Ranking. (Vgl. Richard/Grünwald/Metz/Recht, *flickrnde Jugend.*)

Ausgangspunkt und Anlass (und eben nicht nur Beweismittel), um sich mit der Thematik der Repräsentation von Männlichkeit und deren Verortung auseinanderzusetzen und trägt bereits die zu analysierenden Schwerpunktthemen in sich, die dann präziser herausgearbeitet werden können.

1.3.1.4 Extrahieren der Schlüsselbilder

Nach dem allgemeinen Sichten und Ordnen der Musikvideos wurden die ausgewählten Fallbeispiele dann nochmals, jedoch ohne Ton, betrachtet und Stills von jeder Einstellung erstellt. Anhand der Stills konnte ein Bildarchiv angelegt werden, welches nach bestimmten Schlüsselthemen unterteilt wurde. Da sich diese Schlüsselthemen während der genaueren Analyse immer wieder verschoben oder um neue Schwerpunkte ergänzt wurden, sind die Musikvideos häufig in mehrere der Themenordner einsortiert worden. Aus dieser mannigfaltigen Auswahl an Einzelbildern und Bildsequenzen konnten dann Schlüsselbilder[124] extrahiert werden, die exemplarisch für Bildstil und Schlüsselthemen des Black Metal ausgewertet werden konnten. Der Begriff des Schlüsselbildes ist hier zweifach lesbar: Erstens als Bild, das mit starker ästhetischer Ausstrahlung ausgestattet ist, und zweitens. als Bild, dem ein starkes inhaltliches Surplus inhärent ist – also nicht nur das Bild an sich, sondern auch der Inhalt, für den dieses Bild steht. Schlüsselbilder der zweiten Kategorie können auch stark von momentanen Phänomenen bestimmt werden. Ein Bild oder eine Bildsequenz wird etabliert, wodurch vergleichbare Bilder eine momentane Aufmerksamkeit bekommen.[125]

---

124 »Schlüsselbilder sind mit starker ästhetischer Ausstrahlung ausgestattete Einzelbilder. Ihre epidemische Struktur bedingt ihre Ausbreitung, sie führt zur ›Ansteckung‹ und Bildung neuer Bildcluster bzw. -nachbarschaften. Jedes sichtbare und unsichtbare Bild, das in der Nachbarschaft der Schlüsselbilder liegt, muss sich in der Struktur neu positionieren. Das Einzelbild ist aber zunächst einmal in seiner singulären Erscheinung zu analysieren, um es dann im nächsten Schritt in Relation zu vorangegangenen, schon gesehenen Bildern zu betrachten und die Konstitution von neuen Bildclustern zu beobachten. Der Begriff Cluster erfasst die technisch mediale Anordnung der Bilder und fokussiert die Relation der formierten Bilder. Die erfolgreiche Suche potentieller Nachbarbilder erlaubt die Rekonstruktion des Bildkreislaufs, die auch die Entstehung ›sozialer Zwischenbilder‹, d. h. abgelagerter, immaterieller Vorstellungs-Bilder, mitberücksichtigt. Es gilt dabei zu beachten, dass Bilder prinzipiell zusammengesetzt sind und keine feste Ordnung haben.« (Richard/Grünwald/Metz/Recht, *flickrnde Jugend.*)
125 Zum Beispiel die »Bilder des Jahres« im Stern: Hier werden Bilder ausgewählt, die repräsentativ für ein bestimmtes Ereignis stehen. Ein solches Bild muss nicht zwingend das wichtigste (bzw. meistverwendete) sein, um Schlüsselbild zu sein. Es muss nur die passenden Insignien beinhalten. Bei einem bildnarrativen Ereignis verhält es sich genauso: der Erfolg Paul Potts

Als Zielsetzung bei der folgenden Analyse der Schlüsselbilder ist die Politik der (Un-)Sichtbarkeit zu beobachten, die es zu decodieren gilt. Die extrahierten Stills sind als *shifting image* zu bezeichnen, da sie niemals an einem Platz verharren, sondern ständig neu in Beziehung zu anderen Bildern gesetzt werden. Zudem bewegt sich das Bild zwischen verschiedenen medialen Bildsystemen wie TV, Film, Printmedium und Internet.

1.3.1.5 Bildbetrachtung

»Diese Wüste ist weder traurig noch unbewohnt; sie ist nur wegen ihrer Ockerfarbe und wegen des gleißenden, schattenlosen Lichts eine Wüste.«[126]

Auch wenn die Auszählung nach quantitativen Gesichtspunkten ausgewertet wurde, so ist doch die qualitative Auswertung der Daten, bzw. Schlüsselbilder von größerer Wichtigkeit. Zudem kann ein Bild zum Schlüsselbild werden, auch wenn es nicht einer der stereotypen oder immer wiederkehrenden Bilddarstellungen entspricht. Das heißt ein Bild muss nicht zwingend zum Schlüsselbild werden, nur weil die Darstellung in übermäßig vielen Bildern vorkommt. Sind die Schlüsselbilder ausgewählt, wird mit der Bildbetrachtung begonnen, die sich an Erwin Panofskys Bildinterpretationsmethode[127] sowie an Birgit Richards Analysetableau[128] orientiert. Zudem werden diese beiden Analysemethoden um Sequenzanalysen und interne Bildvergleiche erweitert, das heißt, dass Schlüsselbilder und Schlüsselbildsequenzen innerhalb des jeweiligen Musikvideos miteinander verglichen werden.[129]

1.3.1.6 Die Raum-Körper-Relation

Eine Bildpraxis, die extra hervorzuheben wäre, weil sie in den hier analysierten Darstellungen von Männlichkeit häufig vorkommt, ist das Oszillieren zwischen Anwesenheit und Absenz. Während ein wichtiges Darstellungspa-

---

2007 bei einem Fernseh-Gesangswettbewerb war aufgrund der Verbindung von Erscheinung der Person und Hintergrundgeschichte seiner Person sehr erfolgreich. Den medienwirksamen Auftritt machte sich dann ein Mobilfunkanbieter zunutze, indem er die Reaktion der Rezipienten an den Bildschirmen nachinszenierte. Bei »Deutschland sucht den Superstar« mit Dieter Bohlen war der Gewinner 2008 auch ein Mann mit einer tragischen Geschichte und tragischem Mundharmonikaspiel, der in die vorher geebnete Bild- und Narrationsvorlage passte.

126 Deleuze/Guattari, *Tausend Plateaus* , S. 4.
127 Panofsky, *Sinn und Deutung in der bildenden Kunst.*
128 Richard/Grünwald/Metz/Recht, *flickernde Jugend.*
129 Vgl. Anhang III: Analyseschema.

radigma des Films kontrollierte Sichtbarkeit[130] ist, so sind die Darstellungen der hier untersuchten (Bewegt-)Bilder im Musikvideo von Diffusion, Verschwinden und einer räumlichen Unendlichkeit geprägt. Wenn, wie Jean Baudrillard meint, »der Moment, da eine Sache benannt wird, da sich die Vorstellung und der Begriff ihrer bemächtigen«, jener Moment ist, in dem »sie beginnt, ihre Energie einzubüßen«[131], ist eine Möglichkeit, dem Verschwinden dieser Sache entgegenzuwirken, sie nicht zu benennen. Überträgt man diese Idee auf die bildliche Darstellung, so ist Sichtbarkeit dazu verdammt, dem Gezeigten gleichzeitig die Energie zu rauben, dass also das Bild wichtiger ist »als das, wovon es spricht«[132]. Eine Strategie, etwas zu zeigen, ohne es dem Verschwinden preiszugeben, wäre es ein diffuses Bild zu erzeugen, welches die Sache im Unklaren lässt. Anders formuliert: Dem Verschwinden der Sache wird durch das Verschwinden im Bild entgegengearbeitet. »Verschwinden« (genau wie die Begriffe »Leere«[133] und »Unendlichkeit«) ist hier als rein bildtechnische Kategorie zu verstehen: Das vordergründige Subjekt verliert sich im Raum, entweder über die Darstellungsgröße oder über das Verschmelzen mit dem Hintergrund (beispielsweise über Beleuchtungstechniken).[134]

Um diesen Darstellungsschwerpunkt in den Bildern deuten zu können, wurde eigens eine Methode entwickelt, um die Raum-Körper-Relation zu berechnen. Diese Methode bietet die Möglichkeit, das Verhältnis von Körper, Raum, Objekt und Schrift im Bild zu bestimmen. Je nach dem zu analysierenden Schwerpunkt (zum Beispiel Subjekt im Raum), kann hier prozentual errechnet werden, welches Verhältnis zwischen Vordergrund (Subjekt) und Hintergrund (Raum) besteht. Die Relation, welche mithilfe des Bildbearbeitungsprogramms Adobe Photoshop errechnet wird, wird wie folgt berechnet, hier beispielhaft anhand des Plattencovers der Band Darkthrone: Das Bild wird in Photoshop geladen. Die zu unterscheidenden Bildbereiche werden

130 Vgl. Badiou, *Handbook of Inaesthetics*, S. 78.
131 Baudrillard, *Warum ist nicht alles schon verschwunden?* , S. 8.
132 Ebd., S. 36.
133 Der Begriff der Leere bezieht sich hier auf eine Abwesenheit im Bild oder beschreibt im Allgemeinen eine dem menschlichen Verstand nicht zugängliche Abwesenheit des Seins. Der naturwissenschaftliche Diskurs ist nicht gemeint, wobei seit Albert Einstein nachgewiesen werden konnte, »dass es auf Grund der Naturgesetze keinen absolut leeren Raum geben kann«. (Genz, *Die Entdeckung des Nichts*, S. 14.)
134 Oscar Wildes Aussage: »It is only shallow people who do not judge by appearances. The mystery of the world is the visible, not the invisible« hat also weiterhin Bestand; das Bild ist immer sichtbar, die Unsichtbarkeit des Bildinhalts wird technisch erzeugt. (Oscar Wilde in: Sonntag, *Against Interpretation and Other Essays*, S. 3.)

ausgewählt. Der einfachste Weg ist, den Befehl »Schwellenwert« anzuwenden, durch den das Bild in einen reinen Schwarz-Weiß-Kontrast konvertiert wird. Der Schwellenwert wird manuell eingestellt. Alle Pixel, die heller als der Schwellenwert sind, werden zu weiß konvertiert, alle dunkleren Pixel zu schwarz. Der Hintergrund wird schwarz, der Vordergrund (hier Körper, Objekt, Logo, allgemeine Schrift) weiß. Das Histogramm in Photoshop zeigt die gesamte Pixelanzahl des Bildes an (bei dem Cover von Darkthrone sind es 146.300 Pixel). Dann wird nur der Weiß-Bereich (der Vordergrund) ausgewählt (6.910 Pixel). Mithilfe eines Dreisatzes kann nun der prozentuale Anteil des Vordergrundes errechnet werden.

Wenn B (Bild) = V (Vordergrund) + H (Hintergrund) ist, dann ergibt sich:

$$B \quad - \quad 100\ \text{Prozent}$$

$$V \quad - \quad ?\ \text{Prozent}$$

Im Falle des Covers von Darkthrone ergibt sich dann:

$$146.300\ \text{Pixel} \quad - \quad 100\ \text{Prozent}$$

$$6.910\ \text{Pixel} \quad - \quad 4,7\ \text{Prozent}[135]$$

Gleichsam können jetzt einzelne Vordergrundbereiche extrahiert und berechnet werden: VKörper, VObjekt und VSchrift.

Dabei sollte nicht der Analysefokus vergessen werden. Während das Beispielbild von Darkthrone den Körper unsichtbar werden lässt, kann es auch sein, dass ein Subjekt zwar ganz, aber nur klein zu sehen ist. Als Beispiel hierfür dienen Stills aus einem Musikvideo der Band Immortal.

$$B\ (172.710\ \text{Pixel}) \quad - \quad 100\ \text{Prozent}$$

$$V\text{Körper}\ (6.129\ \text{Pixel}) \quad - \quad 3,5\ \text{Prozent}$$

Auch wenn die prozentuale Raum-Körper-Relation hier ähnlich ist wie bei dem Cover von Darkthrone, so muss hier zwischen Raumtyp (Nicht-Raum versus Naturraum) und Körperdarstellung (Körperfragment versus totale Ansicht) unterschieden werden. Bei der Analyse der Musikvideos beispielsweise kann herausgearbeitet werden, ob sich das männliche Subjekt allein über seine raumeinnehmende Präsenz (zum Beispiel die Nahaufnahme, als Bildparadigma von Film und Fernsehen) oder über andere Bezüge als überlegen positioniert. Genau diese anderen Bezüge gilt es zu ergründen.

---

135 Somit nimmt Hintergrundfläche 95,3 Prozent ein. Das Subjekt alleine nimmt 2,7 Prozent des Bildes ein.

1.3.2 Genaue Betrachtung

Erwin Panofsky beschreibt den ersten notwendigen Schritt einer Bildbetrachtung als vor-ikonografisch: das Betrachten der reinen Formen, ohne ein
Vorwissen um kulturelle Zusammenhänge miteinzubeziehen. Das bedeutet
selbstverständlich eine Art der Diskursverknappung, jedoch mit dem Sinn zu
versuchen, sich dem Gegenstand der Betrachtung unvoreingenommen zu
nähern, um nicht voreilig einen Inhalt zu unterstellen. Auch wenn es kein
»vor dem kulturellen Wissen« gibt, so sollte doch eher eine abwartend distanzierte Haltung vorgezogen werden,[136] um den zu betrachtenden Gegenstand
nicht voreilig zum Zeugen einer evidenten Bedeutung zu degradieren.[137]

Was bei Panofsky vor-ikonografische Bildbetrachtung ist, sollte allgemein für die wissenschaftliche Analyse gelten: eine Art von erzwungener Di-
stanznahme zu gängigen Interpretationsformen, um diese dann bewusst anwenden zu können. In ihrem Aufsatz »Against Interpretation« plädiert Susan
Sonntag dafür, es nicht zuzulassen, dass ein Gegenstand (bei ihr das Kunstwerk) nur durch seine Interpretation zu diesem Gegenstand wird. Sie bezieht
sich beispielsweise auf die Interpretationshoheit marxistischer und psycho-
analytischer Methoden, die darauf bedacht sind, immer einen tieferen Sinn
(latent content) auszumachen:

»For Marx, social events like revolutions and wars; for Freud, the events of individual lives (like neurotic symptoms and slips of tongue) as well as texts (like a dream or
a work of art) – all are treated as occasions for interpretation. According to Marx and
Freud, these events only seem to be intelligible. Actually, they have no meaning without interpretation. To understand is to interpret. And to interpret is to restate the
phenomenon, in effect to find an equivalent for it.«[138]

Es soll also vermieden werden, den Forschungsgegenstand von Anfang an
mit der jeweiligen Interpretationsmethode zu überschreiben. Durch das Reduzieren des Gegenstands auf seinen Inhalt, seine scheinbar evidente Bedeutung, wird dieser gezähmt und konsumierbar gemacht. Der Interpretierende
verändert den Gegenstand, ohne ihn umzuschreiben oder auszulöschen.

---

136 »None of us can ever retrieve that innocence before all theory when art knew no need to
    justify itself, when one did not ask of a work of art what it said because one knew or
    thought one knew what it did.« (Sonntag, *Against Interpretation and Other Essays*, S. 4.)
137 Vgl. Hahn, *Von der Ethnographie des Wohnzimmers.*
138 Sonntag, *Against Interpretation and Other Essays*, S. 7.

Dieses wird, und das ist die Problematik, nicht als Teil der Methode sichtbar:[139]

»Interpretation, based on the highly dubious theory that a work of art is composed of items of content, violates art. It makes art an article for use, for arrangement into a mental scheme of categories.«[140]

Die Methode einer genauen Betrachtung muss also den Forschungsgegenstand vor die Interpretation setzen, der zuallererst einmal für sich steht. Die darauf folgende theoretische Verortung muss anhand des Gegenstands, der selbst Fragen und Schwerpunktthemen eröffnet, erarbeitet werden. Theorie ist das Werkzeug, um dem Gegenstand näher zu kommen. Der Gegenstand ist nicht Werkzeug, um eine bestimmte Theorie zu belegen, der Gegenstand ist.[141] Deswegen finden sich in diesem Buch mannigfaltige Theorieansätze, die benutzt werden, um das Forschungsfeld zu bearbeiten, sich dem Gegenstand zu nähern und Möglichkeiten zu eröffnen, um eine ganz eigene Theorie zu entwickeln.

---

139 Vgl. ebd., S. 6.
140 Ebd., S. 10.
141 Vgl. den Diskurs des Spekulativen Realismus, bzw. der Object-Oriented-Ontology: »[...] we define ›object‹ as that which has unified and autonomous life apart from ist relations, accidents, qualities, and moments«. (Harman, Towards Speculative Realism, S. 199.)

2. Archaische Männlichkeit

Im Folgenden soll untersucht werden, wie sich archaische Männlichkeit – als Inszenierungspraxis – visualisiert und welche Rolle der Raum für die Inszenierungen spielt. Über die Bilddarstellungen archaischer Männlichkeit, die hier anhand der Musikvideos des Black Metal untersucht werden, manifestiert sich Ernsthaftigkeit als Prinzip dieser Männlichkeit.

Der Begriff der Ernsthaftigkeit impliziert bereits ein hohes Maß an Wahrhaftigkeit und Überzeugung, welches sich beispielsweise bei Søren Kierkegaards Verwendung des Begriffs finden lässt, der ebenfalls zur Definition hilfreich sein kann, weil für ihn Ernsthaftigkeit eine Kategorie darstellt, die sich von einer ironisch-distanzierten Haltung abgrenzt:

»Was sind Gewissheit und Innerlichkeit? Dafür eine Definition zu geben, ist gewiß schwierig. Indessen möchte ich hier sagen: der Ernst. Dieses Wort versteht nun wohl jeder, aber […] es ist merkwürdig genug, dass es gewiß nicht viele Wörter gibt, die seltener Gegenstand von Überlegungen wurden als gerade dieses.«[142]

Eine solche Gewissheit kann Formen von Männlichkeit ihren mythischen Kern verleihen, der gleichzeitig heroisch aufgeladen ist. Kierkegaard spricht, bezogen auf den Ernst, von einem christlichen Heroismus.[143] Dabei ist es nicht von Belang, dass er hierbei einen christlich konnotierten Ernsthaftigkeitsbegriff definiert, sondern dass er direkten Bezug auf eine immaterielle Essenz nimmt, die sich auf verschiedenste Träger anwenden lässt, um diese als ernsthaft zu inszenieren. Schopenhauer sieht in der Ernsthaftigkeit das Gegenteil zum Scherz und zum Lachen. Auch findet sich in seiner Definition eine Nähe zum Authentischen, welches in Kapitel 8.4 ausführlich behandelt wird:

»Das Gegenteil des Lachens und des Scherzes ist der Ernst. Demgemäß besteht er im Bewusstsein der vollkommenen Übereinstimmung und Kongruenz des Begriffs oder

142 Kierkegaard, *Der Begriff Angst*, S. 171.
143 Vgl. Kierkegaard, *Die Krankheit zum Tode*, S. 127.

Gedankens, mit dem Anschaulichen der Realität. Der Ernste ist überzeugt, daß er die Dinge denkt, wie sie sind, und daß sie sind, wie er sie denkt«.[144]

Wichtig ist hier anzumerken, dass Schopenhauer bereits erwähnt, dass es bei der Ernsthaftigkeit um eine Art der Überzeugung geht und nicht darum, dass etwas faktisch so ist. Diese Überzeugung sowie eine bewusste Abgrenzung (hier zur Heiterkeit) sind auch der Praxis des »Authentischen« inhärent. Ernsthaftigkeit handelt somit vielleicht weniger vom Ernstsein selbst als vielmehr davon, (sich selbst oder andere) überzeugen zu können, ernsthaft zu sein. Diese Überzeugung zu vermitteln ist an einen Träger gebunden, über den sich Ernsthaftigkeit als inszenatorischer Schwerpunkt von Männlichkeit materialisiert. Es sollten drei Träger von Ernsthaftigkeit unterschieden werden:[145]

- die ernste Person (das männliche Subjekt),
- das ernste Tun (der Akt) und
- die ernste Sache (das Ereignis).

Weil der Begriff der Ernsthaftigkeit als ein Basiszustand gedacht wird, das heißt in seiner Selbstverständlichkeit verschwindet, muss untersucht werden, wie Ernsthaftigkeit als Prinzip von Männlichkeit inszeniert wird und welcher inszenatorischen Mittel man sich bedient, um überzeugend ernsthaft zu sein und so an dessen Sichtbarmachung zu arbeiten.

Archaische Männlichkeit ist die Bildkategorie einer Männlichkeit, die sich ernsthaft zu inszenieren sucht. Gleichzeitig muss der Begriff der Ernsthaftigkeit auf eine bestimmte Form eingegrenzt werden: Bei archaischer Männlichkeit handelt es sich um eine Form bedrohlicher Ernsthaftigkeit, eines kampfbereiten, kriegerischen Subjekts.[146] Um die Inszenierungspraxis einer archaischer Männlichkeit zu verstehen, bedarf es der Analyse dieser bedrohlichen Ernsthaftigkeit sowie der Räume, in denen die Inszenierungen verortet werden. Zum Erzeugen von Bildern des Ernstes und des Ernst-Machens bedarf es eines Raums, des Bezugs auf ein Realereignis und eines Subjekts: das der archaischen Männlichkeit. Auf dieses Subjekt soll im Folgenden genauer eingegangen werden, um danach die Räume zu untersuchen, welche für die Inszenierung archaischer Männlichkeit unabdingbar sind.

---

144 Schopenhauer, *Die Welt als Wille und Vorstellung*, S. 108.
145 Vgl. Latzel, *Der ernste Mensch und das Ernste*, S. 59.
146 »Das meiste für den Menschen Bedrohliche ist fest, hart, kantig, scharf, spitz oder auch massiv-schwer. So zeigt er sich auch in seinem Ernstsein, wenn er anderen Bedrohlichkeit signalisieren will.« (Ebd., S. 229.)

2.1 Begriffsfindung: »Archaische Männlichkeit«

Im Genderdiskurs (akademisch sowie journalistisch) findet der Begriff der archaischen Männlichkeit selten Verwendung. Wenn, dann wird mit ihm eine Form von realer Männlichkeit beschrieben, die von den Autoren als rückständig und unaufgeklärt aufgefasst wird – meist in Bereichen, in denen die soziale Konstruktion von Geschlecht besonders auffällig scheint und in denen die Geschlechterbinarität hervorgehoben wird, wie bei Sport (»Fußball gilt als Bastion archaischer Männlichkeit«[147]), Technik (»Muskeln, Motoren, archaische Männlichkeit«[148]) und Krieg (»Ihre Bilder zeigen archaische Männlichkeit, die sich Gefahr, Gewalt und Abenteuer aussetzt«[149]). Es wird also meistens etwas beschrieben, dass in den Texten als typisch männlich identifiziert wird. Auch wird die archaische Männlichkeit dafür benutzt, Differenzen kultureller Männerbilder zu bezeichnen, wobei andere Kulturen eher als repräsentativ hierfür gesehen werden.[150] Der Begriff der archaischen Männlichkeit kann also benutzt werden, um kulturinterne Vorstellungen von Männlichkeit zu beschreiben, aber auch, um Differenzen zu Männerbildern aufzeigen, die in anderen Kulturen als vorherrschend gesehen werden. Sie wird im jeweiligen Gebrauch als etwas Feststehendes, häufig Ursprüngliches dargestellt und somit zu einer Art unveränderbarem Typus verklärt.

Bezogen auf die Repräsentation von Männlichkeit, wie sie für das Bildprogramm des Black Metal prototypisch ist, beschreibt die dafür entwickelte Begriffsverbindung »archaische Männlichkeit« eine Form von stereotyper Idealvorstellung einer vermeintlich rückgewandten Männlichkeit, die sich auf vormoderne Werte beruft und sich bewusst unzeitgemäß gibt.[151] Das Un-

---

147 http://kommentare.zeit.de/commentsection/url/2008/23/EM.

148 http://www.stern.de/politik/panorama/:Hells-Angels-Wilde-Br ProzentFCder/622983.html

149 http://www.berlinonline.de/berlinerzeitung/archiv/.bin/dump.fcgi/2004/0311/literatur/0249/index.html.

150 »Leseempfehlung über die westliche weibliche Selbstunterwerfung in Begeisterung über die archaische Männlichkeit.« (http://blog.zeit.de/joerglau/2007/12/03/der-unaufhaltsameaufstieg-des-kopftuchs_927.)

151 Der Begriff des Archaischen beschreibt im Allgemeinen etwas Altertümliches, etwas Veraltetes. Er ist von der etymologischen Bedeutung her eine Ableitung des griechischen *arche*, was »Ursprung« bedeutet. Im Lateinischen bedeutet *arche* »Kasten«. (Kluge, *Etymologisches Wörterbuch der deutschen Sprache).* Das Archaische als Stilepoche beschreibt die der Klassik vorangegangene, Epoche der griechischen Kunst, welche im 7. und 6. Jahundert vor Christus verortet wird. Die Menschendarstellungen dieser Epoche zeichnen sich durch Typisierung und das Fehlen individueller Züge aus. In der Psychologie beschreiben archaische Strukturen, laut der Brockhaus Enzyklopädie, »urtümliche seelische Strukturen oder Vorgänge, die entwicklungsgeschichtlich älteren ›Schichten‹ der Persönlichkeit angehören.«

zeitgemäße ist jedoch eher als etwas zeitlich Unbestimmtes zu verstehen.[152] Wenn auch ein Rückgriff näher zu liegen scheint als ein Vorrausgreifen, so ist das Ideal der Unzeitgemäßheit und der Rückgewandtheit als zeitlich nicht-verortbares utopisches Moment zu betrachten. Gleichzeitig zeigt sich in dem Begriff des Archaischen – als einer Ableitung vom griechischen *arche*, sprich »Ursprung« – das normativ-biologistische Element, welches in den Darstellungen häufig unterschwellig mitschwingt: nämlich dass es sich um die ursprüngliche Form von Männlichkeit handelt, welche angeblich im Mann angelegt zu sein scheint, der von seinen natürlichen Grundvoraussetzungen mit Aggressionspotenzial und Dominanzverhalten ausgestattet ist, und dass (diese Form von) Männlichkeit so ist, wie ein Mann sein sollte. Somit beschreibt »archaische Männlichkeit« nicht nur die stilistische und ideelle Rückgewandtheit, sondern auch eine Haltung, eine Weltsicht – mit inbegriffen ist die Abstinenz jeder Form von reflektiertem Genderdiskurs. Der zeitliche Rahmen der altertümlichen Vorbilder, dessen sich bedient wird, ist diffus und nicht als solcher bestimmbar: als ein Feld/eine Collage von Ideen und Idealen, die zeitgenössischen Diskursen gegenüberstehen. Die lateinische Übersetzung von *arche* als »Kasten« ist in der Lage, diese Ideen zu beschreiben – als Wunsch der Begrenzung. Interessant ist, dass dieser Versuch der Begrenzung durch eine Entgrenzung erreicht wird – durch die Abkehr von bestehenden zeitgenössischen Ideen und Idealvorstellungen eines »neuen Manns« bzw. durch die Abkehr der Vielfalt zeitgenössischer Lebensstile. Archaische Männlichkeit hat einen transgressiven Impetus und versucht gleichzeitig, der Form des Transgressiven, welche gängiger Teil eines postmodernen, popkulturellen Methodenapparats ist, entgegenzustehen. Žižek beschreibt den gesellschaftspolitischen Ist-Zustand der westlich-kapitalistischen Welt als »postmoderne Identitätspolitik der partikularen Life-Styles« und sieht das »immer weitere Aufblühen von Gruppen und Untergruppen mit ihren hybriden und flüssigen, wechselnden Identitäten«,[153] denen man, insofern man dieses Leben als »nicht-substantiell« empfindet, mit einer »oftmals gewalttätigen Rückbesinnung zu den ›Wurzeln‹ hinaus, auf unterschiedliche Formen der ethischen

---

Träume, Phantasien, künstlerische Produktionen können einen archaischen Charakter haben«. (Brockhaus-Enzyklopädie.)
Genauso beschreibt der Begriff des Archaisierens den Rückgriff auf ältere Stilformen, die sich an alte Vorbilder anlehnen.
152 Vgl. Nietzsche, *Unzeitgemäße Betrachtungen*.
153 Žižek, *Ein Plädoyer für die Intoleranz*, S. 56.

und/oder religiösen ›Substanz‹«[154] antworten kann. Wichtig, bezogen auf die Repräsentation archaischer Männlichkeit, ist aber nicht die realpolitische oder postpolitische Ebene, auf die sich Žižek bezieht, sondern die Stilebene, auf der die »Rückbesinnung« einerseits die Distanz zu zeitgenössischen Stilen sucht, sich jedoch andererseits in die Vielfältigkeit der Stile eingliedert. Es scheint möglich, Žižeks These, dass gerade der rechtsgerichtete Populismus eine »authentische politische Leidenschaft, den Kampf aufzunehmen«, der nicht darauf zielt, »zu jedem nett zu sein« und eine Grenze zwischen »Uns« und »den Anderen« einzuführen, auf die inszenatorische Praxis der archaischen Männlichkeit zu übertragen.[155] Nämlich etwas, das Žižek als »eigentliche Politik« bezeichnet, »in der eine partikulare Forderung nicht einfach ein Teil der Aushandlung von Interessen ist, sondern auf etwas darüber Hinausreichendes abzielt«[156]. Bei archaischer Männlichkeit geht es um einen Bereich der Inszenierungen und um Politiken des Symbolischen, die sich einem zeitgenössischen Konsens zu entziehen versuchen – dieser Bereich wird durch den Begriff der Archaik benennbar. Gleichzeitig zeigt sich hier die Wichtigkeit einer widerständigen Geste, um eine Grenze zwischen »Uns« und »den Anderen« sichtbar zu machen. Der Begriff des »Kastens« impliziert gerade den Versuch der Begrenzung als Praxis des Archaischen sowie das Aufbewahren und Konservieren. Während beispielsweise ein Stapel, als Form von Aufbewahrung, das Vorherige immer verneint, bezieht der Kasten das Vorherige mit ein.[157] Dieser Kasten ist transparent bzw. nach innen hin durchlässig: Relationalität erfordert immer auch eine Erweiterung der Koordinaten – jedoch unter Bezugnahme auf das Vorherige.[158]

Archaik ist kein Ziel, das zu erreichen wäre, und auch kein Zustand sie ist eine diffuse, als relational definierbare Stilwelt, der sich bedient wird – als Gegenentwurf zu einer zeitgenössischen. Archaik ist genauso diffus und als Projektionsfläche aufladbar wie der Begriff der »Männlichkeit«, der ebenso nur ein Ideal verkörpert von dem, was jeweils als männlich definiert wird und als Vorlage dafür dient, wie sich ein Mann zu verhalten hat, um männ-

---

154 Ebd., S. 57. Aber auch diese »Rückkehr zur Substanz« wird, aufgrund der Globalisierung, von Žižek als »gänzlich impotent« beschrieben.

155 Ebd., S. 60.

156 Ebd., S. 56.

157 Vgl. »Kann das Kapital ›ich‹ sagen?« (Interview mit Dietmar Dath). In: Kluge, *Nachrichten aus der ideologischen Antike*, DVD.

158 Oder um es mit Karl Marx auszudrücken: »Die Tradition aller todten Geschlechter lastet wie ein Alp auf dem Gehirne der Lebenden.« (Marx, *Der achtzehnte Brumaire des Louis Bonaparte*, S. 115.)

lich zu sein. Es handelt sich dabei meist um eine Männlichkeit, die, trotz unterschiedlicher kultureller Entwürfe, als »white, middle class, early middle-aged and heterosexual«[159] zu beschreiben wäre und die Definitionshoheit über den Begriff Männlichkeit hat. Alles außerhalb dieser Definition erfährt eine Marginalisierung und wird als different oder in Opposition zu dieser dominanten Männlichkeit gesehen – sei diese Unterscheidung bezogen auf soziale Schicht, Ethnizität, Geschlecht oder sexuelle Orientierung.[160] Archaische Männlichkeiten festigen die Dichotomisierung der Geschlechter, stereotypisieren Männlichkeit als überlegen und erreichen so deren Überhöhung.[161] Sie oszillieren zwischen einem vermeintlich systemimmanenten Konsens, der gleichzeitig als überholt gilt, und der Distanzierung davon, durch Strategien der Übertreibung und des Erschaffens einer fiktiven Hyper-Maskulinität: Es herrscht eine Gleichzeitigkeit von Teilen einer Dominanzkultur und Teilen einer Gegenkultur.[162]

2.1.1 Geschichtslose Rückgewandtheit

Ein männlicher Archetyp, wie er hier anhand der eigenen Definition von archaischer Männlichkeit untersucht wird, kann nur ideal/fiktiv – die idealisierte Projektionsfläche einer vormodernen Zeit – sein, weil Formen von Männlichkeit immer relational zum Zeit- und Gesellschaftskontext gesehen werden müssen. Somit stellt der Archetyp ein längst nicht mehr vorhandenes Ideal dar bzw. ein Ideal, welches noch nie in dieser Form vorhanden war und das auch zum jetzigen Zeitpunkt nicht bestehen könnte. Es handelt sich um die »Erinnerung an eine Vergangenheit, die (so) nie Gegenwart war«[163]. Gerade deshalb ist die Inszenierung archaischer Männlichkeit von Interesse, weil ihre Konnotation eine vormoderne, klarere Zeit repräsentiert – eine in sich geschlossene Entität, ein Kasten –, in der es vermeintlich klare Normen und Rollenverteilungen gab und das Ideal von Männlichkeit ein offensiveres,

---

159 Gates, *Detecting Men*, S. 30.

160 Ebd.

161 Kreisky, *Männlichkeit regiert die Welt,* http://evakreisky.at/onlinetexte/maennlichkeit_kreisky.php.

162 »Als Gegenkultur definiert Ilse Modelmog ein zur Dominanzkultur gegenläufiges Geschehen, welches durch Reflexivität, aber auch durch Neugier, Leidenschaften oder Imaginationen ausgelöst werden kann.« *(Löw, Raumsoziologie, S. 185.)*

163 Ernst, *Das Rumoren der Archive,* S. 11.

kriegerisches war. Dabei liegt der Fokus auf einer Rückbesinnung als Erneuerungsstrategie.

Im Sinne der Rückbesinnung auf eine gegenwartslose, fiktive Vergangenheit, kann archaische Männlichkeit mit der Idee eines »Jurassic Parks«[164] verglichen werden, wie ihn Steven Spielberg nach Michael Crichton inszeniert hat: Es entsteht ein Klon – ohne Original, ein Simulakrum –, Gleichzeitig eine Mischform, weil die Lücken und Anachronismen innerhalb der Bezüge, mit anderen Referenzen aufgefüllt werden müssen, um ein schlüssiges Gesamtbild zu ergeben.[165] Archaische Männlichkeit ist ebenfalls kein ausgestorbenes Fossil, welches wiederbelebt wird, sondern etwas Neues, das gleichzeitig immer schon da war (in mannigfaltigen Geschichten und Fiktionen). Das prozessuale Wesen der archaischen Männlichkeit kann mit dem Begriff des »Werdens«, wie Deleuze und Guattari ihn nutzen, beschrieben werden:

»Es ist eine falsche Alternative, wenn wir sagen: entweder man ahmt etwas nach oder man ist.«[166]

Das Werden hat keine Ordnung, ist niemals abgeschlossen und wird, im Gegensatz zur Geschichte, »nicht in Begriffen von Vergangenheit oder Zukunft gedacht«[167]. Deleuze und Guattari beschreiben die verschiedenen Arten des Werdens für den Mann, unterstreichen aber gleichzeitig, dass es für ihn kein Mann-Werden geben kann, weil Arten des Werdens minoritär sind – »alles Werden ist ein Minoritär-Werden« –, während der Mann die »Mehrheit par excellence«[168] ist. Der Begriff des Werdens ist also stark mit den jeweiligen Herrschaftsverhältnissen verbunden. Die Inszenierungspraxen archaischer Männlichkeit implizieren beide Seiten, und es wird deutlich, dass sich selbst diese Dichotomie, nämlich Mehrheit sein oder Minorität werden, innerhalb dieser Praxen auflöst. Mann bleibt Mehrheit und wird etwas Anderes: archaische Männlichkeit. Diese profitiert von der Mehrheitsposition (über die »patriarchale Dividende«[169]) und nimmt gleichsam am Werden teil. Es findet eine Selbststigmatisierung statt, ohne das Surplus der »patriachalen Dividende« zu vernachlässigen. Das Tautologisieren von aggressiver (weißer) Männlichkeit und der Rebellionsgeste des Minoritären bzw. die Gleichzei-

164 Spielberg, *Jurassic Park*.
165 Vergleichbar mit der Dinosaurier-DNA im Film, deren Lücken, die durch die Jahrtausende entstanden, mit der DNA von »zeitgenössischen« Fröschen aufgefüllt werden.
166 Deleuze/Guattari, *Tausend Plateaus*, S. 324.
167 Ebd., S. 397.
168 Ebd., S. 396.
169 Vgl. Connell, *Masculinities*, S. 79.

tigkeit von Leit- und Gegenkultur sind ein gängiges Paradigma der Repräsentation von Männlichkeit; ein machterhaltender Teil des fiktionalisierten Bedeutungsraums um Männlichkeit, der im Prozess des Werdens außerhalb jeder Geschichtlichkeit steht:

»Nun, ich wurde nach und nach immer sensibler für eine mögliche Unterscheidung zwischen Werden und Geschichte. Nietzsche sagte, dass nichts Wichtiges ohne eine ›Dunstschicht des Unhistorischen‹ zustande kommt. […] Was die Geschichte vom Ereignis erfasst, ist seine Verwirklichung in Zuständen, aber das Ereignis in seinem Werden entgeht der Geschichte. […] Das Werden gehört nicht zur Geschichte; die Geschichte bezeichnet allein das Ensemble der Bedingungen – selbst wenn sie in der allerjüngsten Vergangenheit liegen –, von denen man sich abwendet, um zu ›werden‹, das heißt, um etwas neues zu schaffen.«[170]

Das Werden zu archaischer Männlichkeit ist vergleichbar mit dem sogenannten Tier-Werden bei Deleuze und Guattari.[171] Dabei ist das Tier nicht Identifikationsobjekt, und es findet keine Nachahmung statt. Dieses Werden findet über das Aussenden von Partikeln statt und in Form von Ansteckung.[172]

»Der Mensch wird nicht zum Wolf oder Vampir, als ob er seine molare Spezies gewechselt hätte, aber der Vampir und der Werwolf sind Arten von Werden des Menschen, das heißt Nachbarschaften zwischen zusammengesetzten Molekülen, Beziehungen von Bewegung und Ruhe, Schnelligkeit und Langsamkeit, zwischen ausgesendeten Partikeln. Sicher gibt es Werwölfe und Vampire, wir sagen das aus voller Überzeugung.«[173]

Für Deleuze und Guattari ist dieses Werden etwas Reales und nicht in Bereichen von Träumen und Phantasmen anzusiedeln. Dies bedeutet nicht, dass der Mensch wirklich zum Tier wird oder dass sich das Tier-Werden nur auf die Eigenschaften des Tieres bezieht, sondern dass es zu einer Veränderung auf molekularer Ebene kommt, zu »Beziehungen von Bewegung und Ruhe,

---

170 Deleuze, *Unterhandlungen*, S. 244.
171 Dies ist allerdings nicht zu verwechseln mit dem sogenannten *male animal*, dem Tier im Mann, welches ein klassisches naturalisierendes Stereotyp darstellt, um abweichend-gewaltsames Verhalten unter Kontrolle zu halten und wieder einzugliedern. Laut Susan Bordo dient das *male animal* als Repräsentant für die Sehnsucht des Rezipienten, gesellschaftliche Tabus zu brechen. Gleichzeitig wird von dem *male animal* erwartet, nur an den dafür geschaffenen Orten, den »ritual arenas of primitive potency«, seine Aggression zu zeigen. (Bordo, *The Male Body*, S. 242.)
172 Vgl. Deleuze/Guattari, *Tausend Plateaus*, S. 326.
173 Ebd., S. 374.

Schnelligkeit und Langsamkeit, zwischen ausgesendeten Partikeln«[174]. Wichtig ist, zu erkennen, dass das Werden keinen Endzustand kennt:

»Was real ist, ist das Werden selber, der Block des Werdens, und nicht angeblich feststehende Endzustände, in die derjenige, der wird, übergehen würde. Das Werden kann und muss als ein Tier-Werden bestimmt werden, ohne einen Endzustand zu haben, der das gewordene Tier wäre«.[175]

Genauso ist das Konzept archaischer Männlichkeit zu verstehen. Der Begriff des Archaischen deutet nur den Wunsch nach Konstanz und Rückgewandtheit an, ist jedoch immer einem (geschichtslosen) Prozess unterworfen: sich im Außerhalb zu positionieren. Dieser Wille zur Differenz setzt dabei voraus, sich im Innerhalb auszukennen, um sich relational dazu zu positionieren. Die Relationalität der archaischen Männlichkeit zur Gegenwart ist Teil ihres Werdens.

2.2 Bilder archaischer Männlichkeit

Männlichkeit in ihrer Relationalität zu erkennen, bietet die Möglichkeit, Strategien der Normalisierung[176] als Konstrukt sichtbar zu machen. Das hier beschriebene Bild der Beständigkeit, welches gesellschaftliche oder geschlechterbezogene Veränderungen und Differenzen bzw. Nicht-Differenzen zu neutralisieren versucht, wird von Rancière *dominant fiction* genannt.[177] Er schlägt vor, die gesellschaftliche ideologische Realität als dominante Fiktion wahrzunehmen und definiert sie als

»[…] the privileged mode of representation by which the image of the social consensusis offered to the members of a social formation and within which they are asked to identify themselves«[178].

Rancière stellt fest, dass die *dominant fiction* vor allem als »a reserve of images and manipulator of stories for the different modes of configuration (pictorial, novelistic, cinematic, etc.)«[179] dient. Silverman ergänzt, dass in der Männ-

---

174 Ebd.
175 Ebd., S. 325.
176 Einen normativen Standard von Männlichkeit sozioökonomischen und kulturellen Gegebenheiten anzupassen, ohne den Impetus der Relationalität sichtbar werden zu lassen, um so ein Bild von Beständigkeit zu erzeugen.
177 Silverman, *Male Subjectivity at the Margins*, S. 30.
178 Ebd.
179 Ebd.

lich-Weiblich-Dichotomie die fundamentalste binäre Opposition der *dominant fiction* konstituiert wird:[180]

»The dominant fiction neutralizes the contradictions which organize the social formation by fostering collective identifications and desires, identifications and desires which have a range of effects, but which are first and foremost constitutive of sexual difference.«[181]

Wenn also die gesellschaftliche Ordnung sowie die Ordnung der Geschlechter vor allem durch vorherrschende Fiktionen und Bilder konstituiert und erhalten werden, ist die Analyse der Bildprogramme, die dieser Ordnung zuarbeiten oder ihnen entgegenstehen, nicht nur von Wichtigkeit für diese Programme und ihre Repräsentation, sondern auch für die symbolische Ordnung einer vermeintlichen Realität. Somit ist ein Konsens, auch in Genderfragen, weniger eine Frage rationaler Zustimmung als vielmehr eine imaginärer Affirmation. Ideologie konstituiert nicht nur das Subjekt, sondern gleichzeitig die ganze Welt – dies ist unerlässlich zum Erhalten hegemonialer Männlichkeit.[182] Gleichzeitig sind die konstituierenden Potenziale der in diesem Buch beschriebenen Bilder nicht mit der *dominant fiction* gleichzusetzen. Es kann nicht von einem direkten Transfer von Bildkulturen zu einer gesellschaftlichen Realität ausgegangen werden. Die Inszenierung einer Vergangenheit im Sinne der Ästhetisierungsstrategien des Black Metal (als Prototyp archaischer Männlichkeit) verkörpert eine piktorale Distanz – und weist somit keine Realitätsnähe auf, hat jedoch das Potenzial, der Naturalisierung von Geschlecht zuzuarbeiten.

Die bildlich-fiktionale Darstellung von Männlichkeit – es wird zwar ein Mann gezeigt,[183] durch Symbole und Referenzen wird er zum Informationsträger/Mythenträger von Männlichkeit – eignet sich gerade aufgrund des Versuchs der Verbildlichung eines Ideals und erweitert das Feld der (archaischen) Männlichkeit. Männlichkeit ist an sich fiktional, und Konstruktionen von *gender*, wie sie in Musikvideos präsentiert werden, sind von großer Signifikanz, weil sie patriachal-naturalisierte Annahmen reproduzieren und modifizieren. In Musikvideos, die archaische Männlichkeit zeigen, eröffnet sich zudem ein Repräsentationsfeld, welches im popkulturellen Kontext stattfindet, sich jedoch gleichzeitig davon zu befreien sucht. Diese Widersprüchlichkeiten und Friktionen können sowohl Einblick geben in die Konstruktionen von Geschlecht sowie in Widerständigkeitsstrategien. Das Mu-

---

180 Ebd., S. 34.
181 Ebd., 54.
182 Vgl. ebd., S. 24.
183 Bzw. eine Person, die durch körperliche Attribute den Anschein erweckt, ein Mann zu sein.

sikvideo bietet eine Art klinischen Raum, in dem, über die Bildpraxis des Black Metal, Darstellungen von Männlichkeit, Ernsthaftigkeit, Gewalt und des Bösen geprobt werden können.

Ideal für eine fiktionale Hyper-Maskulinisierung, wie sie sich in der archaischen Männlichkeit manifestiert, ist die Repräsentation über Bilder, weil hier die Möglichkeit besteht, sich zu kreieren, zu idealisieren und sich einem Bildreferenzpool zu bedienen und einzugliedern. Zudem ist der Referenzpool, aus dem sich bedient wird, ebenfalls fiktional: Filme, Musikvideos, Games und Rollenspiele. Dieses *re-enactment* von Männlichkeit dient auch dem Sichtbarmachen vermeintlich verloren gegangener Tugenden und der Exklusion des Todes aus dem alltäglichen Leben.[184] Archaische Männlichkeit ist ein Bildphänomen, dessen Stil und Ästhetik sich erst über Bilder zeigen kann, dessen Stil und Ästhetik sich über Bilder globalisieren, optimieren und modifizieren kann. Die Repräsentation von Männlichkeit ist nie Männlichkeit selbst – es soll davon ausgegangen werden, dass die (Bild-)Repräsentation von Männlichkeit, also die Äußerlichkeit, dem, was Männlichkeit zu bedeuten sucht, am nächsten kommt.

2.2.1 Black Metal als Prototyp archaischer Männlichkeit

Die Inszenierungspraxen in dem Musikgenre Black Metal dienen, aufgrund der stilistischen Eigenständigkeit in der bildlichen Darstellung sowie dem Generieren eines vormodernen Bildprogramms von Kriegern mit starkem Naturbezug und zum Teil übergroßen, altertümlichen Waffen, der Analyse von Formen archaischer Männlichkeiten und können als prototypisch für den hier verwendeten Begriff der »archaischen Männlichkeit« gesehen werden. Archaische Männlichkeit findet ihre Visualisierung in den Inszenierungs-, Repräsentations-, und Bildpraxen des Black Metal, womit eine Gleichsetzung von archaischer Männlichkeit und diesen Praxen vollzogen wird. Das bedeutet nicht, dass archaische Männlichkeit auf die Inszenierungsspezifika dieses Genres beschränkt ist. Jedoch zeigt sich in den Bildinszenierungen des Black Metal eine drastische Vehemenz des Willens zur Differenz, weswegen sie hier untersucht werden sollen. Black Metal ist ein singulärer Bildstil und gleichzeitig als exemplarisch für archaische Männlichkeit zu sehen. Die Singularität des Bildstils gilt es hervorzuheben, um dann Bezüge zu anderen Inszenierungspraxen herzustellen. Zudem finden sich in

---

184 Vgl. Grünwald, *Apokalyptische Jungs*.

den Männlichkeitsinszenierungen im Black Metal alle Schwerpunkte, die für den Begriff der archaischen Männlichkeit definiert wurden:

- eine Form von stereotyper Idealvorstellung einer vermeintlich rückgewandten Männlichkeit, die sich auf vormoderne Werte beruft und sich bewusst unzeitgemäß gibt;
- Be- und Abgrenzen, Aufbewahren und Konservieren als Praxis des Archaischen;
- bedrohliche Ernsthaftigkeit eines kampfbereiten, kriegerischen Subjekts;
- das Generieren von Räumen der Widerständigkeit;
- die Gleichzeitigkeit von Leit- und Gegenkultur als Paradigma weißer Männlichkeit.

2.3 Der Black Metal und seine Ursprünge

»Hass, zielloser Tatendrang, Zerstörungslust, Geilheit, alles wovon die Platten und die Filme handeln, die uns gefallen: das ist wirklich wichtig. Man vergisst es später nur, weil man vor lauter Angst verblödet.«[185]

Black Metal ist eine Underground-Spielart des Heavy Metal. Die Genre-Bezeichnung geht auf ein gleichnamiges Album der englischen Band Venom von 1982 zurück. Zur tatsächlichen Bezeichnung eines eigenen Musik-Genres kommt es Anfang der neunziger Jahre in Norwegen durch eine relativ kleine Gruppe von Jugendlichen. Black-Metal-Musiker präsentieren in Musik, Kleidung und Haltung den Versuch, sich abweichend zu inszenieren, indem sie »das Böse« ästhetisieren. Die Selbstdarstellung von Black-Metal-Musikern wird von den Autoren Moynihan und Soderlind[186] als Reaktion auf den Kleidungsstil der Death-Metal-Musiker gesehen, die sich bei Konzerten, auf Fotos und in Musikvideos in Jeans oder Jogginghose mit Sweatshirt oder einem T-Shirt mit Band-Logo genauso wie ihre Fans präsentieren. Im Black Metal hingegen führt der Weg zurück zu Inszenierungen von Metal-Bands wie beispielsweise W.A.S.P., die in den achtziger Jahren durch das Hinzufügen von Fantasy-Outfits, Blut und nackten Frauen zu provozieren versuchten, und King Diamond, der durch *corpse paint* sein Gesicht zur Totenmaske

---

185 Dath, *Die salzweißen Augen*, S. 10.
186 Moynihan/Soderlind, *Lords of Chaos*.

stilisierte.[187] Die fiktiven Szenarien und ähnliche Outfits werden von den Black Metalern adaptiert, aber in einen neuen, ironiefreien und ernsthaften Bedeutungszusammenhang gestellt. Es findet ein Vermischen von bewusster Inszenierung und Authentizitätsgebahren[188] statt: Während das Authentische gewöhnlich durch eine Verschleierung der Inszenierung den Eindruck erwecken soll, keine zu sein, wird Authentizität hier durch ein Zusammenspiel von szeneimmanenten Stilen und einer Strategie des Ernst-Machens erreicht.

2.3.1 Konfrontative Kleidung im Black Metal

Kleidung und Habitus dienen im Black Metal, genau wie in anderen Szenen und Alltagskulturen, einer Individualisierung mit gleichzeitigem Wiedererkennungswert – sprich einer individualisierten Uniformierung.[189] Ebenso findet sich in der Verwendung von Leder als Hauptmaterial der Bekleidung eine Gleichzeitigkeit von Individualismus und Tradition: Leder als vermeintlich ursprüngliches Naturprodukt, als tragbare Trophäe eines Jägers, als symbolischer Repräsentant einer Andersartigkeit sowie Ausdruck von Brauchtum und Tradition. Die Modifizierung eines Looks durch Accessoires, Make-up und weitere Besonderheiten im Styling schaffen eine Personalisierung innerhalb der Begrenzungen eines szenetypischen Outfits. Der als ursprünglich zu klassifizierende Black-Metal-Look – es gibt diverse Variationen dieses Stils – gestaltet sich durchweg schwarz und beinhaltet enge Lederhosen und Lederwesten, die oft mit Nieten oder satanischer Symbolik (zum Beispiel dem umgedrehten Kreuz) verziert sind. Die Nieten und Spikes werden auch an Lederarmbändern und Stiefeln angebracht und repräsentieren ein *confrontation dress*,[190] welches durch die stilistische Erweiterung mithilfe von Accessoires wie Waffen und der Gesichtsbemalung seine Darstellung findet.

---

187 Wobei auch die geschminkten Gesichter der Hard-Rock-Band KISS einflussreich gewesen sein könnten.

188 Der Begriff des Authentischen ist kritisch zu hinterfragen und wird hier nur als Inszenierungsstrategie verstanden. Vgl. Kapitel 8.4 Subkulturelle Kapitalisierungsstrategien – Momente des Authentischen.

189 Vgl. Mentges/Neuland-Kitzerow/Richard, *Uniformierungen in Bewegung*.

190 Das *confrontation dress* wird im Punk geboren und dient der Provokation und einer aggressiven Körperlichkeit. Lederjacken mit Nieten verziert, Mohawks, Sicherheitsnadeln in Ohr, Nase und Lippe sowie Springerstiefel definieren den Style. Die Stilmerkmale des »Confrontation Dress« finden sich auch in anderen Subkulturen wieder, oft als Bricolage verschiedener Kleidungsstile. (Vgl. Richard, *Todesbilder*, S. 117.)

Die Haare werden lang getragen, sind häufig schwarz gefärbt und sind, wie im Heavy Metal allgemein, Ausdruck für ein erkennbares Partizipieren an der Subkultur.[191] Der Gürtel ist meist ein Patronengurt, wie er auch bei anderen Varianten des Heavy Metal anzutreffen ist, oder ein Gürtel mit großen Nieten und Gürtelschnalle mit Symbol (Pentagramm o. Ä.).

Abbildung 1: Immortal Promotionfoto.

Zwei Stilmerkmale in der Kleidung der Black Metaler unterscheiden sie von anderen Formen der Heavy-Metal-Kultur, welche ihnen die visuelle Einzigar-

---

191 Die Schwierigkeiten und Einschränkungen, die der Subkultur-Begriff mit sich bringt, sollten nicht unerwähnt bleiben. Der fast schon vorausgesetzte *working-class*-Bezug und dessen positive Konnotierung des Centre for Contemporary Cultural Studies (kurz: CCCS), sollten stark infrage gestellt werden, wenn es um die Inszenierungspraxen von (widerständigen) Musikkulturen geht. Ganz im Gegenteil wird ein inszenatorischer Bereich geschaffen, der außerhalb traditioneller klassengesellschaftlicher Bereiche stattfindet. Die Stilisierung von Straße (Hip-Hop) und die Stilisierung von Abseitigkeit (Metal) müssen nicht wirklich Straße und Abseitigkeit bedeuten: »The issue of young people playing their ›subcultural‹ roles for ›fun‹ is never really considered by the CCCS.« (Bennett/Kahn-Harris, *After Subculture*, S. 8.)
Gleichzeitig ist die Metal-Szene in ihrer Inszenierung eher einem subkulturellen Feld zuzuordnen, wenn man die hierfür klassische Verbindung von »style, musical taste and identity« (ebd., S. 11) als Subkultur-Signifikanten versteht. Auch wenn die Inszenierungen des Black Metal darauf angelegt sind, sich radikal abzugrenzen – sprich eine Subkultur bzw. eine »separate order« (ebd., S. 3) zu bilden –, sollte dieser Begriff, im Sinne des CCCS, vermieden werden und hier nur als inszenatorische Praxis einer Form von Widerständigkeit verstanden werden. Der Subkultur-Begriff soll hier als Bereich einer widerständigen Inszenierung verstanden werden, welcher eben nicht zwingend alle Lebensbereiche mit einbezieht, sondern versucht, sich auf einer symbolischen und inszenatorischen Ebene abzugrenzen und in Opposition zu gängigen Darstellungsparadigmen zu positionieren.

tigkeit und Erkennbarkeit geben: *corpse paint* und überdimensionale mittelalterliche Waffen als Accessoire. *Corpse paint* ist eine Schwarz-Weiß-Bemalung des Gesichts, die dem Betreffenden zum Teil den Ausdruck und das Aussehen einer Leiche geben oder das Gesicht in einer Art bösartigen, hexenhaften Maske präsentieren. Die Übergänge sind hier fließend. Die Ursprünge der *corpse paint* sind schwer zu deuten. Innerhalb des Metal- sowie Punk-Genres gibt es verschiedene Bands, die ihre Inszenierungen durch Gesichtsbemalung aufwerten. Unterschiedlichste Bands wie Mercyful Fate (und deren Sänger King Diamond), Celtic Frost oder die Horrorpunk-Band The Misfits trugen Mitte der achziger Jahre Make-up, um der Perfomance Horror- bzw. Todeselemente beizufügen. Aber auch kommerzielle Hardrock-Bands, wie KISS und Alice Cooper, die während ihrer riesigen Bühneninszenierungen in den siebziger Jahren Make-up trugen, könnten als Inspiration gedient haben.[192] Der Herausgeber des ersten Black-Metal-Fanzines *Slayer* Metalion sieht eine andere Referenz als ausschlaggebend für die Entstehung der *corpse paint*:

»I think it was really from a band called Sarcofago from Brazil. A very extreme Metal band, they released an album and Euronymous was totally obsessed with them because they wore a lot of spikes and corpse paint. He said he wanted every band to be like this, because he was so against the Death Metal trend from the USA and Sweden. Death Metal bands would play shows wearing jogging suits and he was totally against that.«[193]

Die Musiker der brasilianischen Band Sarcofago zeigen sich auf dem Cover ihres Albums »INRI« (1986) in Lederkluft, mit Patronengurten und langen Nieten bestückt und mit Gesichtsbemalung geschmückt. Die Mischung aus Inszenierungspraxen des Thash Metal mit dem theatrischen Element des Make-ups, zeigt schon hier prototypische Stilmerkmale des Black Metal. Die Schweizer Band Celtic Frost verfolgte zur gleichen Zeit eine ähnliche Strategie in ihrer Inszenierung. Zur *corpse paint* selbst kommt der Gesichtsausdruck, der, zur Fratze verzerrt, mit nach unten gezogenen Mundwinkeln, gefletschten Zähnen und mit einer bestimmten, klauenartigen Gestik der Hände, präsentiert wird.

Das zweite stilgebende Merkmal sind Waffen. Die Visualisierung kriegerischer Männlichkeit erfolgt durch das Benutzen mittelalterlicher, oft übergroßer Waffen wie Schwertern, Streitäxten aber auch modernen Schusswaffen. Das Musikinstrument, als Zeichen musikalischer Versiertheit, wird durch

---

192 Moynihan/Soderlind, *Lords of Chaos*, S. 36.
193 Ebd.

Zeichen des Kriegerischen ersetzt. Der beschriebene Look kann variiert und erweitert werden, wie es zum Beispiel beim Viking-Look der Fall ist.[194] Die Darstellungen im Black Metal müssen nicht mehr in direkte Beziehung zum Musikstil gebracht werden. Wenn auch der musikalische Stil ausschlaggebend für die Entwicklung ist, die sich in Outfit, Accessoires, Symbolen und Verortung darstellt, so ist der Bildstil des Black Metal, dem sich auch Musiker anderer Musikstile bedienen,[195] um an der widerständigen und abseitigen Ästhetik einer archaischen Männlichkeit zu partizipieren, unabhängig davon analysierbar. Charakteristisch für den Black Metal, genau wie für viele andere Szenen und Musikkulturen, ist die Praxis der Bricolage:[196] ein eklektizistisches Zusammentragen von Zeichen und Bedeutungen aus unterschiedlichen Quellen, die oftmals wenig miteinander gemeinsam haben, vielfach umgedeutet, neu kontextualisiert, nach Belieben kombiniert und von ihrem ursprünglichen Sinnzusammenhang entfremdet werden. Die oft unzusammenhängende Ansammlung verschiedener kultureller Elemente in der Black-Metal-Kultur kann als Bricolage beschrieben werden, weil sie durch ästhetische Analogien, Relationen und historische Bezüge miteinander verbunden sind, jedoch mitnichten ein in sich geschlossenes logisches System darstellen. Somit werden Symbolbezüge und Stilmerkmale häufig

---

194 Dieser Look rekrutiert sich aus dem Genre des Viking Metal, welcher Überschneidungen zum Black Metal aufweist. Er beinhaltet weniger schwarze Lederkleidung und steht somit weniger in der Tradition des Heavy Metal als in der Nachahmung mittelalterlicher Kleidungsstile. Der Bezug ist also weniger bei musikalischen Kulturen zu finden, sondern hat geschichtliche Bezüge, welche sich wiederum aus einem Fundus fiktionaler Referenzen speisen. Das Outfit setzt sich aus verschiedenen Komponenten mittelalterlicher Kleidungsformen, wie dem Umhang, Teilen von Ritterrüstungen, Brustschild und Wikingerhelm, zusammen. Die Haare sind nicht mehr schwarz gefärbt und das Gesicht ist nicht geschminkt. Mittelalterliche Waffen sind allgegenwärtig. Die Authentizität der Inszenierung wird hier weniger durch die Verkörperung des Bösen, sondern durch eine möglichst »realitätsnahe« Interpretation des Wikingerbildes erzielt.

195 Bands wie MZ. 412 präsentieren eine Black-Metal-Ästhetik, ohne dem musikalischen Stil zu entsprechen.

196 »The set of the ›bricoleur's‹ means cannot therefore be defined in terms of a project (which would presuppose besides, that, as in the case of the engineer, there were, at least in theory, as many sets of tools and materials or ›instrumental sets‹, as there are different kinds of projects). It is to be defined only by its potential use or, putting this another way and in the language of the ›bricoleur‹ himself, because the elements are collected or retained on the principle that ›they may always come in handy‹. Such elements are specialized up to a point, sufficiently for the ›bricoleur‹ not to need the equipment and knowledge of all trades and professions, but not enough for each of them to have only one definite and determinate use. They each represent a set of actual and possible relations; they are ›operators‹ but they can be used for any operations of the same type.« (Lévi-Strauss, The Savage Mind, S. 19.)

ohne explizites Interesse an historischen Bedeutungen benutzt, um so ein eigenes Bildprogramm zu kreieren. Symbole aus dem Satanismus (Pentagramm, umgedrehtes Kreuz), der nordischen Mythologie (Hammer des Thors) und der Nazizeit (Hakenkreuz, Eisernes Kreuz) finden sich gleichsam in der Symbolwelt des Black Metal wieder. Dieser Stileklektizismus ist jedoch nur sinnvoll, wenn sich die Repräsentation am Ende als scheinbar einheitliches Ganzes präsentiert, um so die stilistische Widerständigkeit zu unterstreichen. Gleichsam ist es wichtig, die Artifizialität der Performance als authentischen Lebensentwurf zu präsentieren, um, trotz Make-up und Grimmasse, Ernsthaftigkeit zu vermitteln. Die collagiert-fiktionale archaische Männlichkeit wird als scheinbar fixer und monolither Stil präsentiert.

2.4 Bildstil des Black Metal

In der Black-Metal-Szene wird ein bestimmtes Lebensgefühl artikuliert, welches sich wiederum aus schon vorhandenen unterschiedlichen (Sub-)Kulturen und deren Bildprogrammen speist. Einerseits wird der übertriebene Männlichkeitskult des Heavy Metal weiter geführt, jedoch um stilistische Versatzstücke anderer Szenen, beispielsweise Gothic und Neo-Folk, erweitert. Die körperliche Selbstdarstellung in enger Lederkluft mit Westen, die Merkmale der männlichen Statur, wie Oberarme und freie Brust und Bauch, hervorheben, paart sich mit weiten schwarzen Umhängen und der Verortung in dunklen Nicht-Räumen oder einer idealisierten Natur. Diese beiden Raumtypen (Nicht-Raum und Naturraum) sind wichtige Bildmerkmale des Black Metal und werden besonders eigenständig inszeniert.

Das Bild des Heavy-Metalers, der mit seinen Mitmusikern biertrinkend in die Kamera brüllt,[197] wird ersetzt durch das Bildideal des einsamen nordischen Kriegers, der sich, teils mit hasserfülltem, teils mit melancholischem Blick, der Dunkelheit, Naturlandschaften und mittelalterlichen Szenarien hingibt, die sonst eher im Gothicbereich anzusiedeln sind (Motive wie Ruinen von Schlössern oder Wälder). So findet auch, im Vergleich zu anderen Heavy-Metal-Genres, eine räumliche Neu-Verortung und teilweise Entleerung des Raums statt: Die sonst so übliche Bühnen- und Live-Situation wird erweitert um einen anderen Ort oder eine offene, weite Umgebung mit lokalem Naturbezug.

---

197 Vgl. Slayer, *Reign in Blood*, Cover-Rückseite.

2.4.1 Stille Bilder

Die Cover- und Fanzinegestaltung ist in den Anfängen des Black Metal vor allem durch einfache Gestaltungsmuster und die Selbstverbreitung durch Kopieren des eigenen Hefts geprägt. Durch den Vorgang des Kopierens des selbstgestalteten Fanzines entsteht eine eigene ästhetische Form, da in den schwarz-weiß kopierten Heften nur Dunkles und Helles hervorgehoben wird und es wenige Graunuancen gibt. Durch diese – aus einem technischen Mangel entstandene – Stilisierung bekommt der Black Metal im Printmedium seinen eigenen visuellen Ausdruck: seinen Bildstil. Die Darstellungsformen des Black-Metal-Stils und seine mediale Repräsentation bilden eine Symbiose, wie beispielsweise die Cover von Bands wie Darkthrone zeigen, die einer solchen Fanzine-Ästhetik entspringen. Die *corpse paint* der Musiker wirkt besonders unheimlich und bösartig in Verbindung mit grobkörniger Schwarz-Weiß-Fotografie und dunklem Hintergrund.

Abbildung 2: Darkthrone A Blaze in the Northern Sky *(1992). Cover. Scan JG.*

Die Covergestaltung von Darkthones Album *A Blaze In The Nothern Sky* zeigt beispielsweise einen fast schwarzen Hintergrund. Man erkennt ein Gesicht in *corpse paint*, das zu einer Fratze verzogen ist, den Mund offen hat und die Mundwinkel nach unten zieht. Es ist weiß geschminkt, nur Augen und Mund sind schwarz hervorgehoben. Ansonsten sind nur die wehenden langen Haare und die Hände der Person zu erkennen, die sich an einer Art Holzpflock oder Zaun festhält und die Arme ausgebreitet hat. Das Foto vermittelt das Gefühl von Bewegung. Das Logo der Band befindet sich in der oberen linken Bildecke und unterstreicht in seiner rhizomatischen Verworrenheit die Diffusität des Raums. Hier zeigt sich ein für den Bildstil des Black Metal typisches Bildparadigma: Das Logo, genau wie das Bild, zeigt ein Oszillieren zwischen Ostentativität und Verschwinden. Um diese beschriebenen Stilmerkmale von stillen Bilddarstellungen ins bewegte Bild des Musikvideos zu überführen, bedarf es einiger Modifikationen und Ergänzungen, wie folgend im Musikvideo der Band Satyricon erkennbar wird. Gleichzeitig lässt sich der für den Black Metal typische Bildstil herausarbeiten, der durch weitere Musikvideos noch erweitert wird.

2.4.2 Archaische Männlichkeit als *shifting image*[198]

Zuerst war das kopierte Bild – in seinem aus technischem Mangel entstandenen extremen Schwarz-Weiß-Kontrast einer Fanzine-Ästhetik. Diese Ästhetik wird in professionalisierte Bilderzeugnisse überführt, wie an Covergestaltung und Promofotografie deutlich wird. Der Transfer in das bewegte Bild erfolgt durch den Versuch, die Bildstilistik möglichst genau nachzuempfinden, und hat doch verschiedene Modifizierungen zur Folge. Es entstehen neue Bilder und vor allem ein Mehr an Bildern. Indem stille Bilder zu bewegten werden, müssen neue Grundvoraussetzungen für das Darzustellende geschaffen werden. Raum-Zeit-Abläufe und Mikro-Narrationen werden, durch die Beschaffenheit des Mediums, nötig. Die bildliche Repräsentation archaischer Männlichkeit lernt sich zu bewegen und tritt dadurch in neue Referenzbereiche ein, derer sich bedient werden muss, um den Bildmangel des Transfers vom stillen Einzelbild zum Bildüberschuss des Bewegungsbildes aufzufüllen. Es entstehen Bildmischformen aus neuen Komponenten.

2.4.2.1 Bildstil des Black Metal im Bewegtbild

Exemplarisch für die bewegungsbildliche Darstellung des klassischen Black-Metal-Stils ist das Musikvideo von der Band Satyricon zu dem Song »Mother North«. Das Musikvideo »Mother North« wurde 1996 in Norwegen, unter der Regie von Satyr, gedreht, der gleichzeitig Kopf der Band Satyricon

---

198 Der Begriff des *shifting image* beschreibt hier folglich nicht den Transfer vom gleichen Bild auf ein anderes Medium, sondern den Versuch, einen zum Referenzbild analogen Zwilling innerhalb des anderen Mediums zu entwerfen.

ist. Das Video ist mit 7,06 Minuten (inklusive Intro) für das Medium Musikvideo extrem lang, was aber für das Genre nicht ungewöhnlich ist. Videos dieser Art werden für einen Spartenmarkt gedreht und disqualifizieren sich bereits über die Länge von einer Rotation für den Mainstream. Die Geste des Authentischen, an der nur eine bestimmte Rezipientengruppe teilhaben kann,[199] ist von größerer Bedeutung als der reine Marketingeffekt.

Das Video besteht aus drei unterschiedlichen Darstellungsebenen, wobei zwei dieser Ebenen einen rein performativen Charakter haben und die dritte eine Mikro-Narration, durch eine Mann-Frau-Relation, andeutet. Es sind drei Männer (die Band) und eine Frau zu sehen.

– Die musikalische Performance der ersten Darstellungsebene findet ohne Realbezug – ohne eine räumliche Verortung innerhalb eines Band/Bühnen-Kontexts und ohne Instrumente, jedoch mit ikonografischen Verweisen auf das Genre – statt.

– Die zweite Darstellungsebene generiert genrespezifische Kurzdarstellungen, die als klassische Black-Metal-Codes gelesen werden können und die Verortung der Band Satyricon in satanischen und nordischen Bildwelten unterstützen. Diese collagenartigen Kurzdarstellungen unterteilen und spalten die Performanceebene und die Ebene der angedeuteten Narration und bestimmen so das Schnitt- und Cliptempo.

– Die dritte Ebene findet teils in Räumen mit Realbezug, teils in kulissenartigen Räumen statt. Es sind drei Handlungsstränge auszumachen, die einem hierarchischen Ablauf folgen. Sie werden durch die Mann-Frau-Relation geprägt und enden mit der Tötung der Frau.

Fast der gesamte Clip findet vor dunklem, nebligem Hintergrund statt, der entweder bläulich oder rötlich angestrahlt wird. Die unwirkliche, alptraumhafte Ästhetik wird in der Performance weitergeführt. Dem Darstellungsraum kommt hier eher die Funktion der Verortung in einer Nicht-Welt (diese wird folgend als anderer Ort klassifiziert) als eine, durch eine szenetypische Ausstattung erreichte, subkulturelle Signifikanz zu. Das Musikvideo beginnt mit einer Introsequenz, in der Darsteller und Bildästhetik etabliert werden. Die erste Einstellung zeigt den männlichen Protagonisten, wie er sich aus der bläulich-nebeligen Dunkelheit langsam und leicht gebückt (Quasimodo-ähnlich) auf die Kamera zu bewegt. Es ist nur die Silhouette mit langen Haaren, einem Umhang und einem Stock, auf dem ein Totenkopf aufgespießt ist, erkennbar.

---

199 In Zeiten des Web 2.0 sind zwar fast alle Clips für jeden User zugänglich, ohne den richtigen Tag bleiben sie aber unter den Massen anderer Clips und Bilder verborgen.

Das Gegenlicht lässt den Protagonisten unsichtbar. Es findet eine Invertierung der Licht-Raum-Verhältnisse statt, bei der das Subjekt das Dunkel repräsentiert und der Hintergrund als Lichtquelle dient, aber auch gleichzeitig das einzig Sichtbare ist – wie der Kamerablick in einen Filmprojektor und dazwischen das Subjekt. Raum und Subjekt werden hier zur schwarz-blauen Oberfläche.

Nach dieser ersten Einstellung des Musikvideos, welche die darauffolgenden Raum- und Lichtverhältnisse andeutet und den männlichen Protagonisten etabliert, werden die beiden anderen Bandmitglieder, die in Slow Motion an der Kamera vorbei schreiten, gezeigt. Der Nebel ist durch die Rückbeleuchtung jetzt rötlich gefärbt. Erkennt man in der ersten Einstellung die männliche Hauptfigur nur schemenhaft, so werden die beiden anderen männlichen Personen durch eine Lichtquelle von vorne sichtbar gemacht, während sie sich nacheinander der Kamera nähern. Die zweite Person hat ein schwarz-weiß geschminktes Gesicht, mit zusammengepressten Lippen und weit aufgerissenen Augen. Die Schminke lässt das Gesicht faltig und alt aussehen, wie das eines toten Greises. Kurz bevor er die Kamera erreicht, füllt sein Gesicht fast den ganzen Bildbereich aus und verdeckt gleichzeitig das Licht der Hintergrundbeleuchtung.

Der starke Schwarz-Weiß-Kontrast der Fanzine-Ästhetik wird aufgegriffen und in das farbige Bewegtbild des Videos transferiert. Gleichzeitig wird der Schwarz-Weiß-Kontrast erhalten, weil nur das Schwarz des Hintergrundes und das Weiß der Schminke sichtbar sind. Die zweite Person geht rechts an der Kamera vorbei und gibt den Blick frei für die dritte, ebenfalls geschminkte, männliche Person. Sie hat lange dunkelblonde Haare. Der Rest des Körpers ist unter einem dunklen Umhang verborgen. Das Gesicht ist ganz weiß geschminkt, nur Augen und Lippen sind geschwärzt, wodurch die Augen, verstärkt durch das abgedunkelte Licht, unsichtbar werden. Diese lange Sequenz wird durch das Zwischenschneiden sehr kurzer Szenen, die noch dekontextualisiert sind, gebrochen. Die kurzen Szenen verweisen auf die anderen Darstellungsebenen, geben aber auch schon Auskunft über den technischen und schnittästhetischen Verlauf des Videos.[200]

Kleidung dient in der Introsequenz dazu, Körper zu verhüllen ohne Kleidung an sich sichtbar werden zu lassen. Die Beleuchtung in Verbindung mit den schwarzen Umhängen schafft eine Silhouette, die letztendlich auf das einzig Sichtbare verweist – das Gesicht in *corpse paint*, symbolisch für den Stil des Black Metal. Auch hier findet sich die Gleichzeitigkeit von Entindi-

---

200 Collagenartige Inszenierung, bei der ästhetisch-visuelle Gestaltungsprinzipien den zeitlichen Verlauf der Bilder bestimmen.

vidualisierung und Einzigartigkeit: durch die Maske, die die Szenenzugehörigkeit markiert, und die Eigenständigkeit in der Wahl und Modifizierung der jeweiligen Maske selbst. An diesen drei männlichen Akteuren zeigt sich, dass Maskierung im Bild nicht entindividualisierend wirkt, wie es beispielsweise bei Vermummungsstrategien von Autonomen, die auch im Hip-Hop-Video Nachahmer finden, oder der Pasamontana[201] der Zapatistas der Fall ist. Diese individuelle Künstleruniform[202] ist identitätsstiftend. Während bei der »Autonomen-Maske« nur die Augen sichtbar sind, werden die Augen in der Black-Metal-Maskierung, mit der szenetypischen Lichtinszenierung und Körperpositionierung, unsichtbar. Dafür gibt die individuelle Maskierung Aufschluss über den jeweiligen Träger, ohne seine »reale« Nicht-Szeneidentität preiszugeben. Es kann auch gesagt werden, dass abseits der Maskierung nichts existiert. Hinter der Maske ist nichts.[203] Die Reflexion des Lichts sowie die Hervorhebung der Schatten werden durch die *corpse paint* intensiviert bzw. schon vorweggenommen.

Der direkte Bezug zum stillen Bild funktioniert in der Introsequenz sowie in den collagenartigen Kurzdarstellungen der zweiten Darstellungsebene über die Nähe zur Referenz. Durch Slow Motion, Beleuchtung und die Reduziertheit der Gesten der Protagonisten entsteht eine Art stiller Bewegungsbilder[204] – Schlüsselbilder, die in einem bestimmten Moment der Inszenierung der Stilistik, ja sogar der Bewegungslosigkeit der Referenzen gleichen.

---

201 Die Pasamontana ist eine Ski- oder Motorradmütze aus Wolle oder Baumwolle, bei der das Gesicht bis auf die Augen verdeckt ist.

202 Vgl. Drühl, *Der uniformierte Künstler.*

203 Was Deleuze und Guattari in *Tausend Plateaus,* auf das Kino bezogen, feststellen, trifft auch auf die Bildinszenierung der *corpse paint* zu: »Die Großaufnahme des Gesichts im Kino hat zwei Pole: einerseits die Reflexion des Lichts auf dem Gesicht und andererseits die Hervorhebung der Schatten, bis es sich ›mit gnädiger Dunkelheit‹ verhüllt.« Das Gesicht gehört, laut Deleuze und Guattari, nicht zum Körper. Das Gesicht wird als Oberfläche beschrieben: »Gesichtszüge, Linien, Falten, ein langes, rechteckiges oder dreieckiges Gesicht; das Gesicht ist eine Karte.« (Deleuze/Guattari, *Tausend Plateaus,* S. 231 u. 233.)

204 Diese stillen Bewegungsbilder werden auch sehr oft in Hip-Hop-Videos verwendet. Vgl. Richard/Grünwald, *Horde und Kriegsrevue?*

 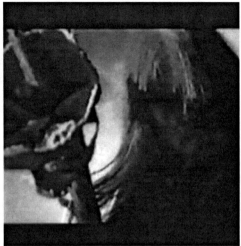

Abbildung 3: Satyricon Pro-
motionfoto.

Abbildung 4: Satyricon Mother North
(1996). Screens JG.

Vergleicht man das stille Bild der Promotion-Aufnahme Satyricons[205] mit einem Still aus dem Clip Mother North, so zeigen sich Überschneidungen im gesamten Darstellungsrepertoire: Beleuchtung, Hintergrundfarbe, Accessoires, Habitus, Make-up und Ausdruck weisen frappierende Ähnlichkeiten auf. Deutet das Ursprungsbild, durch die Körperhaltung, eine bestimmte Bewegungscharakteristik nur an, so findet sie im Clip ihre bewegte Verwirklichung. Das Bewegtbild kann folglich auch dazu dienen, den Ausdruck und Habitus des stillen Bildes zu erweitern. Die Schlüsselbilder orientieren sich an den ursprünglichen Darstellungscharakteristika des stillen Bildes und erschaffen gezwungenermaßen deren Erweiterung. Gleiches lässt sich bei der Gestaltung des Hintergrundes feststellen. Auf dem Promofoto wird der rauchig-blaue Hintergrund durch eine farbige Leinwand erzeugt, vor der posiert wird. Im Clip wird diese flache Studioästhetik durch einen echten Raum ersetzt und durch blaues Licht und Rauch erzeugt. Der Rauch dient nicht nur der Diffusion der Darstellungsräume, er ist auch Hauptbewegungserzeuger, während die Protagonisten häufig bewegungslos verharren.

Das Bewegtbild zwingt dazu, einen neuen Raum zu erzeugen und Darstellungscharakteristika auszuweiten. Der so entstehende Raum wird in den

---

205 Das hier gezeigte Bild zeigt einen Ausschnitt des originalen Promotionfotos. Auch handelt
  es sich hier um ein anderes Bandmitglied Satyricons als bei dem Video-Still.

folgenden Kapiteln (3–7) als Darstellungsraum klassifiziert. Diese Darstellungsräume (anderer Ort, Naturraum, Hetereotopie und Filmraum) werden anschließend um den Ereignisraum (Kapitel 8) ergänzt. Unter Gesichtspunkten einer bildlichen Präsenz kann gesagt werden, dass im Ereignisraum Unsichtbares sichtbar gemacht wird (durch das Addieren von Bedeutung, die Außerhalb des Darstellungsbereiches liegt), während im Darstellungsraum (mithilfe von Sichtbarkeitstechnologien) Unsichtbarkeit bzw. eine diffuse Sichtbarkeit erzeugt wird.

3. Anderer Ort

Die folgenden Kapitel (3–7) untersuchen einen Raum, in dem archaische Männlichkeit seine Darstellung findet: der Darstellungsraum. Es ist der Raum, der im Bild Sichtbarkeit und Unsichtbarkeit erzeugt. Der Ereignisraum (Kapitel 8) – als Bedeutungs-Surplus – wäre ohne seine bildmediale Visualisierung im Darstellungsraum nicht möglich. Das heißt, dass das Bild, welches das Subjekt der archaischen Männlichkeit in seiner Verortung zeigt, dem atmosphärischen Bedeutungs-Surplus vorangestellt ist. Es gibt also bild-/medienspezifische Charakteristika, die nicht über den Ereignisraum erklärt werden können, sondern allein über Sichtbarkeit/Unsichtbarkeit, Verortung und technologisch-mediale Spezifika im Bild funktionieren.

Martina Löw unterscheidet zwei verschiedene Prozesse der Raumkonstitution (Spacing und Sytheseleistung), die auf die beiden Raumkomponenten der archaischen Männlichkeit, Darstellungsraum und Ereignisraum, anwendbar sind:

– Der Darstellungsraum ist der Raum, in dem das Spacing stattfindet: also die Konstituierung eines Raums durch das Platzieren von Gütern oder Menschen sowie das Positionieren von symbolischen Markierungen.
– Der Ereignisraum bildet die Grundlage für eine Syntheseleistung: das heißt, dass über »Wahrnehmungs-, Vorstellungs- oder Erinnerungsprozesse«[206] Güter und Menschen zu Räumen zusammengefasst werden. Diese Prozesse hängen von den Ereignissen und Mythen ab, die über den Ereignisraum transportiert werden und sich zum Darstellungsraum hinzu addieren.

Der Darstellungsraum und seine räumlichen Merkmale lassen sich typologisieren und in Relation zum männlichen Subjekt setzen, um so die Bildinszenierungspraxen archaischer Männlichkeit und deren Strategien von Überhöhung, Widerständigkeit und (Selbst-)Referenzialität verstehen zu können.

---

206 Vgl. Löw, *Raumsoziologie*, S. 159.

Diese bildspezifischen Inszenierungs- und Verortungspraxen sollen im Folgenden beschrieben werden.

Zuerst soll die Wichtigkeit von An- und Abwesenheit des Subjekts innerhalb der Inszenierung, als wichtiges Stilmerkmal des Bildprogramms archaischer Männlichkeit, hervorgehoben werden. Dies geschieht anhand der Analyse von Licht und Schatten als Hauptdarstellungsmerkmal, welches sich in allen untersuchten Musikvideos findet. Darauf folgend wird auf die Verortung archaischer Männlichkeit, die sich aus der hierfür entwickelten Analysemethode herleiten lässt und deren Grundlage die Sichtung von Black-Metal-Musikvideos ist, eingegangen. Es kann in vier Darstellungsraumtypen unterteilt werden:

– der andere Ort als dystopischer, unwirklicher Raum,
– der Naturraum als ein ungebändigter und gefährlicher Ur-Raum,
– die Bühne – Ort der musikalischen Performance – als Heterotopie,
– der Filmraum als Raum einer kontrollierten Sichtbarkeit sowie als Raum der Abweichung von den drei anderen subkulturell geprägten Raumarten.

3.1   Unendliche Schattenräume: Licht, Raum und Subjekt

»Wenn etwas weder süß noch schwarz ist, lässt es uns kalt.«[207]

Spricht man von Sichtbarkeit und Unsichtbarkeit, ist die ästhetische Technologie[208] des Lichts und der Beleuchtung sowie deren Einfluss auf die Inszenierung und Darstellung von Raum und Subjekt zu berücksichtigen. Auch wenn Dunkelheit einen Großteil der ästhetischen Strategien und Darstellungsparadigmen ausmacht, so ist das Licht (als technisches Element in der Inszenierung) und dessen effektvolle Reduktion hin zum Unsichtbaren, in seiner An- und Abwesenheit, besonders zu betrachten. Richard Dyer bezieht sich in seiner Analyse der Filmbeleuchtung meist auf die Montage von Subjekten, die von Einstellung zu Einstellung unterschiedlich beleuchtet sind. Diese Einstellungen sind durch Narrationen und deren Kontinuität verbunden, während in den hier analysierten Musikvideos nicht versucht wird, Kontinuität zu erzeugen oder eine zusammenhängende Geschichte zu erzäh-

---

207 Bataille, *Das Unmögliche*, S. 86.
208 Vgl. Dyer, *White*, S. 84.

len.[209] In den analysierten Musikvideos zeigt sich, dass Licht konstituierend ist für Raum und Subjekt. Die inszenierte Verschmelzung von Raum und Subjekt oder ihre Distanz zueinander, genau wie der ästhetische Ausdruck des männlichen Subjekts beispielsweise mit Gesichtsbemalung,[210] wird durch Beleuchtung erzeugt.

»We live now, virtually everywhere, in a world that is potentially permanently illuminated, in which it is generally possible to let light be at human will an in which artificial light can reach further and more effectivaly than the brightest sunshine.«[211]

Der von Dyer entwickelte Begriff einer *culture of light*[212] trifft auf technische Medien wie beispielsweise das Musikvideo zu, weil Licht die Voraussetzung ist, um überhaupt ein Bild zu erzeugen und von diesem ausgehend Schatten und Dunkelheit zu inszenieren. Auch ist seine These, dass Licht und Beleuchtung ein zentraler Punkt in der Konstruktion des Subjekts und dessen Zugehörigkeit, bzw. Abgrenzung zu verschiedenen Gruppen sind, folgerichtig – Licht als strukturgebendes und verweisendes Medium.[213] Sein Begriff einer *culture of light* sollte jedoch um Strategien der Unsichtbarkeit, der Überbelichtung und einer Über-Sichtbarkeit[214] – als subversive Gesten von Licht – erweitert werden. Diese Strategien führen jeweils zu dem gleichen Ergebnis, nämlich sich dem gesellschaftlichen Paradigma einer »subjection by illumination«[215] zu entziehen. Es kann gesagt werden, dass es zwei Arten

---

209 Vgl. Kapitel 7.1 Mikro-Narrationen als Bilderkitt.

210 Richard Dyer beschreibt die Problematik der unterschiedlichen Reflektionsgrade heller und dunkler Haut (helle Haut reflektiert Licht besser als dunkle). Wenn eine Person mit heller und eine Person mit dunkler Haut in der gleichen Aufnahme inszeniert werden, wird diese technische Normalität zum Problem mit rassistischen Impetus:»photographing non-white people is typically constructed as a problem.« (Dyer, *White*, S. 89.) Bezogen auf die hier analysierten Musikvideos dienen die unterschiedlichen Reflektionsgrade aber nicht dazu, herauszuarbeiten, wie *race* im Film verhandelt wird, sondern zeigen, wie der Kontrastreichtum entsteht und warum das extreme Hell und das extreme Dunkel als ästhetische Kategorie funktionieren, weil beide etwas auslöschen (Über- und Unterbelichtung): der Hell-Dunkel-Kontrast als bildästhetisches Mittel – innerhalb eines Bildes (zum Beispiel *corpse paint*) und in verschiedenen Bildern (zum Beispiel Eislandschaft versus dunkler anderer Ort).

211 Vgl. Dyer, *White*, S. 106.

212 Vgl. ebd., S. 103.

213 Vgl. ebd., S. 121.

214 Über-Sichtbarkeit meint, dass ein Bild so viele Informationen enthalten kann, dass eben diese Informationen verloren gehen.

215 Vgl. Foucault, S. 154. In: Dyer, *White*, S. 104.

von Licht/Beleuchtung gibt: das Licht, welches Dinge sichtbar macht,[216] und das Licht, das so hell ist, dass Dinge wieder unsichtbar werden[217] bzw. Grenzen verschwimmen – Unendlichkeit entstehen lässt. Im zweiten Fall zeigt sich, dass sich Hell und Dunkel nicht mehr diametral gegenüber stehen, sondern gleich eingesetzt werden können. Vom »unendlichen Gegensatz«[218] des Lichts und der Finsternis bleibt nur die Unendlichkeit.

»The idea of the infinite consists precisely and paradoxically in thinking more than what is thought while nevertheless conserving it in its excessive relation to thought. The idea of the infinite in grasping the ungraspable while nevertheless guaranteeing its status as ungraspable.«[219]

Emmanuel Levinas beschreibt Unendlichkeit als einen Gedanken, der mehr denkt, als er denkt – als Erweiterung des Denkens in sich selbst. Diese Hauptthese von Levinas lässt sich auch auf das Bild übertragen, nämlich dass Unendlichkeit etwas ist, das mehr zeigt, als man zu sehen in der Lage ist (als Übersichtbarkeit oder Unsichtbarkeit) – Unendlichkeit als Erweiterung des Visuellen.

Es ist durchaus verständlich, dass Richard Dyer das Panoptikum[220] (als Gegensatz zur Unendlichkeit) als Beispiel für absolute Sichtbarkeit verwendet. Er bezieht diese Sichtbarkeitsmaschine, als »paradigm of a leading ten-

---

216 Gleichzeitig liegt in einem Übermaß an Sichtbarkeit (wie im ersten Fall) auch die Möglichkeit zur Unüberschaubarkeit, was wiederum dazu führt, dass Dinge unsichtbar werden. Deswegen funktioniert das viel genannte Panoptikum als Maschine der Sichtbarmachung ja auch vor allem als psychologisches Mittel, bei dem es nicht darum geht, alles zu sehen, sondern dem Beobachteten das Gefühl zu geben, ihn ständig zu sehen.

217 Eine Hyperintensität, bei welcher »das höchste Licht die Sehorgane überwältigt« und so alle Objekte ausgelöscht werden und damit in ihrer »Wirkung genau der Finsternis« gleichen. (Vgl. Burke, *Vom Erhabenen und Schönen*, S. 118.)

218 Deleuze, *Das Bewegungsbild*, S. 75.

219 Levinas, *Transcendence and Height*, S. 19.

220 Michel Foucault bezieht sich bei seinem Modell des Panoptismus auf das Panoptikum Benthams, welches als Strafanstalt 1795 in Pentonville realisiert wurde. Es handelt sich um eine architektonische Raumaufteilung, bei der von einem zentralen Punkt aus Kontrolle durch totale Sichtbarkeit erzeugt wird. Innerhalb dieses ringförmigen Gebäudes befindet sich ein Turm, von dem aus alle Raumparzellen eingesehen werden können, ohne dass der Beobachter/Wärter gesehen wird. Der Delinquent verschwindet nicht ins Dunkel eines Kerkers, sondern wird einer totalen Sichtbarkeit ausgesetzt. Weil der Delinquent nicht sehen kann, ob er beobachtet wird, ist die Wirkung der Überwachung permanent und es entsteht eine Beziehung zwischen Beobachtung und der permanenten Möglichkeit, beobachtet zu werden. Durch diese »optimierte Anordnung von Macht im Raum« wird Macht selbst vollkommen anonymisiert. (Ruoff, *Foucault-Lexikon*, S. 161.)

dency of modern societies«[221], auf das Filmbild. Ist es beim Bild jedoch nicht vielmehr so, dass die absolute Sichtbarkeit die Gängigste der Darstellungsweisen ist – die endliche? Und findet sich nicht die Unendlichkeit, das Sublime, in dem im Bild verborgen Bleibendem? Sind es nicht die Schatten und Überbelichtungen, die das Bild ausmachen? Diffusität als das, was das Bild von der Realwelt unterscheidet, was es auszeichnet, was seine Ästhetik ausmacht – Selektion, Diffusion und Interpretation. Unendlichkeit nicht als etwas, das »in Wahrheit und ihrer eigenen Natur nach unendlich« ist, sondern als etwas, bei dem »das Auge [...] nicht fähig ist, die Grenzen wahrzunehmen«.[222] Dadurch wird es scheinbar unendlich und bringt somit »die selben Wirkungen«[223] hervor, also als ob es wirklich unendlich wäre: Unendlichkeit innerhalb der Begrenzung des Bildes und des Raums. Man könnte mit Deleuze und Guattari sagen, man braucht anexakte Bilder, um etwas exakt zu zeigen.[224] Das Abstrakte wird genutzt, um sich dem Realen anzunähern. Der unendliche Raum erzeugt hier so etwas sehr Exaktes: das männliche Subjekt.

Beide Arten der Beleuchtung zur Sichtbar- und Unsichtbarkeit finden sich in den hier analysierten Musikvideos wieder. Beide Arten finden hier eine Erweiterung durch die Kombination von klassischen und genre-bezogenen Darstellungsparadigmen. Das (Nicht-)Gezeigte etabliert, im Sinne Jacques Derridas, einen Darstellungsraum des Vielleicht, als Kategorie »zwischen Möglichem und Unmöglichem«[225] oder eben zwischen Sichtbarem und Unsichtbarem. Während die Analyse der Verwendung von Licht bei Dyer das Ziel verfolgt, klassische Darstellungs- und Beleuchtungsarten bezogen auf die Stereotypisierung von Subjekten unterschiedlicher Hautfarbe aufzuzeigen, also die Normativität der Bilderzeugung herauszustellen, soll hier die Analyse der Darstellung archaischer Männlichkeit und deren Verortung im Musikvideo, der Reibungspunkte und Widersprüchlichkeiten hervorgehoben werden – bezogen auf Dissonanzen zwischen einem gängigen Bildprogramm und dem einer archaischen Männlichkeit in ihrer bildlichen Repräsentation sowie innerhalb szenetypischer Darstellungsmuster selbst. Es lassen sich, bezogen auf das Verwenden von Licht, bestimmte Darstellungs-

221 Dyer, *White*, S. 104.
222 Burke, *Vom Erhabenen und Schönen*, S. 110.
223 Ebd.
224 Vgl. Deleuze/Guattari, *Tausend Plateaus*, S. 35. Deleuze/Guattari beziehen sich in ihren Ausführungen auf das Problem der Schrift. Sie fordern »anexakte Ausdrücke, um etwas exakt zu bezeichenen«.
225 Derrida, *Eine gewisse unmögliche Möglichkeit, vom Ereignis zu sprechen*, S. 51.

muster feststellen, die in den Musikvideos immer wieder zum Tragen kommen und sich unter folgenden Typen festlegen lassen:

- Unterbelichtung,
- Überbelichtung,
- plötzlicher Übergang (zum Beispiel Stroboskop) und
- Normalisierung der Beleuchtung des Raums.

3.1.1 Darstellungstypen von Licht

Der Schatten als »Verlängerung ins Unendliche«[226] bildet ein Hauptdarstellungsmerkmal im Bildprogramm archaischer Männlichkeit. Bei der Erzeugung von Dunkelheit bedarf es ebenfalls einer Lichtquelle. Diese aber dient dazu, einen Schattenraum zu erzeugen – einen Raum, der dadurch entsteht, dass sich ein Subjekt oder Gegenstand vor der Lichtquelle befindet. Dieser Raum ohne Licht verzerrt und diffusiert das Subjekt (oder den Gegenstand), wodurch ein dunkler Bildbereich entstehen kann, der das Subjekt nur noch erahnen lässt, es mit dem Raum verbindet und in deren Verbindung nur noch konturlose helle und dunkle Bereiche existieren. Die Unendlichkeit und Erhabenheit als Hauptdarstellungsmerkmal einer Ästhetik des Naturraums werden ebenfalls über Gegenlicht (meist Sonnenlicht) erreicht. Das Gegenlicht, als ästhetisches Mittel zu Kontrastverringerung und Verdunkelung, lässt Schattenräume entstehen. Dieser diffusen Raumgestaltung folgt häufig ein plötzlicher Übergang zum sichtbaren Subjekt, welches sich aus der Dunkelheit schält und durch *corpse paint* und schwarze Kleidung dennoch teilweise verborgen bleibt. Dunkelheit, genau wie starke Helligkeit, dient als ästhetisches Verbindungsglied zwischen den Einstellungen und Darstellungsebenen des Musikvideos, die meist keine (kontinuierliche) Narration aufweisen.

Unter dem Gesichtspunkt des Bildtransfers vom stillen zum Bewegtbild (*shifting image*) lassen sich ebenfalls Differenzen und Wiederholungen ausmachen, die durch Lichttechniken erzeugt werden. Bei der Gegenüberstellung eines stillen (Abb. 5) und eines bewegten Bildes (Abb. 6) des Sängers der Band Satyricon, der sein Gesicht zur Grimasse verzieht, zeigt sich der Erweiterungscharakter beim Bildtransfer. Während Gesichtsausdruck und Kopfhaltung beider Darstellungen gleich sind, bietet sich bei dem Bewegungsbild die Möglichkeit, Darstellungsbereich und Darstellungscharakte-

---

226 Deleuze, *Das Bewegungsbild*, S. 156.

ristika zu erweitern. Während der Körper des Protagonisten fast regungslos bleibt, erzeugt die Kamera, durch schnelles Entfernen und wieder Annähern an ihn, Bewegung. Das Licht flackert stroboskopartig und zeigt die Grimasse in einem kurzen Zeitraum in verschiedenen Entfernungen und Beleuchtungszuständen. Der Stroboskopeffekt erzeugt eine Aneinanderreihung von (bewegten) Einzelbildern. Technische Mittel (Licht und Kamerabewegung) dienen als Erweiterungswerkzeug, um aus der bewegungslosen Pose ein bewegtes Bild zu machen. Zur gleichen Zeit verweist das Stroboskoplicht auf die Statik des stillen Bildes, weil sie die Bewegungen im Millisekundentakt einfriert.

Abbildung 5: Satyricon Promotionfoto.   *Abbildung 6: Satyricon* Mother North *(1996). Screens JG.*

Ein weiterer Darstellungstyp, bezogen auf das Verwenden von Licht, kann als Normalisierung der Beleuchtung des Raums beschrieben werden. Das männliche Subjekt eignet sich Realräume mit normaler Beleuchtung (zum Beispiel Tageslicht oder eine gut ausgeleuchtete Kulisse) an. Durch Verbindung von klassischer Beleuchtung mit der Inszenierung archaischer Männlichkeit wird eine Bedeutungsfriktion erzeugt und der mögliche Darstellungsraum erweitert. Stil- und Darstellungsparadigmen werden erhalten und um Räume des Realen ergänzt. Diese Räume können heterotopische Räume sein, aber auch Räume, die noch nicht ins Darstellungsrepertoire archaischer Männlichkeit eingegliedert wurden.[227] Dieser Transfer erweitert die Darstel-

227 Die Inszenierungen des Fotografen Peter Beste beinhalten häufig diesen scheinbaren Gegensatz: Das männliche Subjekt wird in *corpse paint* und klassischer Black-Metal-Bekleidung in einer norwegische Fußgängerzone positioniert.

lungsmöglichkeiten um Räume die zeitlich bestimmt und konkret sind. Das heißt aber nicht zwingend, dass das Subjekt in den Realraum integriert wird, sondern eher, dass der Realraum als weiterer fiktiver Raum in das Bildprogramm archaischer Männlichkeit eingebunden wird.

Über-Sichtbarkeit hingegen findet sich in den analysierten Musikvideos nicht. Dieser Darstellungstyp beschreibt ein Bild, welches so viele Informationen enthält, dass bestimmte Informationen dabei verloren gehen. Sie findet sich beispielsweise in Massenchoreografien oder unübersichtlichen Totalen. Diese Über-Sichtbarkeit ist in Clips, die archaische Männlichkeit darstellen, nicht zu finden, weil dort das männliche Subjekt im Mittelpunkt der Darstellung steht. Dieses kann zwar, aufgrund der räumlichen Konnotation, fast gänzlich verschwinden – jedoch dann in der Unendlichkeit des Raumes und nicht unter/hinter anderen Subjekten, die von ihm ablenken. Es findet also grundsätzlich eine Reduzierung auf Raum und Subjekt statt, bei der eine, auf das Subjekt bezogene, Singularität im Bild herrscht. Bilder, in denen mehrere männliche Subjekte gezeigt werden, sind an ritualhafte Darstellungsmuster gebunden, zum Beispiel Bandperformance. Die männliche Horde ist eingebettet in den Raum bzw. an den Raum gebunden und wird anti-ornamental eingesetzt, um Chaos innerhalb der Ordnung standardisierter Räume zu erzeugen.

Die hier untersuchten Inszenierungen zeigen, dass Licht und Beleuchtung stereotype Darstellungen weiterführen und erhalten können. Sie bedienen sich bewusst oder unbewusst gängiger Bildtraditionen. Gerade die bildliche Darstellung archaischer Männlichkeit steht in einer Tradition der Repräsentation und der damit verbundenen Positionierung und Beleuchtung im Raum. Sie ist also nicht ohne gängige Darstellungsparadigmen zu denken. Gleichzeitig lassen sich immer Bereiche und Zwischenräume erschließen, die sich diesen Stereotypen entziehen, um so neue Darstellungsformen zu finden oder sie neu zu kontextualisieren. Dass die Beleuchtung von Subjekt und Raum bestimmten Konnotationen unterworfen ist, wie Dyer herausarbeitet, bedeutet jedoch nicht, dass sich innerhalb dieser Konnotationen nicht neue Bildräume generieren lassen. Dieses soll im Folgenden anhand der herausgearbeiteten vier Darstellungsraumtypen gezeigt werden.

3.2 Andere Orte – die Inszenierung von Absenz

»So wie ein Ort durch Identität, Relation und Geschichte gekennzeichnet ist, so definiert ein Raum, der keine Identität besitzt und sich weder als relational noch als historisch bezeichnen läßt, einen Nicht-Ort.«[228]

Marc Augés Definition des Nicht-Ortes als nicht-symbolisierter Ort dient als Grundlage für den hier entwickelten Begriff des anderen Ortes, welcher einen realitätsfernen Raum beschreiben soll, der frei ist von Einschreibungen und Spuren realer oder bildlicher Referenzen. Für Augé sind Nicht-Orte Orte, die dem Transit verschrieben sind, wie »Flugstrecken, den Bahnlinien und den Autobahnen, den mobilen Behausungen, die man als ›Verkehrsmittel‹ bezeichnet (Flugzeuge, Eisenbahnen, Automobile), den Flughäfen, Bahnhöfen und Raumstationen, den grossen Hotelketten, den Freizeitparks, den Einkaufszentren und schließlich dem komplizierten Gewirr der verkabelten oder drahtlosen Netze«[229]. Diese, laut Augé »wirklichen« Nicht-Orte einer »Übermoderne« sowie die Orte, die nur durch Worte, die sie bezeichnen, existieren, also »imaginäre Orte, banale Utopien, Klischees«[230], sind mit dem hier entwickelten Begriff des anderen Ortes nicht gemeint. Der andere Ort fungiert hier nicht als ein bestimmbarer Ort, sondern als unbestimmter Raum. Die Charakteristika des anderen Ortes allerdings gleichen denen der Nicht-Orte Augés. Der andere Ort beschreibt eine andere Art von Räumlichkeit, aber Nichtsymbolisiertheit, Realitätsferne und Identitätslosigkeit bleiben sein Hauptmerkmal. Genauso befreit der andere Ort »den, der ihn betritt, von seinen gewohnten Bestimmungen«[231]. Oder anders formuliert: Der, der diesen Raum betritt, ist, in seiner Relation zum Raum, noch nicht bestimmt. Der andere Ort ist unbestimmt, ein noch unbeschriebener Raum, der erst durch die Verbindung mit dem Subjekt entsteht. Der hier etablierte Begriff des anderen Ortes ist nicht zu vergleichen mit dem, was Foucault als Heterotopie beschreibt, auch wenn er sie ebenfalls als »autres lieux«[232], also andere Orte bezeichnet. Im Gegensatz zur Heterotopie ist der andere Ort noch nicht beschrieben und nicht verwirklicht bzw. unverwirklichbar und

---

228 Augé, *Orte und Nicht-Orte*, S. 92.
229 Ebd., S. 94.
230 Ebd., S.112.
231 Ebd., S.120.
232 Foucault, *Die Heterotopien/Der utopische Körper*, S. 41.

somit noch kein Gegenraum[233] im Sinne der Heterotopie. Der andere Ort ist eher, im Sinne Levinas, als eine »universal absence« zu verstehen:

»But this nothing is not that of pure nothingness. There is no longer this or that; there is not ›something‹. But this universal absence is in its turn a presence, an absolutely unavoidable presence.«[234]

Die universelle Abwesenheit ist trotzdem unausweichlich immer anwesend. Was bei Levinas das Sein als letzte unauslöschbare Essenz beschreibt,[235] ist beim anderen Ort der Bildraum, der trotz der Unbestimmtheit anwesend ist. Das bedeutet, dass, trotz der Inszenierung von Abwesenheit im Bildraum durch technische Mittel, der Raum innerhalb des Bildes existiert und nur darüber hinaus verweisen kann. Die Präsenz einer universellen Absenz, im Sinne Levinas, findet sich im Darstellungsraum des Musikvideos *Mother North*[236] von Satyricon und ist als ein anderer Ort zu beschreiben. Es handelt sich um eine abstrakte Kulisse in der, vor schwarzem Hintergrund, der vorbeiwehende Nebel dunkelblau beleuchtet wird. Die erste Person wirkt durch die Beleuchtung blaustichig und wird vom Nebel teilweise unsichtbar gemacht, um dann – gestikulierend – wieder aufzutauchen. Die Einstellungsgrößen der Kamera sind vielfältig. Sie reichen von einer Totalen bis zum Close-up. Dabei bleibt die Kamera meist statisch. In der hier beschriebenen Szene werden besonders weite Einstellungen, wie die Totale und die Halbtotale, benutzt, die dem Protagonisten mehr Raum für die Darstellung einer körperlichen Performance bieten. Gleichzeitig nimmt der (Nicht-)Raum eine tragende Rolle ein.

Zu Beginn der Szene ist nur bläulicher Nebel zu sehen. Als sich dieser etwas lichtet, wird eine Nahaufnahme vom Gesicht des Performers sichtbar. Kinn und Hals werden von einem Objekt in seinen Händen verdeckt. In diesem Moment erkennt man, dass die Person ihre Hände auf die Klinge einer übergroßen Streitaxt stützt. Während die Kamera ein kleines Stück zurückfährt, erhebt sich die Person aus ihrer Haltung und der Kopf wird vollständig sichtbar. War in der ersten Szene dieser kurzen Sequenz das Augenmerk besonders auf das Gesicht des Protagonisten und die Klinge der Axt gerichtet, so zeigt die folgende totale Einstellung die gesamte, breitbeinig stehende Gestalt, die die Hände weiterhin auf die Axt gestützt hat. Die Per-

---

233 Ebd., S. 10.

234 Levinas, *There Is: Existence without Existents*, S. 30.

235 »The disappearance of all things and of the I leaves what cannot disappear, the sheer fact of being in which one participates, whether one wants to or not, without having taken the initiative, anonymously.« (Levinas, *There Is: Existence without Existents*, S. 30.)

236 Es handelt sich hierbei um die erste und zweite Performanceebene.

son befindet sich in der Mitte des Bildes. Der Kopf bildet den Bildmittelpunkt. Die Beine sind bis kurz unterhalb der Knie zu sehen. Der blaue Nebel zieht von rechts nach links an der Person vorbei und ist nur in der unteren Hälfte des Bildes zu sehen. Der Bildbereich oberhalb des Kopfes ist schwarz. Die Rückbeleuchtung befindet sich folglich in einer niedrigen Position. Während der Nebel vorbeizieht, verflüchtigt er sich. Die Kameraeinstellung bietet dem Protagonisten genug Darstellungsraum, um eine körperliche Performance zu zeigen. Er präsentiert sich breitbeinig stehend, eine riesige Streitaxt vor sich. Der Protagonist wird durch das Dunkel des Raumes und seiner Kleidung sowie durch den Nebel vom Raum absorbiert, um dann mit dem Szene-immanenten Habitus wieder in Erscheinung zu treten.

Im Falle des Musikvideos *Mother North* ist der Darstellungsraum der ersten und zweiten Performanceebene ein anderer Ort, der dem Transit verschrieben ist. Er weist keine Geschichte auf, es werden keine Spuren hinterlassen. Die Personen selbst, die diesen Bereich der Abwesenheit erst zum Handlungsraum machen, bleiben diffus und werden nur punktuell sichtbar. Der unbeschriebene Raum, bei dem es sich um einen Nullpunkt der Referenzialität und der Geschlechterzuschreibungen handelt, wird erst durch das Auftreten/Durchschreiten der Personen genderisiert. Die Realitätsferne dieses Darstellungsraums bietet die Möglichkeit zur Differenz, zur Neu-Beschreibung, aber auch zur Konservierung von Stereotypen. Die Repräsentanten archaischer Männlichkeit eignen sich den anderen Ort an und versehen ihn mit Bedeutung und Referenzen. Somit ist die Performance von der räumlichen Verortung nicht zu trennen. In gleichem Maße, in dem der andere Ort die Performance mitbestimmt, verweist die Performance auf eben diesen, indem sie sich dessen Charakteristika zu eigen macht: Die musikalische Performance wird auf ein Minimum reduziert, der natürliche Aufführungsraum des Musikers sowie Instrumente, Mikrofone und Verstärker sind nicht vorhanden. Einziges Performancemerkmal ist die – teilweise vorhandene – synchrone Lippenbewegung zur Musik. Somit weicht die Darstellung der handwerklichen Fähigkeiten der Musiker einem anderen Ort, an dem typische Performancemerkmale entbehrlich werden und mit klassischen Stereotypen des Rock und Heavy Metal gebrochen wird, um gleichzeitig ein für den Black-Metal-typisches Bildprogramm zu offerieren.

Neben der gerade beschriebenen Performance ohne Realbezug[237] kann auch die klassische Bandperformance mit Instrumenten an einem anderen Ort

---

237 »Performance ohne Realbezug« beschreibt Inszenierungen, die keinen Wert auf eine hohe Realitätsnähe bei der Performance legen. Instrumente und Bühne werden abkömmlich.

stattfinden. Die Bühne wird durch den anderen Ort ersetzt, und die Performer können diesen noch unbestimmten Raum durch ihre Darstellung und ihr Handeln erzeugen.[238] Die Verortung verweigert die direkte Referenz zur Live/Bühnenperformance und bietet so eine neue Sichtweise auf klassische Bewegungsmuster der Performer. Im Musikvideo *Sculptor of Flesh* der Band 1349 performt die Band mit Instrumenten in einem unbestimmten schwarzen Raum. Das einzige Merkmal des Raumes ist ein weißes Symbol, das eine Variante eines umgedrehten Kreuzes darstellt. Die dargestellten Personen treten allein sowie als Band in Erscheinung und sind immer vor dem umgedrehten Kreuz positioniert, welches der einzige Bezugspunkt des Raumes ist.

Die Performanceebene des Clips weist eine extrem hohe Schnittfrequenz auf, die in Verbindung mit der starken Kamerabewegung und dem Bewegungsapparat der Performer ein Bewegungsbild-Stakkato erzeugt, in dem die Verortung in einem definierten Raum vom Musikerkörper ablenkt. So ist es möglich, durch Naheinstellungen und Einstellungswinkel das Performancerepertoire in seiner Darstellung zu erweitern und von der klassischen Bandperformance zu lösen. Die sehr kurzen und bewegungsintensiven Einstellungen verweigern sich dem Gesamtheitsanspruch ihrer Darstellung. Laut Deleuze löst die Großaufnahme das Gesicht – oder das Äquivalent dazu – von jeder Raum-Zeit-Koordinate ab.[239] Die in dem Clip präsentierten Nah- und Halbnaheinstellungen verhalten sich äquivalent zum dargestellten anderen Ort, indem sie sich einer zeitlichen und räumlichen Verortung entziehen. Das Symbol des umgedrehten Kreuzes allerdings, in seiner Omnipräsenz, nimmt dem (Nicht-)Raum die Tiefe. Ist der andere Ort im Musikvideo von Satyricon einer, der »den Raum potenziert und ihn dabei zu etwas Unbegrenztem macht«[240], so ist der Raum im Musikvideo von 1349 begrenzt. Die Unbegrenztheit wird zugunsten einer Verortung über das umgedrehte Kreuz in einem satanistischen Kontext aufgegeben. Der Raum dient hier einer anderen ästhetischen Form als im Musikvideo Satyricons. Dient bei Satyricon der Raum einer tiefen Schwärze,[241] einer leeren Projektionsfläche des Undefinierbaren, so dient der flache Raum bei 1349 dazu, nicht von Performance und Symbolik abzulenken. Dieses wird durch die schnelle Schnittfrequenz verstärkt, indem ein Sich Verlieren im Raum nicht zugelassen wird.

---

238 Laut Michel de Certeau ist ein Raum ein Ort, mit dem man etwas macht. Vgl. Augé, *Orte und Nicht-Orte*, S. 94.

239 Deleuze, *Das Bewegungsbild*, S. 151.

240 Ebd., S. 155.

241 »Die Tiefe ist ein Ort des Kampfes, der den Raum entweder ins Bodenlose eines schwarzen Lochs oder zum Licht hin zieht.« (Deleuze, *Das Bewegungsbild*, S. 155.)

4. Naturraum

»Die Landschaft stellt eine Fülle von Projektionsmöglichkeiten bereit, die dann in Anspruch genommen werden, wenn etwas Außergewöhnliches einen Ausdruck, eine Bestätigung oder eine Entlastung sucht.«[242]

Im Gegensatz zum anderen Ort ist der Naturraum ein Referenzraum, der im Clip verwendet wird, gerade weil er referentiell ist, eine Geschichte und Spuren aufweist: ein Raum, frei von Spuren moderner Zivilisation oder Zivilisation im Allgemeinen. Dieser Naturraum ist nicht als zeitgenössischer und gleichfalls nicht als realitätsnaher Raum zu verstehen. Die Referenzen sind vielfältig und können auch reale Bezüge aufweisen, jedoch ohne realitäts- oder zeitgebunden zu sein. Der hier präsentierte Raum wird auf der Darstellungsebene keinem urbanen Raum gegenübergestellt oder anderweitig kontrastiert. Es ist nur dieser eine Raum existent – ohne Verweise auf Zeitlichkeit und bestimmte Orte außerhalb dieses Raumes. Natur, wie sie hier verwendet wird, ist ein Konstrukt,[243] welches über die Bewegtbilder im Musikvideo seine Manifestation findet.

4.1 Raum-Subjekt-Relationen im Naturraum

Es lassen sich drei Typen,[244] bezogen auf ein oder mehrere Subjekte innerhalb des Naturraums, klassifizieren:

- Mann-Frau-Relation;
- Nur Mann. Das Weibliche wird exkludiert;
- Nur Raum. Das männliche Subjekt ist nicht mehr nötig. Die Konnotation des Raumes genügt als Männlichkeitssignifikant.

---

242 Warnke, *Politische Landschaft*, S. 116.
243 Vgl. Kapitel 4.1.2. Natur als Kategorie eines variablen Idealzustands.
244 Diese Bildtypen ergeben sich aus dem Feld der gesichteten Musikvideos.

Die dritte Darstellungsebene im Musikvideo von Satyricon beispielsweise zeigt eine weibliche Person mit dem männlichen Protagonisten. Die beiden Personen gehen durch einen Wald. Er hält ihre Hand. Der Blick der Frau ist konstant nach vorne gerichtet. Er sieht sich langsam um und blickt nach rechts und links. Beide schauen ernst und emotionslos. Sie hat langes blondes Haar und trägt ein weißes, leicht durchsichtiges Kleid. Das Gesicht ist blass, die Lippen sind rot geschminkt, und die Augenpartie ist leicht abgedunkelt. Ihre Statur ist zierlich und kontrastiert die Größe des männlichen Protagonisten, der dadurch hünenhaft wirkt. Er trägt ein langärmeliges rotes Hemd, welches durch einen schwarzen Gürtel in Hüfthöhe tailliert wird. Über dem Hemd trägt er eine offene Lederweste. Um den Hals hängt eine Kette mit einem Medaillon, welches sich auf Brusthöhe befindet. Die Handgelenke sind mit Nietenarmbändern verziert. Er trägt *corpse paint*: Das Gesicht ist weiß grundiert, Augenpartie und Mund sind geschwärzt. Die Augen werden, von den Brauen abwärts, durch einen schwarzen Bereich, der sich dreiecksförmig über die Wangen erstreckt, überdeckt. Die Form dieses geschminkten Dreiecks wird durch Nase und Wangenform bestimmt, zwischen denen es verläuft. Die Mundwinkel der geschwärzten Lippen werden durch zwei schwarze Linien nach unten verlängert. Durch das Make-up ist seine Augenpartie fast nicht mehr zu sehen. Die Köpfe der beiden Personen befinden sich im mittleren Bildbereich. Der Größenunterschied ist enorm und wird durch die untersichtige Kameraposition verstärkt. Die untersichtige Einstellung lässt nur den Blick auf die Bäume, und nicht auf den Waldboden, zu. Durch die Äste der Bäume fällt schwach das Tageslicht, jedoch ohne mit der Dunkelheit, als Raummerkmal des Musikvideos, zu brechen. Das Licht ist diffus und tageszeitlich nicht bestimmbar.

Es scheint kein Zufall zu sein, dass ein Naturraum gewählt wurde, um das Thema der Geschlechterrelation zu verorten. Die Natur, in der sich die beiden Personen bewegen, gilt als Freiheitssymbol, weil sie »alle Gegenstände in der Landschaft mit Freiheit und Ungezwungenheit«[245] anordnet. Sie repräsentiert einen vermeintlichen Ur-Raum, ungebändigt und gefährlich. Dieses Bildprogramm steht in Opposition zu zeitgenössischen und urbanen Räumen, jedoch ohne auf diese in irgendeiner Form zu verweisen. Ein solcher Raum ist geschlechtlich konnotiert. Das Paradigma »Mann – Kultur«

---

245 Hartmann, *Die Ruine im Landschaftsgarten*, S. 78.

»Frau – Natur«[246] findet in diesem Raum[247] jedoch keine Aufhebung, sondern wird ersetzt oder rückversetzt durch die bildliche Repräsentation des weiblichen Körpers als sexualisiertes und beherrschtes Subjekt, welches mit der Natur vermählt ist, und durch den männlichen Körper, der als kriegerisch und überlegen inszeniert wird und die Landschaft zu beherrschen sucht. Das heißt, dass sich die unterschiedlichen Geschlechter anders in ein und dem selben Raum bewegen und auch die Bedeutungszusammenhänge unterschiedlich sind. Der Raum ist somit nicht nur geschlechtlich konnotiert, er spielt auch eine zentrale Rolle dabei, »wie Geschlecht konstruiert und verstanden wird«[248]. Die Frau ist die Verkörperung von Natur – der Naturkörper –, während der Mann innerhalb des Naturraumes aktiv agiert und sein Kriegerkörper so Macht auf diesen Raum/Körper ausüben kann. Gleichzeitig bleibt der Naturraum, als ästhetische Kategorie, eine Art sublimer Raum, dessen Erhabenheit sich in einer Unerreichbarkeit und Unermesslichkeit manifestiert.[249]

4.1.1 »Die Natur ist Satans Kirche«[250] – das Motiv des Waldes

»Nachdem erst der Begriff ›Natur‹ als Gegenbegriff zu ›Gott‹ erfunden war, musste ›natürlich‹ das Wort sein für ›verwerflich‹.«[251]

Natur muss im fiktiven Raum stattfinden, weil ein realer, zeitgenössischer Naturraum ein zivilisierter bzw. gebändigter wäre. Ein fiktiver Naturraum, wie der Wald, bietet einen unkontrollierten, mystischen Raum, der abseits jeder zeitgenössischen Realität steht. Es herrscht Chaos. Der Wald ist der düstere Ort, in dem sich Hänsel und Gretel verlaufen, der Protagonist von American Werewolf in seinen Fieberträumen ein Reh reißt, John Rambo sein Vietnam-Trauma erneut durchlebt und das Ehepaar aus Lars von Triers *Antichrist* den Tod ihres Kindes zu überwinden sucht. Der Wald ist immer

---

246 Vgl. bspw. Lemke, *Verschwinden des Körpers*, S. 155.
247 Dieser Raum kann auch ein futuristischer, post-apokalytischer sein, weil eine zeitliche Verortung nicht möglich gemacht wird.
248 Hipfl, *Mediale Identitätsräume*, S. 32.
249 Der Begriff des Erhabenen soll im Sinne von Burkes Definition verstanden werden:»zu erhabenen Objekten gehört das Riesige, Dunkle, Schroffe, Mächtige, das schrecklich Aussehende und das Unendliche oder vermöge stetig sich fortsetzender Einförmigkeit unendlich wirkende.« (Burke, *Vom Erhabenen und Schönen*, S. 10.)
250 Vgl. den Film von Lars Von Trier, *Antichrist*.
251 Nietzsche, *Der Antichrist*, S. 28.

auch Rückzugsort für das Nicht-Angepasste, für Menschen, die sich außerhalb jeder normativen Ordnung befinden. Gleichzeitig ist er eine Falle, in die man versehentlich tritt. Überleben kann nur, wer sich dem Raum anpasst und seine Gefahren kennt.[252]

In Lars von Triers Film *Antichrist* wird der Wald als unheilvoller Rückzugsort inszeniert, an dem die Protagonisten nicht mehr unterscheiden können, ob sie die Wirklichkeit erleben oder fantasieren. Er ist Verstärker von Ängsten, aber auch von Aggressionen. Das Weibliche wird hier in direkte Verbindung mit Natur gesetzt. Es ist Natur. Gleichzeitig repräsentiert der Naturraum das Böse, als Gegenentwurf zu Gott.[253] Es lässt sich die Gleichung bilden: Frau = Natur = Böse. Das männliche Subjekt bestimmt aktiv das Handeln und teilt nicht die Ängste der Frau: Er ist Therapeut, sie wird zur Patientin; er repräsentiert Kultur, sie Natur; er beendet ihre Besessenheit und verbrennt sie. Der Wald ist Raum, Auslöser und Zeuge. Interessant für die Analyse archaischer Männlichkeit und deren Verortung im Naturraum ist nicht das emotionale Verhältnis der beiden Protagonisten in *Antichrist*, sondern wie es möglich wird, dass sich ein männliches Subjekt über den weiblichen Naturkörper stellt, ohne einen distanzierten und, im Sinne Nietzsches, instinktfreien[254] Kulturkörper zu repräsentieren. Archaische Männlichkeit muss sozusagen den Widerspruch auflösen, böser sein zu wollen als der weibliche Naturkörper, der jedoch schon als Repräsentation des Bösen etabliert ist. Archaische Männlichkeit muss sich diesen Widerspruch aneignen und zu einem Beweis der Stärke umformen. Das Paradox, dass sich das männliche Subjekt gegen den Naturraum/Naturkörper auflehnt, obwohl dieser in der Inszenierung seiner Erhabenheit unerreichbar ist, wird zur Grundlage des Mythos der archaischen Männlichkeit und ihrer Stärke. Das männliche Subjekt duldet keinen Gegner neben sich und versucht gleichfalls die Erhabenheit des Naturraumes zu erlangen. Der Naturkörper der Frau muss entweder zerstört werden (wie im Musikvideo von Satyricon) oder er wird ganz exkludiert. Die Inszenierung des männlichen Subjekts lässt es folglich innerhalb des Naturraumes aktiv und überlegen agieren. Es kann dadurch an der Erhabenheit des Naturraumes partizipieren, ohne gezwungen zu sein, sich diesen zu unterjochen (was auch nicht möglich wäre ohne den Verlust des Naturraumes als erhaben zuzulassen). Natur muss als erhaben,

252 In Filmen wie beispielsweise *Blair Witch Project* ist der Wald ein ritueller, mystischer Raum, an dem man umkommt, wenn man ihn zu unbedarft betritt.

253 Die Protagonistin beschreibt die Natur als Kirche Satans.

254 »Der Mensch ist, relativ genommen, das mißratenste Tier, das krankhafteste, das von seinen Instinkten am gefährlichsten abgeirrte.« (Nietzsche, *Der Antichrist*, S. 26.)

wild und antizivilisatorisch inszeniert werden. Archaische Männlichkeit schöpft ihre Kraft aus der Möglichkeit, in diesem Naturraum überleben zu können bzw. daraus, dass Natur den einzigen Gegner repräsentiert, sodass eine körperliche Entität (das männliche Subjekt) etwas Nicht-Körperlichem/ Über-Körperlichem (Naturraum) gegenüber gestellt wird, was zu einer Aufwertung dieser Entität führt.

In der bereits beschriebenen Szene aus Satyricons *Mother North* wird das Moment der Erhabenheit durch die Verbindung der Natur und des hünenhaften männlichen Subjekts in Slow Motion gezeigt und gibt der Inszenierung somit einen größeren Zeit-Raum. Die Bäume nehmen den ganzen Bildhintergrund ein, ohne die Personen einzugrenzen oder ihnen im Weg zu stehen. Der Naturraum bildet die Hintergrundebene und bleibt in Distanz zur Vordergrundebene. Er unterstreicht den Überlegenheitsgestus des männlichen Subjekts durch die dem Naturraum inhärente Erhabenheit bei gleichzeitigem Rückzug in den Hintergrund. Während das männliche Subjekt in der Darstellung an dem anderen Ort noch mit dem Raum eine Symbiose eingeht und durch den Nebel und die Tiefe des Raumes teilweise in ihm verloren geht, muss zwischen Naturraum und Mann eine Distanz gewahrt werden.[255] Die Distanz manifestiert sich innerhalb der Mann-Frau-Relation dieser Szene vor allem in dem enormen Größenunterschied.

4.1.2 Natur als Kategorie eines variablen Idealzustands

Die Distanz, die das männliche Subjekt zum Naturraum hält, zeigt auch die ideologische Besetzung von Natur, die einhergeht mit der Objektivierung von Weiblichkeit:

»Putting something called Nature on a pedestal and admiring it from afar does for the environment what patriarchy does for the figure of the Woman. It is a paradoxical act of sadistic admiration.«[256]

---

255 Walter Benjamin macht diese Distanz am Begriff der Aura fest und setzt dabei das Auratische in Verbindung mit dem Natürlichen: »Es empfiehlt sich, den oben für geschichtliche Gegenstände vorgeschlagenen Begriff der Aura an dem Begriff einer Aura von natürlichen Gegenständen zu illustrieren. Diese letztere definieren wir als einmalige Erscheinung einer Ferne, so nah sie sein mag.« (Benjamin, *Das Kunstwerk im Zeitalter seiner technischen Reproduzierbarkeit*, S. 19.)
256 Morton, *Ecology without Nature*, S. 5.

Timothy Morton problematisiert den Natur-Begriff, den er als transzendentalen Begriff in einer materiellen Maske beschreibt. Natur stehe am Ende einer potenziell unendlichen Liste von anderen Begriffen, die in ihr zusammentreffen: »fish, grass, mountain air, chimpanzees, love, soda water, freedom of choice, heterosexuality, free markets … Nature«.[257] Jede Form der Darstellung und Ästhetisierung von Natur etabliert Natur als einen Fantasieraum, der zwischen etwas Göttlichem und Materiellem oszilliert.[258] Der Naturraum als ästhetisierter Ort von mannigfaltigen Zuschreibungen erweist sich als ideal für die Darstellung archaischer Männlichkeit als überlegen, gerade weil der Begriff Natur als eine Leerstelle für einen Idealzustand fungiert und gleichzeitig die »Un-Natürlichkeit« von Natur verschleiert. Natur steht als Ur-Gewalt in radikaler Distanz zur zivilisierten Welt und ist nicht nur idealisierte Projektionsfläche, sondern ebenso schon mehrfach mythisch aufgeladen. Die Beschreibung und Bebilderung von Natur als urzeitlich, ungebändigt und für immer unbändigbar steht in einer Bildtradition sämtlicher künstlerischer Ausdrucksformen.[259] Dieser Raum ist nur einem ebenso ungebändigten Subjekt zugänglich, welches in bewundernder Distanz besteht:

»It is difficult to concieve of a region uninhabited by man. We habitually presume his prensence and influence everywhere. And yet we have not seen pure Nature, unless we have seen her thus vast and drear and inhuman, though in the midst of cities. Nature was here something savage and and awful, though beautiful. […] This was the earth of which we have heard, made out of Chaos and Old Night. Here was no man's garden, but the unhandseled globe. It was not lawn, nor pasture, nor mead, nor woodland, nor lea, or arable, nor waste land. It was the fresh and natural surface of the planet Earth, as it was made for ever and ever, – to be the dwelling of man, we say, – so Nature made it, and man may use it if he can. Man was not to be associatetd with it.«[260]

Dieser Auszug aus Thoreaus *The Main Woods* ist ein exemplarisches Beispiel für Natur als idealisierte Kategorie. »Pure Nature« ist nur wenigen vorbehalten. Un-Menschlichkeit ist hier positiv konnotiert und steht als Gegenposition zum Urbanen. Dieser wilde Raum steht außerhalb menschlicher Zivilisation, und nur wenigen ist es möglich, sich diesem Raum zu nähern. Die hier beschriebene Natur entspricht genau dem Naturraum archaischer

---

257 Ebd., S. 14.

258 »Nature weavers in between the divine and the material. Far from being something natural itself, nature hovers over things like a ghost.« (Ebd., S. 14.)

259 Vgl. ebd., S. 62.

260 Thoreau, *The Main Woods*, S. 94.

Männlichkeit, nur dass dieser nicht mehr auf die Abgrenzung zum Urbanen angewiesen ist, sondern gerade davon lebt, den Naturraum auf »pure Nature« zu reduzieren und sich somit als einziges un-menschliches Subjekt zu etablieren. Die Inszenierungspraxen archaischer Männlichkeit sind ein Beispiel dafür, wie die immaterielle Kategorie Natur in Bilddarstellungen materialisiert wird.

4.2 Helle Räume als dunkle Räume und die Exklusion von Weiblichkeit

»Dark with excessive light thy skirts appear.«[261]

»Das Weiß, welches das Licht einfängt, ist nicht besser als das Schwarz, das ihm äußerlich bleibt.«[262]

Das Darstellungsmerkmal dunkler Räume lässt trotz unterschiedlicher Bedeutungen der gezeigten Darstellungsräume (anderer Ort und Naturraum) in den analysierten Musikvideos, wie beispielsweise *Mother North*, eine relativ konstante Gesamtästhetik entstehen. Innerhalb mancher Bilder/Szenen sind die Raumtypen teilweise nicht mehr unterscheidbar. Der andere Ort, als unbeschriebener Raum, kontrastiert den Naturraum nicht, sondern fungiert wie ein Echo, das die Raummerkmale diffus reflektiert und ihn so seinerseits mit der bereits beschriebenen deleuzeschen Unbegrenztheit versieht.[263]

Die ästhetische Hyperintensität des dunklen Raumes kann gleichsam auch mit einem hellen Raum erreicht werden.[264] Gerade weil das Gros der Darstellungsräume im Black Metal dunkel ist, kann es eine Abweichungsstrategie sein, sich in hellen Räumen zu verorten, ohne die Intensität des Darstellungsraumes einzubüßen. Wie Edmund Burke feststellt, genügt blo-

261 »Finster von übschwänglichem Licht erscheint deines Kleides Saum.« (Burke, *Vom Erhabenen und Schönen*, S. 118.)
262 Deleuze, *Das Bewegungsbild*, S. 158.
263 Vgl. ebd., S. 155.
264 »Das Höchstmaß an Kargheit scheint mit dem leeren Ensemble erreicht zu sein, wenn die Leinwand ganz schwarz oder ganz weiß wird.« (Ebd, S. 27.) Diese Kargheit wird auch im Musikvideo, durch die Hyperintensität von hell oder dunkel, erreicht, selbst wenn der Bildbereich nicht gänzlich leer ist. Kargheit ist hier im Sinne von Abwesenheit zu verstehen – eine Abwesenheit von Grenzen, die der Erhabenheit des Raumes zuarbeitet.

ßes Licht nicht, um der Dunkelheit in seiner Erhabenheit ebenbürtig zu sein.[265] Folglich muss die Darstellung heller Räume von »bestimmten Umständen«[266] begleitet werden. Diese Umstände können sich in einem »plötzlichen Übergang vom Licht zur Finsternis oder von der Finsternis zum Licht« manifestieren oder in der hier verwendeten Hyperintensität, bei welcher »das höchste Licht die Sehorgane überwältigt« und so alle Objekte auslöscht und »damit in seiner Wirkung genau der Finsternis« gleicht.[267] Hell steht dunkel nicht mehr diametral gegenüber, sondern wird gleichsam eingesetzt:[268] der dunkle Raum ist der helle Raum und umgekehrt. Oder um Georges Batailles »Die Nacht ist auch eine Sonne«[269] umzukehren: die Sonne ist auch eine Nacht.

4.2.1 Natur als Ort der Bewährung

Als Beispiel für einen solchen hellen Raum – und gleichzeitig für die Raum-Subjekt-Relationen im Naturraum ohne weibliches Subjekt, – dient das Musikvideo *Blashyrkh* der Band Immortal. Das Musikvideo entstand zum 1995 erschienenen Album *Battles In The North* und verortet die beiden Musiker von Immortal in einer weitläufigen Naturlandschaft, die sie von einem Berg aus, aus der »Feldherren-Perspektive«, überblicken. Es handelt sich um ein Performancevideo, das am helllichten Tag stattfindet und bei dem die Musiker ihre Instrumente benutzen. Mit dem Ort der klassischen Bandperformance wird gebrochen, um so ein neues Bildthema zu entwickeln und Darstellungsmöglichkeiten der Bandperformance zu erweitern. Der Naturraum wird zur Bühne, auf dem mit Instrumenten agiert wird. Die Erweiterung der Performance ist hier von zwei Seiten festzustellen: Einerseits wird die klassische Musikperformance neu verortet, andererseits wird die Filmreferenz

---

265 Vgl. »Um irgendeine Sache sehr schrecklich zu machen, scheint im Allgemeinen Dunkelheit notwendig zu sein.« Und: »Wenn das Licht das Erhabene hervorbringen soll, so muss es von gewissen Umständen begleitet sein; ohne diese enthält es nur die Fähigkeit, andere Dinge sichtbar zu machen.« (Burke, *Vom Erhabenen und Schönen*, S. 93 u. 117.)

266 Burke, *Vom Erhabenen und Schönen*, S. 117.

267 Ebd., S. 118.

268 Friedrich Kittler verweist auf die militärische Praxis der Blendung als Tarnung: »Wenn man selber zurückstrahlt, macht man sich nicht unbedingt sichtbarer, man irritiert diejenigen, die einen ansehen.« (Kittler, *Synergie zwischen Mensch und Maschine*, S. 108–117.)

269 Bataille, *Henker und sein Opfer*, S. 82.

kriegerischer Männlichkeit im Naturraum[270] durch das Benutzen von Instrumenten (anstatt Waffen) ergänzt. Der Transfer der Musiker mit Instrumenten in den Naturraum schafft einen Fantasieraum, der durch das Zusammenführen und gleichzeitige Erweitern der Bildreferenzen neue Bilder erzeugt. Auch die klassische Besetzung der Band wird aufgebrochen, weil kein Schlagzeug vorhanden ist, obwohl es im Song zu hören ist. Der Versuch einer Realitätsnähe ist nicht vorhanden. Der so entstandene Raum dient, ähnlich dem anderen Ort, einer Neudarstellung/Erweiterung der Performance. Ein solcher Raum ist nicht auf ein weibliches Subjekt angewiesen, um einen männlichen Überlegenheitsgestus darzustellen. Während im Musikvideo zu Satyricons *Mother North* der Größenunterschied zwischen Mann und Frau die Hünenhaftigkeit des Mannes unterstreicht, manifestiert das männliche Subjekt, welches in der rauen Natur zu bestehen vermag und ihren Gewalten entgegentritt, seine Position alleine durch seine Anwesenheit. Die Erhabenheit und Unbändigkeit der Landschaft wird durch die zahlreichen totalen Kameraeinstellungen sowie durch ein Gewitter hervorgerufene Blitze, die durch die Bilder ziehen, unterstützt.

Das männliche Subjekt wird als Teil des Naturraums gezeigt, der durch die totale Kameraeinstellung in diesen eingebettet wird. Gleichzeitig thront er auf dem höchsten Punkt des Raumes und überblickt dessen Weitläufigkeit. Im Gegensatz zum anderen Ort, dem das Unsichtbare seine Tiefe verleiht, wird die Unbegrenztheit des Raumes hier durch das Sichtbare und Weitläufige erzeugt und durch die Horizontlinie symbolisiert.[271] Bezieht man sich auf Burkes Definition vom Erhabenen – »zu erhabenen Objekten gehört das Riesige, Dunkle, Schroffe, Mächtige, das schrecklich Aussehende und das Unendliche oder vermöge stetig sich fortsetzender Einförmigkeit unendlich wirkende«[272] –, so vereinen Raum und Subjekt gleichermaßen diese Erhabenheit in ihrer Darstellung im Musikvideo. Wobei das Dunkle hier durch das extrem Helle ersetzt wird, um Gleiches zu erzeugen.

---

270 Vgl. Darstellungen von Männlichkeit in Barbarenfilmen, wie zum Beispiel *Conan The Barbarian* mit Arnold Schwarzenegger.
271 Paul Virilio beschreibt den Horizont als »die Küste der Erscheinungen«. (Virilio, *Panische Stadt*, S. 116.)
272 Burke, *Vom Erhabenen und Schönen*, S. 10.

4.2.2 Ästhetiken des Winters

Abbildung 7: Immortal Grim And Frostbitten Kingdoms *(1995). Screens JG.*

In dem Musikvideo *Grim And Frostbitten Kingdoms* von Immortal findet sich ebenfalls die Strategie einer weitläufigen Raumerzeugung durch Helligkeit. Das hier gezeigte Still aus dem Video zeigt die Band in einer weißen Eislandschaft. Sie performt auf einer Art Eisscholle. Die Musiker heben sich mit ihrer schwarzen Lederkleidung und den schwarzen Instrumenten gut erkennbar vom Weiß des Hinter- und Untergrunds ab. Die Oberkörper des Gitarristen und des Bassisten sind – trotz Winter und Eis – nur mit einer offenen Lederweste bekleidet.[273] Das Bild (Abb. 7) zeigt eine totale Kameraeinstellung – mehr ist im Clip vom Naturraum nicht zu sehen, und doch vermittelt das Weiß der Eislandschaft eine räumliche Tiefe und Weitläufigkeit. Das Bild weist verschiedene Ebenen auf. Einerseits zeigt das untere Drittel des Bildes eine Grenze, an der die Eislandschaft gebrochen ist. Der angrenzende Bereich ist mit Wasser bedeckt. Zudem ist das Bild selbst durch Eis gerahmt, welches sich rechts und links auf der Bildoberfläche befindet. In der angedeuteten Unbegrenztheit des hellen, kalten Raumes aus Eis und Wasser sind die Musiker in der Lage zu bestehen und zu performen. Es ist wiederum die alleinige Anwesenheit des männlichen Subjekts, die zu seiner Überhöhung beiträgt. Dass dieser Raum gleichzeitig ein realitätsferner ist, zeigt die Performance mit Instrumenten im Naturraum, welche, wie auch

---

273 Slavoj Žižek beschreibt einen solchen Körper, der über dem Tod steht und nicht mehr Teil des Kreislaufs des Lebens ist, als sublimen Körper. (Žižek, *The Sublime Object of Ideology*, S. 134.)

bei dem Musikvideo *Blashyrkh*, ohne Verstärker oder Mikrofone stattfindet. Das Performen mit fast freiem Oberkörper innerhalb einer Eislandschaft ist einerseits ein Verweis auf die Stärke des männlichen Subjekts und gleichzeitig Zeichen einer realitätsfernen Inszenierung. Bildhaftigkeit und Inszenierungscharakter finden in den vereisten Rändern, die auf dem Bild selbst liegen, ihre Visualisierung, weil sich das Bild hier als solches zu erkennen gibt und vom Bildinhalt weg auf sich selbst verweist.

Eine Ästhetik des Winters[274] dient immer dazu, eine bestimmte Raum-Subjekt-Relation zu etablieren, die in erster Linie vom Naturraum dominiert wird, in dem sich das männliche Subjekt bewährt. Natur als ungebändigter Ur-Raum, in dem der Mensch nur eine unterlegene Position einnehmen kann, wertet das männliche Subjekt gleichzeitig auf, weil es zu bestehen vermag. Eine Ästhetik des Winters findet sich auch in Musikvideos, die Männerbilder zeigen, die nicht einer archaischen Männlichkeit zuzuordnen sind. Das Musikvideo *A Beautiful Lie* aus dem Jahr 2007 von 30 Seconds To Mars zeigt die Band bei ihrer Performance in einer unendlichen Eislandschaft. Die Aufnahmen sind zum größten Teil in Slow Motion. Der Naturraum bildet einen ornamentalen Hintergrund für die Inszenierung der Band, die durch technische Manipulationen in die Lage gebracht wird, ihre Bewegungen außerhalb jeglicher zeitlicher Kontinuität zu vollziehen. Die Bewegungen oszillieren zwischen langsam und schnell. Die zeitlich verfremdeten Bewegungen eines von einer Normalität entrückten Subjekts[275] harmonieren mit der fiktiven Eiswelt als universalem und erhabenem Raum. Die männlichen Subjekte werden, im Gegensatz zu Immortal, nicht als kriegerisch-überlegen inszeniert. Trotzdem partizipieren sie im gleichen Maße von der Ästhetik des Winters und der Erhabenheit dieses Raums. Eine ähnliche Inszenierung findet sich im Musikvideo *Allein Allein* aus dem Jahr 2008 von Polarkreis 18. Allerdings ist hier die Bandperformance von der Inszenierung der Band innerhalb des Naturraums getrennt. Die Ästhetik des Winters wird jedoch auch auf die Performanceebene übertragen, indem die Performance innerhalb eines weißen anderen Orts stattfindet, die männlichen Subjekte ebenfalls weiß gekleidet sind und die Darstellungsebene des Naturraums teilweise in den Raum der Performance projiziert wird. Die Darstellungen im Naturraum zeigen die einzelnen Bandmitglieder, wie sie sich innerhalb des Raums

---

274 Vgl. Birgit Richards Vortrag: »Archaische und uniforme Bilder von Männlichkeiten in sozialen Netzwerken.« Bei der Fachtagung: *Identität Krieger? Junge Männer in mediatisierten Lebenswelten.* Am 1. Dezember 2009 in Berlin.

275 Entrückt dadurch, dass sogar der physische Bewegungsapparat außerhalb einer zeitlichen Kontinuität liegt.

bewegen. Durch deren konstante Fortbewegung wirken sie suchend oder
fliehend. Zudem sind die Aufnahmen größtenteils in Vogelperspektive aufgenommen und lassen die Subjekte so noch kleiner erscheinen. Dadurch
wirken sie verloren und dominieren den Raum nicht. Hier könnte man, im
Vergleich mit den sublimen Körpern von Immortal, von romantisierten
Körpern sprechen.

Beide Musikvideos weisen fast gleiche Raumbedingungen auf wie Inszenierungen archaischer Männlichkeit innerhalb einer Winterlandschaft, beispielsweise bei Immortal. Jedoch ist die Raum-Subjekt-Relation eine gänzlich andere. Es geht weniger um eine kriegerisch-überlegene Haltung dem
Naturraum gegenüber als vielmehr um eine Inszenierung der Verlorenheit
des Subjekts[276] und einer ornamentalen Ästhetisierung der Natur. Die Schön-
heit der Strukturen wird mit der rauen Erhabenheit verbunden. Es entsteht,
allein durch die veränderte Stellung des Subjekts innerhalb des Raums, ein
anderer Naturraum. Trotz der erhöhten Position des männlichen Subjekts
innerhalb des Naturraums ist dessen Kleinheit vorherrschend und unterscheidet sich so grundlegend von einer Subjektüberhöhung, wie sie bei Darstellungen archaischer Männlichkeit vorherrschend ist, und deren Bewe-
gungsspektrum, das zwischen Bewegung und Stillstand oszilliert.

Der kriegerische Impetus der Darstellung archaischer Männlichkeit unterscheidet sich von anderen Darstellungen im Naturraum, die zwar ebenfalls von der Erhabenheit des Raumes profitieren, ihn jedoch gleichzeitig
ornamental ästhetisieren und sich nicht gegen ihn auflehnen, sondern dessen
Überlegenheit anerkennen. Das Subjekt der archaischen Männlichkeit, welches aktiv im Naturraum agiert, vermag es, an der räumlichen Erhabenheit
zu partizipieren und, über seine (aktive) Anwesenheit in diesem Raum, seine
Überhöhung zu manifestieren. Dazu bedarf es in diesem Fall keines weiblichen Subjekts und, als filmischem Mittel, auch keiner untersichtigen Naheinstellung der Kamera, sondern, ganz im Gegenteil, totaler Einstellungen,
die das männliche Subjekt in den Naturraum einbetten, ihm aber gleichzeitig eine überblickende und distanzierte Position verschaffen. Die Hyperintensität der sehr hellen oder sehr dunklen Räume verweist zusätzlich auf die
Darstellung archaischer Männlichkeit durch Strategien des Sichtbar- und
Unsichtbarmachens und verleiht dem Musikvideo eine darstellerische Homogenität.

---

276 Vgl. die konstante Fortbewegung bei Polarkreis 18 und die Aufnahmen der fallenden
Musiker bei 30 Seconds To Mars.

4.3 Der menschenleere beschriebene Raum

»Die Natur ist nach innen ebenso unendlich als nach außen: wir gelangen jetzt bis zur Zelle u. zu den Teilen der Zelle: aber es giebt gar keine Grenze, wo man sagen könnte, hier ist der letzte Punkt nach innen, das Werden hört bis ins unendlich Kleine nie auf. Aber auch im Größten giebt es nichts absolut Unveränderbares.«[277]

Das Musikvideo *Dunkelheit* der Band Burzum verzichtet ganz auf das Subjekt im Naturraum und lebt allein vom Referenzspektrum des hier geschaffenen Naturraumes und von dem Mythos der Band. Das Musikvideo wurde 1996 von dem englischen Regisseur David Palser aufgenommen, der auch für die Musikvideos *Blashyrkh* und *Grim and Frostbitten* von Immortal verantwortlich ist. Das Musikvideo findet auf zwei Darstellungsebenen statt, die hierarchisch überlagert sind. Die untere Darstellungsebene zeigt Naturräume, die die vier Elemente Feuer, Wasser, Luft und Erde darstellen – teils verwackelt, teils ruhig aufgenommen. Die zweite Darstellungsebene liegt oberhalb der ersten. Sie zeigt Farbfelder, Rahmen und Runen: Die darunter liegende Ebene wird so eingefärbt, gerahmt und beschrieben. Die Darstellungsebenen sind ständig in Bewegung. Die Schriftzeichen, die ein Runengedicht aus dem ältesten Runenalphabet »Elder Futhark«[278] darstellen sollen, erscheinen, durch das Stoptrick-Verfahren, langsam auf dem Bild. Die Runen schreiben sich von selbst und verschwinden dann wieder.

Das einzig vorhandene lebendige Wesen, ein Wolf, erscheint im Clip nur in der kurzen Anfangssequenz, in der Bandname und Titel eingeblendet werden. Aufgrund eines nichtvorhandenen aktiven und sich bewegenden Subjekts, übernimmt die Kamera Bewegung und Aktivität, die so das Gefühl eines Point-of-View-Shots vermittelt, also einer subjektiven Kamera, bei der die Kamera den Blick des Subjekts übernimmt. Üblicherweise besteht ein Point-of-View-Shot aus zwei aufeinander folgenden Einstellungen. In der ersten Einstellung wird das Subjekt gezeigt, das irgendwohin blickt. Die darauffolgende Einstellung zeigt, was angeschaut wird, aus Sicht des vorher etablierten Subjekts. Im Musikvideo von Burzum findet nur der subjektive Blick statt. Folglich könnte es sich bei den Naturaufnahmen im Wald um den Blick des Wolfes handeln, der dann symbolisch für das Subjekt der archaischen Männlichkeit stünde. Auch wird der Point-of-View-Shot im Na-

---

277 Nietzsche, *Vorlesungsaufzeichnungen*, S. 270.
278 Vgl. http://www.myspace.com/vargvikernesburzum.

turraum häufig in Horrorfilmen verwendet, um so das Gefühl einer Hetzjagd zu verstärken und zu subjektiveren.[279]

»Die Bewegtheit wird übersteigert, um ein Maximum an Bewegungsquantität in einem gegebenen Raum zu gewinnen.«[280]

Die übersteigerte Bewegtheit dient im Musikvideo *Dunkelheit* nicht nur
dazu, wie bei Deleuze »ein Maximum an Bewegungsquantität« zu gewinnen,
sondern dazu, einen subjektiven Blick zu erzeugen, ein (nichtsichtbares)
Subjekt zu schaffen.

4.3.1 Referenzräume

Referenzen zu Schrift, die, wie die Runen im Musikvideo zu Burzums *Dunkelheit*, aus dem Nichts entsteht, finden sich im Horrorfilm, im experimen-
tellen Film/Video sowie in der Bibel. In der altestamentarischen Erzählung
»Das Gastmahl des Belšazar«[281] erscheint Belšazar eine geisterhafte Schrift an
der Wand seines Palastes, die als ein Vorzeichen drohenden Unheils erscheint
(Menetekel). Noch in derselben Nacht stirbt Belšazar. Auch im Film *Der
Exorzist* (1973) erscheinen die Worte »help me« auf dem Bauch des besesse-
nen Mädchens als einzige Form der Kommunikation ihres ansonsten komplett fremdbestimmten Körpers. In verschiedenen nicht-narrativen Filmen
des Experimental-Filmemachers Stan Brakhage finden sich ähnliche Darstellungsmuster von Schrift, die dadurch entstehen, dass Brakhage direkt auf
dem Bildmaterial arbeitet und Schrift oder Formen in das Material ein-
kratzt.[282] Das direkte Arbeiten am Filmmaterial verweist bei der Sichtbarmachung durch die Projektion auf das Bild selbst und nicht mehr nur auf den
Bildinhalt. Das filmische Paradigma der Kontinuität wird gebrochen.

Das Verwenden der Runen im Musikvideo *Dunkelheit* eröffnet mehrere
Referenz- und Bedeutungsebenen. Sie verweisen auf eine alte, nordisch-ger-
manische Schriftform, die den Naturraum zeitlich kontextualisiert – oder
eher entkontextualisiert, weil die Darstellungen zwar keine präzise zeitliche
Verortung zulassen, sie aber außerhalb eines zeitgenössischen Kontextes positionieren. Zudem verstärken die Schriftzeichen in Verbindung mit dem
Naturraum den mystisch-rituellen Wert der Darstellung und stellen sie, be-

279 Vgl. zum Beispiel *The Blair Witch Projekt*.
280 Deleuze, *Das Bewegungsbild*, S. 65.
281 Vgl. *Die Bibel: Buch Daniel, Kapitel 5*.
282 Vgl. Brakhage, *I … Dreaming*, Video.

zogen auf die zeitgenössische Verwendung von Runen, in einen politisch rechten Kontext.[283] Die Naturraum-Schriftzeichen-Verbindung präsentiert die Schriftzeichen dadurch ebenfalls als etwas Ursprüngliches und Naturbezogenes und gibt dem Gesamtbild so einen rituellen Impetus. Die Überlagerung der verschiedenen Ebenen des Videobildes macht die Künstlichkeit dieses Mediums, ähnlich wie bei Brakhage, sichtbar und schafft somit nicht nur einen Fantasie-/Naturraum im Bild, sondern auch ein Fantasiebild selbst. Die einzige, zu vernachlässigende Ebene ist die der inhaltlichen Deutung der Schriftzeichen. Diese ist nicht nötig, um das hier entstandene Bild zu verstehen/sehen. Die Runen selbst werden vom Zeichenträger zum Bild und tragen so zum atmosphärischen Referenz-Konglomerat dieses Musikvideos bei.[284] Die Weite des dargestellten Raumes manifestiert sich wiederum in der Horizontlinie der Naturaufnahmen. Bei diesem Musikvideo allerdings in doppelter Form: Die Horizontlinie des Naturbildes wird um die der Rahmenebene erweitert, die einerseits dazu dient, die gezeigten Naturelemente gegenüberzustellen, und gleichzeitig auf die Künstlichkeit des Raumes verweist. Natur wird hier weder romantisierend noch als ein übermäßig martialischer Ort dargestellt. Es wird ein Ort gezeigt, der durch leicht verwackelte Aufnahmen und monochrome Farbgebung filmische Referenzen evoziert und ihn so unheimlich wirken lässt, dann aber über lange totale Einstellungen wieder Gleichförmigkeit erzeugt. Obwohl verschiedene Bildsequenzen der Naturaufnahmen während des Clips mehrfach gezeigt werden, entsteht nie der Eindruck eines Loops, weil die beiden sich überlagernden Ebenen immer in neuen Konstellationen zueinander stehen. Während die Naturaufnahmen der unteren Ebene durch weiche Blenden meist in einem Bildfluss bleiben, kontrastiert die darüber liegende diese durch schnelle Farb- oder Bildveränderungen. Die Runen sorgen durch die Gleichmäßigkeit ihres Erscheinens wiederum für ein anderes Bildtempo. Die ästhetische Einheit des Videos entsteht nicht über eine Gleichförmigkeit in Farbe oder Darstellung, sondern über die Konstanz der Überlagerung der Ebenen und die thematische Metaebene, also die Verbindung von Natur und der bildlichen Symbol-

---

283 Vgl. beispielsweise die nationalistische Kleidungsfirma »Thor Steinar«.
284 Vgl. das Musikvideo zu Madonnas *Die Another Day*, in dem ein häbräisches Wort neu kontextualisiert wird: »Ein Close-up zeigt ihre muskulösen Oberarme mit einem hebräischen Tattoo, das übersetzt ›Love‹ bedeutet. Die Besonderheit ist, dass es aus den hebräischen Einzelbuchstaben zusammengesetzt, aber nicht das eigentlich hebräische Wort für Liebe ist«. (http://www.birgitrichard.de/clips/@text_theo7.htm.)

kraft der Runen. Zu diesem »subtilen Spiel mit Zeichen und Referenzen«[285] gesellt sich der Mythos um die Band Burzum selbst[286] und verleiht dem im Video präsentierten Raum einen weiteren Bedrohlichkeitsbezug. Bildbezüge zu Musikvideos im Naturraum mit sichtbarem männlichem Subjekt sowie anderen Medienreferenzen verweisen auf eine kriegerische Männlichkeit, welche in der Lage ist, in diesem Raum zu existieren. Trotzdem das männliche Subjekt im Musikvideo *Dunkelheit* abwesend bleibt, ist dieser Naturraum männlich konnotiert. Auch wenn das männliche Subjekt im Musikvideo *Dunkelheit* nicht in Erscheinung tritt, so ist es doch durch die Repräsentation des Raumes und des Naturthemas vorhanden. Dieses Video wiederum ist Bildgrundlage und Referenzfeld für andere Musikvideos, die bei der Darstellung des Naturraums ebenfalls auf ein Subjekt verzichten.

In dem Musikvideo der Black-Metal-Band Wedard zu dem Song *Black Hole Sagittarius Alpha* von 2008 werden beispielsweise Naturaufnahmen gezeigt, die zwischen dem Transit der schnell vorbeiziehenden Landschaften und Naheinstellungen im Wald wechseln. Es wird sich ähnlicher Techniken bedient wie in *Dunkelheit*: Der Bewegungsreichtum eines aktiven Subjekts wird durch die Kamera erzeugt. Die Aufnahmen im Wald sind ebenfalls fast identisch. Die zweite Ebene, die dem Musikvideo *Dunkelheit* seinen experimentell-unheimlichen Charakter verleiht, fehlt jedoch bei dem Video von Wedard. Die Bilder sind ohne Bezüge zur Musik oder den benannten Referenzen nicht im Bildprogramm einer archaischen Männlichkeit zu verorten. Die Reduktion auf scheinbar illustrative Bilder zur visuellen Untermalung der Musik ist aber keineswegs ein Zeichen für ein genderneutrales oder unbeschriebenes Bildprogramm. Ganz im Gegenteil, sie ist der Beweis für die symbolische Kraft, die sich in der Gesamtästhetik des Black Metal manifestiert und sich so selbst scheinbar neutrale Bilder zu eigen macht.

Der als erhaben, wild und antizivilisatorisch inszenierte und zeitlich unbestimmte Naturraum bildet die Antithese zur Metropole, die Paul Virilio als »Zeitgenossin unserer Fortschrittsdesaster«[287] ausmacht. Die Antiurbanität als Raumprinzip archaischer Männlichkeit braucht keine direkte Gegenüberstellung von Naturraum und Metropole, weil sich der realitätsferne Naturraum als einzig Existenter präsentiert: Wenn es im Bild keinen Verweis auf eine (andere) Entität gibt, ist diese nicht-existent.[288] Auch wird das

---

285 Richard/Grünwald, *Charles Manson tanzt auf den Achsen des Bösen im Web 2.0*, S. 162.
286 Auf die Bezüge zu Realereignissen wird in Kapitel 8 eingegangen.
287 Virilio, *Panische Stadt*, S. 92.
288 Diese Aussage bezieht sich auf den Ausschluss anderer Darstellungsreferenzen, als singuläre Bildlichkeit, die versucht, das Andere nicht zuzulassen, und nicht auf die Referenzformen

männliche Subjekt obsolet, um einen atmosphärisch dichten, männlichen Raum zu erzeugen, wenn der Referenzrahmen ausgeprägt genug vorhanden ist. Durch das Verschwinden aus Bildräumen mit Realitätsreferenzen, hin zu einem »Bildreservoir des Phantastischen, Futuristischen, [...] dem Fundus des Historischen«[289] sowie anderen Orten, kann archaische Männlichkeit seine eigene Überlegenheit inszenieren und Räume neu besetzen sowie an schon vorhandenen Spuren partizipieren.

4.4 Relative und direkte Referenzen im Naturraum

Der Naturraum dient im Musikvideo als Referenzraum, um dezidiert ästhetische Bezüge herzustellen. Vergleicht man die Naturdarstellungen mit Bands anderer Musikgenres, deren Männlichkeitsdarstellungen ebenfalls als archaisch zu bezeichnen sind, so fallen Differenzen auf. Bei dem Musikvideo des slowenischen Künstlerkollektivs Laibach *Life is Life*[290] steht die Naturdarstellung in direktem ästhetischen Bezug zu Naturdarstellungen im Dritten Reich, die den »ewigen Wald«[291] als Symbol für Unveränderlichkeit und den direkten Bezug zur Blut-und-Boden-Ideologie beschworen. Laibach bedient sich der Strategie einer Überidentifizierung, welche sich subversiv mit der führenden Ideologie auseinandersetzt: »Precisely insofar as it is not its ironic imitation, but represents an over-identification with it«.[292] Diese Hyperidentifikation mit den Symbolen eines bestimmten Regimes bezieht sich bei »Life is Life« auf den Naturraum, als direkte Referenz zu Darstellungsmustern von Natur sowie der Blut-und-Boden-Ideologie im Dritten Reich. Die Aufnahmen der männlichen Personen im Clip sind in starker Untersicht aufgenommen und platzieren diese im Vordergrund eines prachtvollen[293] und unberührten Naturraums.

---

des Ereignisraums. Der Ereignisraum ist das Bedeutungs-Surplus und kann nicht ausgelöscht werden. Man könnte hier vielleicht Foucault zitieren, der zum Begriff der Überschreitung schreibt: »Die Überschreitung ist die Gegenüberstellung von nichts mit nichts.« (Foucault, *Schriften zur Literatur*, S. 70.)

289 Richard, *Sheroes*, S.112.

290 http://www.youtube.com/watch?v=JbB1s7TZUQk.

291 Vgl. die Propagandaschrift Hermann Görings: Ewiger Wald und ewiges Volk. (In: Ders.: *Reden und Aufsätze*. Franz Eher Nachf., München 1938-)

292 Vgl. Žižek, *The Universal Exception*, S. 65.

293 Prachtvoll im Sinne der Deutung von Burke als Quelle des Erhabenen: »Ein Überfluss von Dingen, die an sich glänzend oder wertvoll sind, ist prächtig. Wenn wir den gestirnten

Abbildungen 8 und 9: Laibach Life is Life *(1987). Screens JG.*

Die männlichen Personen befinden sich am Fuß des Berges und nicht darauf oder darüber, sie stehen, gleich eines *tableau vivants*, in kontrollierter Pose. Gleichzeitig sind sie dem Bild vorangestellt, als wäre der Naturraum eine Hintergrundleinwand. Es findet ein passives Partizipieren an der Erhabenheit des Naturraumes statt. Die Überlegenheit über den Naturraum findet hier durch die Distanz zu diesem statt. Ganz anders als beispielsweise der Naturraum im Musikvideo von Immortal, in dem das männliche Subjekt in der rauen Natur zu bestehen vermag, ihren Gewalten entgegentritt und sich dessen Überhöhung über eine aktive Anwesenheit manifestiert. Das Plakativ-Schmückende des Referenzraumes, welches in den Darstellungen bei Laibach zum Tragen kommt, findet sich in verschiedenen Referenzen und Bildvorlagen, wie beispielsweise in dem Hitler-Portrait »Portrait of Adolf Hitler«[294] von Heinrich Knirr (1937), welches die Natur-Subjekt-Relation ganz ähnlich inszeniert.

Die Distanz zum Naturraum drückt sich in dem Portrait besonders deutlich über die trennende Mauer aus, vor der Hitler steht – erst dahinter beginnt Natur. Die Natur ist hier das Außerhalb – das Subjekt ist das Nahe, dessen Unnahbarkeit sich in der Inszenierung manifestiert. Der Mensch nimmt also eine Sonderstellung gegenüber der Natur ein – er ist aus ihr hervorgegangen und ihr steht doch als Fremder gegenüber[295]:

Himmel auch noch so oft erblicken, so erregt er doch jedes Mal wieder die Idee der Hoheit.« Burke, *Vom Erhabenen und Schönen*, S. 115.

294 *Ausstellungskatalog der Großen Deutschen Kunstausstellung 1937.* Verlag Knorr & Hirth G.m.b.H. München, 1937. DHM, Berlin.

295 Vgl. Jordan, *Friedrich Nietzsches Naturbegriff zwischen Neuromantik und positivistischer Entzauberung*, S. 216.

»By setting up nature as an object ›over there‹ – a pristine wilderness beyond all trace of human contact – it re-establishes the very seperation it seeks to abolish.«[296]

Das Paradox, dass die Idealisierung des Naturraums gerade die Distanz zu diesem verstärkt, anstatt eine Nähe zu erzeugen, zeigt sich im gesamten analysierten Feld. Allerdings gibt es graduelle Unterschiede, inwieweit Natur nur als Tapete dient oder ob sie einen Hintergrund stellt, der direkten Einfluss auf das Subjekt ausübt. Der Unterschied von Vorder- und Hintergrund ist nicht aufhebbar, jedoch zeigt sich Natur als »object over there«[297] besonders in Formen einer Führerpose.

Der Referenzbereich, dessen sich Laibach bedient, funktioniert über die Nähe zur Führerpose, die passive Partizipation am Naturraum und über die Nicht-Verortbarkeit des zeitlichen Kontextes.[298] Die hier dargestellte direkte Referenz wird von Inke Arns, bezogen auf die Strategie der Überidentifizierung, als das »bessere Original«[299] beschrieben, also dem Zu-Ende-Denken impliziter Annahmen einer Ideologie in Form einer Strategie der »(Wider-)Spiegelung«.[300] Laibach bedient sich bewusst einer Strategie der Überidentifizierung. Wenn keine »adequate distance«[301] zur Referenz gehalten wird, entsteht eine Reibung, die durch eine sichtbare kritische Haltung oder durch eine ironische Distanz nicht erreicht werden kann. Es wird eine Strategie sichtbar, wie sich im zeitgenössischen Bild ein Naturraum darstellen lässt, der sich als direkte Referenz auf einen Raum bezieht, der nicht-zeitgenössisch ist.[302]

Im Black-Metal-Musikvideo hingegen ist die Referenz als relativ zu beschreiben, weil es gerade nicht darum geht, durch zeitlich verortbare Darstellungsparadigmen des Subjekts innerhalb des Raumes eine Referenz zu erzeugen, die sich, wie bei Laibach, auf etwas Bestimmtes, auf ein »Original«[303],

---

296 Morton, *Ecology without Nature*, S. 125.
297 Ebd.
298 Ähnlich der Darstellungen in Black-Metal-Musikvideos ist Natur als fiktionaler Handlungsraum zu betrachten, der nicht realitäts- oder zeitgebunden ist.
299 http://www.projects.v2.nl/~arns/Texts/NSK/kollektiv-zerogravity.html.
300 Ebd.
301 Arns, *Mobile States | Shifting Borders | Moving Entities*, www.nskstate.com.
302 Referenzen finden sich aber auch in filmischen Darstellungen. Somit ist der dargestellte Naturraum kein zeitlich abgeschlossener. Das Programm der Überidentifizierung bezieht sich aber bewusst auf das vermeintliche Original – die direkte Referenz findet sich somit im Nicht-Zeitgenössischen.
303 http://www.projects.v2.nl/~arns/Texts/NSK/kollektiv-zerogravity.html.

bezieht, welches dann optimiert oder überzeichnet wird.[304] Die Grundlage, die den Naturraum für Männlichkeitsdarstellungen prädestiniert, ist jedoch die Gleiche: seine Erhabenheit. Natur als etwas Riesiges, Schroffes und Mächtiges.[305] Gleichzeitig aber etwas, in dem es zu bestehen gilt, in dem man nicht verloren geht. Die Erhabenheit des Naturraums spielt in den Darstellungen archaischer Männlichkeit also eine vergleichbare Rolle wie in Darstellungen der Romantik. Allerdings wird mit dem Subjekt innerhalb des Raumes gänzlich anders umgegangen: Das Subjekt innerhalb der Erhabenheit des Naturraums wirkt nicht einsam und klein, und wenn es klein wirkt, dann kompensiert es dies über seine Aktivität innerhalb des Raumes (Immortal) oder über eine Distanz zu ihm (Laibach). Während Laibach zur Entzauberung ideologisierter Darstellungsformen beitragen, sind die Darstellungsmerkmale in Musikvideos des Black Metal tief verwurzelt in einem »Verzauberungsprogramm« – wie Peter Weibel die Epoche der Romantik nennt.[306]

4.4.1 Der romantisierte Naturraum

Dem romantischen Impetus des erhabenen Naturraums folgt beispielsweise das Musikvideo *Ohne Dich* der Band Rammstein. In der Tradition von klassischen Bergfilmen, in denen der Berg, stellvertretend für den erhabenen Naturraum, »Gegner und Verlockung«[307] zugleich ist, besteigen sechs männliche Personen (die Band) einen Berg. Bei dem Aufstieg verliert einer der sechs (der Sänger) den Halt und stürzt ab. Die anderen fünf bergen ihn und setzen mit ihm den Aufstieg fort. Auf dem Gipfel des Berges angekommen, den Blick auf die Umgebung richtend, stirbt er.

Der Naturraum in diesem stark narrativen Musikvideo wird als unbezwingbar und gefährlich dargestellt. Die männlichen Personen versuchen sich mit ihm zu messen. Das Bezwingen des Naturraums ist hier zum Scheitern verurteilt und kulminiert im Absturz und dem späteren Tod. Die Personen wirken klein angesichts der Riesenhaftigkeit der Berge. Direkte Referenzen im Stile klassischer Bergfilme von Luis Trenker, Leni Riefenstahl und

---

304 Der dargestellte Raum bei Immortal und Laibach ist vergleichbar. Die Raum-Subjekt-Beziehung indes unterscheidet sich grundlegend.

305 Vgl. Burke, *Vom Erhabenen und Schönen*.

306 Vgl. Peter Weibel: »Romantik war das erste Programm der Wiederverzauberung gegen die Aufklärung«, *Der göttliche Kapitalismus*, S. 51.

307 Interview mit dem Regisseur Philipp Stölzl über Bergfilme. In: http://www.welt.de/welt_print/article2603048/Der-Bergfilm-ist-unser-Western.html.

Arnold Franck werden evoziert, die sich in Ästhetik und Narration nieder-
schlagen: Durch die Untersicht der Kamera werden die Männer zu Helden
stilisiert, die voller Pathos am Berg scheitern.[308] Das Musikvideo ist ebenfalls
zeitlich nicht verortet und bildet eine Art romantisierte Schnittmenge zwischen dem passiv-distanzierten, heldenhaften Subjekt bei Laibach und der
aktiven Anwesenheit innerhalb des Naturraums bei Immortal, erweitert um
die romantische Nuance des individuellen Scheiterns und der direkten Referenz zu Bergfilmen. Der Naturraum und die Sicht darauf sind immer mehrfach codiert. Seine
Richtung und Deutungsbezüge erhält er durch die Positionierung des Subjekts und den evozierten Referenzraum (direkt oder relativ).[309] Der Naturraum im Black-Metal-Musikvideo erweitert gängige Darstellungsparadigmen des Erhabenen, indem das männliche Subjekt einen gänzlich anderen
Bezug zum Darstellungsraum entwickelt. Diese relative Referenz ist näher an
einer archaischen Fiktionalität des Naturraums selbst, die sie für Darstellungen interessant und nutzbar macht, als Darstellungen direkter Referenz, die
sich auf eine konkrete Bildvorlage beziehen. Naturdarstellungen im Dritten
Reich, des Bergfilms oder der Romantik beziehen sich auf das gleiche Erhabene, dienen jedoch nicht als direkte Bildvorlage. So entsteht ein eigenstän-
diger Referenzraum, der genug Platz lässt, um verschiedene Referenzen zu
evozieren, die gleichsam männlich codiert sind.
   Ein fiktiver Naturraum steht auch immer in direktem Bezug zu einer
Utopie der Heimat. Heimat ist etwas, wohin man zurückkehren kann.[310] Archaische Männlichkeit verortet sich nicht in (für sie) fremden Räumen, sondern in denen, die Heimat suggerieren – und wenn diese Heimat nur das

308 Vgl. Interview mit dem Regisseur Philipp Stölzl über Bergfilme. In: http://www.welt.de/
   welt_print/article2603048/Der-Bergfilm-ist-unser-Western.html.
309 Nietzsche beschreibt die romantisierte Nuance des Naturraums so: »Die Menschen sehen
   allmählich einen Werth und eine Bedeutung in die Natur hinein, die sie an sich nicht hat.
   Der Landmann sieht seine Felder mit einer Emotion des Werthes, der Künstler seine Farben, der Wilde seine Angst, wir unsere Sicherheit hinein, es ist ein fortwährendes feinstes
   Symbolisieren und Gleichsetzen, ohne Bewusstsein. Unser Auge sieht mit all unserer Mo-
   ralität und Cultur und Gewohnheit in die Landschaft.« (Nietzsche, *Nachgelassene Frag-
   mente*, S. 261.)
310 Heimat als Gegenposition zum Exil. Die Heimat und das exilische Leben müssen nicht
   zwingend geografisch verortet werden. Heimat und Exil können sich auch in ein und dem
   selben Raum befinden. Der Heimatbegriff dient dann als zu erreichende Utopie für die,
   die das gegenwärtige Leben als Exil empfinden: »Exil ist eine Metapher für die Erfahrung
   der Entfremdung, die so existenziell und universell ist, dass sie keinen Ort braucht und
   auch keine Heimat als Gegenort.« (Schlink, *Heimat als Utopie*, S. 11.)

Ideal einer (so nie existenten) Vergangenheit ist. Diese Form der Heimat ist universell und unbegrenzt. In der bildlichen Darstellung archaischer Männlichkeit findet kein Außerhalb statt. Demnach braucht Heimat, in ihrer Darstellung, kein Exil als Gegenort. Alles Gezeigte ist Heimat. Der Naturraum in den Inszenierungen archaischer Männlichkeit unterscheidet sich zwar radikal von den Darstellungen anderer utopischer Naturräume, jedoch haben sie alle gemein, dass sie Heimat als Fantasieraum etablieren. Selbst die Performances mit Lokalbezug von Volksmusikern auf weiten Wiesen und vor hohen Bergen zehren vom gleichen utopischen Phantasma, welches der Naturraum beispielsweise bei Immortal generiert. Der Begriff der Heimat wird auf die Naturdarstellung reduziert und aus dem Kontext einer Heimat der bürgerlichen Gesellschaft, der kirchlichen und kulturellen Institutionen, der Familie und der Ehe[311] entnommen und in einen zeitlosen, universellen gestellt. Gleichzeitig suggeriert der Heimatbegriff, als lokalisierte Position, einen Naturalismus als Gegenposition zum Globalen. Diese dichotome Sichtweise (lokal/global) verklärt, romantisiert und fixiert das Lokale als Urraum sozialer Beziehungen und Identitäten. Hardt und Negri entlarven diese Dichotomie als falsches Ideal eines präexistenten Ursprungs, welches nicht in Frage gestellt wird:

»In many characterizations the problem rests on a false dichotomy between global and local, assuming that the global entails homogenization and undifferentiated identity whereas the local preserves heterogeneity and difference. Often implicit in such arguments is the assumption that the differences of the local are in some sense natural, or at least that their origin remains beyond question.«[312]

Wie Hardt und Negri zeigen, ist aber selbst das Lokale im realen Raum nicht vor einer Fiktionalisierung gefeit. Die gleiche Naturalisierung des Lokalen wird in den Bildpraxen archaischer Männlichkeit im Naturraum evoziert, um einen ungebändigten Idealraum zu entwerfen, der eine Grundlage schafft, um sich als männliches Subjekt zu beweisen. Hier wird der Produktion von Lokalität auf bildlicher Ebene zugearbeitet: zum Beispiel verbindet *True Norwegian Black Metal* das Genre (Black Metal) mit Lokalität (Norwegian) und der Geste des Authentischen (True). Der zivilisierte zeitgenössische Naturraum, eingeteilt in Territorien und strikter Ordnung unterworfen, ist »seit der frühesten Antike ein Ort der Utopie«[313]. So stellt der ungebändigte fiktionale Naturraum vielleicht einen Ort der Dystopie und des Erhabenen dar, der die Idee von Heterotopie kontrastiert.

311 Ebd., S. 13.
312 Hardt/Negri, *Empire*, S. 44.
313 Foucault, Die *Heterotopien/Der utopische Körper*, S. 15.

5. Heterotopie

Der von Michel Foucault geprägte Begriff der Heterotopie beschreibt Räume »tatsächlich realisierter Utopien«[314], also reale Räume, »in denen die alltäglichen Funktionen des menschlichen Lebensraumes außer Kraft gesetzt werden«[315]. Heterotopien schaffen also Gegenräume, die »der Wirklichkeit etwas entgegensetzen, sie entwerten, und eventuell radikal in Frage stellen«[316]. Foucault geht davon aus, dass jede Kultur Heterotopien als »Konstante jeder menschlichen Gruppe«[317] etabliert, die jedoch sehr unterschiedliche Formen annehmen. Gleichzeitig gibt es »auf der ganzen Erde und in der Weltgeschichte« keine Heterotopie, »die konstant geblieben wäre«.[318] Es gibt somit keine Heterotopieform, die »absolut universal«[319] ist – sie ist eine relationale Konstante. Sogenannte Krisenheterotopien, die »privilegierte oder geheiligte oder verbotene Orte, die Individuen vorbehalten sind, [beschreiben], welche sich im Verhältnis zur Gesellschaft und inmitten ihrer menschlichen Umwelt in einem Krisenzustand befinden«,[320] wurden von Abweichungsheterotopien abgelöst. Diese Abweichungsheterotopien sind beispielsweise Orte für Individuen, deren Verhalten abweichend zur Norm ist, wie Erholungsheime, Kliniken, Altersheime und Bordelle. Der Begriff impliziert auch Gegenorte, in denen die alltägliche Norm außer Kraft gesetzt wird, wie das Theater oder das Kino.

Anderer Ort und Naturraum stellen ebenfalls eine Art utopischen Gegenraum dar. Der Realitäts- und Gegenwartsbezug ist jedoch nicht gegeben, um den Begriff der Heterotopie zu rechtfertigen. Im Vergleich zu diesen Räumen steht das Musikvideo mit Bühnenperformance für den Versuch, die

314 Foucault, *Andere Räume*, S. 36.
315 Ruoff, *Foucault-Lexikon*, S. 174.
316 Ebd.
317 Foucault, *Andere Räume*, S. 40.
318 Foucault, *Die Heterotopien/Der utopische Körper*, S. 11.
319 Ebd.
320 Ebd.

Idee von Heterotopie medial zu verarbeiten und bildlich darzustellen. Die Heterotopie zeigt, im Gegensatz zum anderen Ort und Naturraum, einen geschlossenen Raum – geschlossen im Sinne eines bestimmten Territoriums/ Bereichs, also einen endlichen Raum. Ein Großteil der gesichteten Black-Metal-Musikvideos stellt diese Bühnenperformance mit Realbezug dar. Entweder werden Live-Mittschnitte zu einem reinen Performancevideo zusammen geschnitten oder mit szeneimmanenter Symbolik oder kurzen Horrorfilmreferenzen versehen. Der Grund, das Element der Live-Performance mit Realbezug im Musikvideo zu verwenden, ist ein darstellungsästhetischer sowie referenzieller. Das musikalische Vermögen des Musikers wird in den Vordergrund gestellt und Bezüge zum klassischen Rockvideo werden evoziert. Die Aufführungspraxis der Live-Performance suggeriert einen gegenwärtigen Zeitpunkt an einem bestimmten Ort.

5.1   Die Bühne als Gegenort

»Die Heteroropien setzen immer ein System von Öffnungen und Schließungen voraus, das sie gleichzeitig isoliert und durchdringlich macht. Man kann nur mit einer gewissen Erlaubnis und mit der Vollziehung gewisser Gesten eintreten.«[321]

Eben dieses »System von Öffnungen und Schließungen« zeigt sich gleichfalls in den Darstellung der (Live-)Performance an einem bestimmten Aufführungsort im Musikvideo. Es wird ein szenenimmanenter Raum präsentiert, der entweder Aufnahmen einer Live-Bühnenperformance zeigt oder diese nachstellt: der Bühnenbereich und der Konzertsaal als eine tatsächlich realisierte Utopie, der sich über Szenekenntnisse und Habitus angeschlossen werden kann, als Gegenentwurf zum Alltagsraum; gleichsam ein Illusionsraum, eben weil die Inszenierung in aller Ernsthaftigkeit einen utopischen Gegenentwurf präsentiert, um der »Wirklichkeit etwas entgegen[zu]setzen«[322]. Die Heterotopie als Darstellungsraum im Musikvideo kann sich in verschiedenen Formen manifestieren, die jeweils für sich Überschneidungen und Variationen aufweisen:

– Die Live-Performance (Kapitel 5.2): das Zusammenschneiden einer realen Live-Performance zu einem Musikstück. Dies ist jedoch nicht mit

---

321 Foucault, *Andere Räume*, S. 44.
322 Ruoff, *Foucault-Lexikon*, S. 174.

einem Live-Video zu verwechseln: Bei dem Musikvideo mit Live-Performance wird das Musikstück nachträglich hinzugefügt und nicht das Audio der Originalaufnahme verwendet. Auch wird das Material nicht in Echtzeit gezeigt. Diese Performance kann für sich stehen oder durch das Implementieren szeneimmanenter Symbole, Gesten und Narrationen erweitert werden.

- Die inszenierte Live-Performance (Kapitel 5.3): Hierbei wird, unter Studiobedingungen, eine Live-Performance nachgestellt. Es kann sich aber auch um die Inszenierung einer Proberaumsituation handeln. Es ist allerdings nicht immer eindeutig, ob die Performance live oder nachgestellt ist. Trotzdem bleibt die Aufführungsikonografie erhalten. Publikum ist meistens nicht vorhanden.
- Die Performance ohne Realbezug (Kapitel 5.4), aber an Orten, die im Sinne einer Heterotopie zu betrachten sind: Es findet eine Performance als Band statt, die aber an einen anderen Gegenort transferiert wurde.
- Die Dokumentation der szeneimmanenten Gegenorte (Kapitel 5.5): Der dokumentarische Stil dient der Darstellung von Gegenorten in der Realwelt.

5.2 Live-Performance

Das Musikvideo zu dem Song *The Glorious Rise of Flames* (2003) der Band Blodsrit zeigt eine Live-Performance, die um szeneimmanente Bildinhalte erweitert wurde. Das Musikvideo findet somit auf zwei voneinander getrennten Ebenen statt. Die Performanceebene zeigt die Band auf einer Bühne. Das Publikum ist nicht sichtbar. Die Aufnahmen der Performance zeigen in verschiedenen Einstellungsgrößen die Musiker mit ihren Instrumenten; sie tragen *corpse paint* und dunkle Kleidung. Der Bühnenraum wird mit blauen und roten Scheinwerfern beleuchtet. Nebel ist ein weiteres Gestaltungsmerkmal. Das Musikvideo beginnt, ohne Intro oder etablierende Aufnahme des Aufführungsbereichs, mit der Live-Performance von Blodsrit. Nach kurzer Zeit wird das Bandlogo eingeblendet, und die vorherige Aufnahme verschwindet. Das Logo, welches ein Pentagramm und zwei umgedrehte Kreuze in die Schrift eingewoben hat, wird vor schwarzem Hintergrund gezeigt. Innerhalb der Konturen des Logos lodern Flammen. Obwohl die Einstellungsgrößen variieren, ist der Aufführungsort nie in einer totalen Ansicht zu sehen. Der Boden der Bühne sowie die Begrenzung des Raumes durch Wände oder die Erhöhung des Bühnenbereichs bleiben außerhalb des Darstellungsbereichs. Die Einteilung und Begrenzung des Raumes wird durch die lichtgebenden Objekte, durch die Instrumente, Verstärker und Ständer sowie durch die Musiker selbst erreicht. Der Raum ist, obwohl er durch Beleuchtung und Nebel Darstellungen des anderen Ortes ähnelt,[323] ein endlicher, begrenzter Raum. Es können also gleiche Raumdarstellungsmerkmale eine gänzlich andere Bedeutung aufweisen, die sich in der Subjekt-Objekt-Raum-Relation zeigen und diesen verborgenen Raum markieren bzw. be- oder entgrenzen. Aber auch zeitliche Modifikationen unterscheiden die Darstellung der beiden Raumgattungen: Während am anderen Ort zeitliche Abläufe, beispielsweise durch Montage und Slow Motion, geschaffen und verändert werden, wird die Performance im heterotopischen Raum an reale Zeitabläufe gebunden, das heißt die Inszenierung versucht, den »Realitätsgehalt« einer Live-Performance zu transportieren.

Der Verzicht auf Aufnahmen, die das Publikum zeigen, suggeriert, dass das gemeinschaftliche Konzerterlebnis für die Darstellung nicht wichtig ist, sondern der Fokus alleine auf die Band gerichtet ist. Unter stroboskopartigem Licht wird die zweite Ebene eingeführt, die sich mit der Performanceebene abwechselt. Zunächst wird ein Kreuz gezeigt, um dann die Protagonistin zu etablieren, die mit roten Augen in die Kamera blickt. Diese Aufnahme wird mit der Performanceebene überblendet. Während die erste Ebene die Band zeigt, dient die zweite dazu, das Musikvideo in einer vermeintlich okkulten Bildwelt zu verorten. Die in der zweiten Ebene gezeigten Räume sind ebenfalls als Heterotopie klassifizierbar, in denen die alltägliche Norm außer Kraft gesetzt wird, wie der Friedhof und der dunkle Raum, in dem die weibliche Person ihr Ritual vollzieht. Die zweite Ebene wird durch das Einblenden roter Symbole erweitert, die, ähnlich wie das Pentagamm, das als Kette um den Hals der Protagonistin hängt, der szenespezifischen Verortung dient.

Auch das Musikvideo von Dissection zu *Where the Dark Angels Lie* verbindet die Aufzeichnung eines Konzertes der Band mit einer zweiten Darstellungsebene. Das Bühnenbild der Live-Performance ist, wie beim vorherigen Musikvideo, von blau-rotem Licht und Nebel geprägt. Auch wird der Raum der Bühne durch Objekte, wie Verstärker, Schlagzeug, Scheinwerfer und Mikrofonständer sowie durch die performenden Subjekte begrenzt und als endlicher Raum definiert. Bei den Aufnahmen ist das Publikum sichtbar, was als Realismusindikator zu werten ist, ohne es jedoch in einer Nahaufnahme oder

---

323 Vgl. Abbildung 23 aus Satyricons *Mother North* mit Blodsrit.

losgelöst von der Bandperformance hervorzuheben. Der Performance wird wiederum eine ästhetisch-inszenatorische Ebene entgegengesetzt, welche, ästhetisch hoch artifiziell, eine Art Ballett zweier blass geschminkter Frauen zeigt. Die zwei nicht zusammenhängenden Darstellungsbenen, die durch Überblendungen verbunden werden, weisen keine ästhetischen oder inhaltlichen Überschneidungen auf. Auffallend ist an dem Video von Dissection, dass die zweite Ebene mithilfe eines Bilderrahmens die erste einrahmt.

5.2.1 Der Rahmen als raumgebende Entität

»Art is limitation; the essence of every picture is the frame.«[324]

Der Rahmen als Begrenzungs- und Raumerzeugungsmedium – zur Stilisierung und Sichtbarmachung der Konstruktion von Bildern und Bildinhalten – findet in vielen Videos des Black Metal Verwendung. Die Funktion des Rahmens ist es, durch die Begrenzung eine subjektive Sicht auf die Unbegrenztheit der Welt innerhalb der Begrenzung des Bildes zu ermöglichen – quasi eine doppelte Kadrierung.[325] Zudem dient die Rahmung einer eigenen Ästhetik. In Immortals Musikvideo *Grim and Frostbitten* bildet der eisige Rahmen um die Performance der Band im Weiß des Schnees eine Intensivierung des Natur- und Kältethemas. Genau wie das männliche Subjekt, das in diesem Naturraum zu überleben und sogar zu performen vermag, wird auch der Bildbereich durch die Kälte beeinträchtigt und schafft es ebenfalls, dem Erfrieren zu widerstehen. Nicht nur die Band ist in der Natur verortet, das Bild selbst ist vor der Kälte nicht geschützt. In Burzums Musikvideo *Dunkelheit* dient der Rahmen dazu, den Naturraum in einen okkult-nordischen Zusammenhang zu stellen. Auch andere Musikvideos zeigen die Wichtigkeit des Rahmens zur Verstärkung der Verortung und als Verbindungsglied zwischen Raum und männlichem Subjekt. Der säulenförmige Rahmen bei Emperors *The Loss and Curse of Reverence* unterstützt die Performance ritterlicher Männlichkeit und fügt sie dem Darstellungsrepertoire des Bildes hinzu. Der Rahmen selbst ist hier ein (ausgehöhltes) Bild, welches sich in das Referenzspektrum der Darstellungsebene einfügt bzw. es stützt. Der Rahmen als ästhetische Verzierung kommt in dem Musikvideo *Burn at His Altar* von Beastcraft zum Tragen. Der Clip, der die Performance der Band in einem

---

324 Chesterton, *Orthodoxy*.
325 Kadrierung ist die Festlegung eines »relativ geschlossenen Systems, das alles umfasst, was im Bild vorhanden ist – Kulissen, Personen, Requisiten«. (Deleuze, *Das Bewegungsbild*, S. 27.)

dunklen Raum mit alten Schwarz-Weiß-Filmaufnahmen mischt, wird von einer Art Störbild aus zerrissenem Weiß gerahmt. Die Rahmenstruktur verstärkt den Eindruck einer »Ästhetik des Hässlichen« und der »Verrottung«, ohne selbst thematisch an die Darstellungsebene gebunden zu sein oder sie in einen anderen Sinnzusammenhang zu stellen.

Der Rahmen im Musikvideo von Dissections *Where the Dark Angels Lie* begrenzt anfangs die erste Bildebene, dann dient er als Begrenzung innerhalb der zweiten Ebene und macht die dargestellten Subjekte in ihrer Inszenierung zum Bild bzw. zum Bild im Bild (bezogen auf das Medium Video). Die Inszenierung einer Bühnensituation wird dadurch als solche erkennbar gemacht – einerseits durch die Rahmung, andererseits durch den sichtbaren Vorhang im Hintergrund, der den Theater-/Bühnenraum begrenzt.[326] Es fällt auf, dass der Rahmen nicht in unendlichen Räumen als begrenzendes Mittel eingesetzt wird, sondern in Räumen, die durch die Begrenzung des Raums bereits strukturiert sind – der endliche Raum wird somit doppelt begrenzt. Während eine Rahmung dem unendlichen Raum (zum Beispiel den anderen Ort) Ambivalenz und Diffusität nehmen würde, so wird im endlichen Raum (zum Beispiel in der Heterotopie) gerade die Begrenztheit betont und gleichzeitig auf die die Künstlichkeit der Inszenierung verwiesen. Die Rahmen orientieren sich an den ästhetischen Voraussetzungen innerhalb des Bildes und intensivieren diese dadurch. Die so erreichte Intensivierung des jeweiligen Raums dient ebenso der Darstellung archaischer Männlichkeit, welche sich über den Raum und gleichzeitig den Raum selbst definiert. Der Rahmen als Medium zur Raumerzeugung/-begrenzung findet sich in Musikvideos verschiedener Raumtypen. Während beispielsweise bei Dissection Ausschnitte einer Live-Performance verwendet wurden, um die Band zu zeigen, gibt es auch die Möglichkeit, eine Live-Performance unter Studiobedingungen nachzustellen.

5.3 Inszenierte Live-Performance

Für ein Musikvideo, das eine Live-Performance in Studioqualität nachstellt, kann *Carving a Giant* von der Band Gorgoroth als exemplarisch analysiert werden. Interessant ist bei diesem Clip auch, dass die Performance einem echten Live-Auftritt der Band nachempfunden wurde, der für ein szeneüber-

---

326 Foucault verweist auf das Theater als Heterotopie, in dem die alltägliche Norm außer Kraft gesetzt wird. (Vgl. Foucault, *Die Heterotopien/Der utopische Körper*, S. 11.)

greifendes, großes mediales Interesse sorgte. Die Performance, die als Vorlage für das Musikvideo dient, fand 2004 in Krakau, Polen, statt. Aufgrund der Verwendung von Tierblut, Schafsköpfen, satanischer Symbolik und vier nackten, gekreuzigten Personen als Bühnendekoration, wurde der Veranstalter verklagt und die Aufnahmen des Konzerts konfisziert.[327] Das Musikvideo, welches 2007 diesem Auftritt nachempfunden wurde, macht sich dieses mediale Interesse zunutze und sorgt so für eine Art Doppelbefruchtung der medialen Repräsentation: Ein Auftritt erzeugt mediale Aufmerksamkeit, welche wiederum dafür sorgt, dass ein Video aufgenommen wird, welches die gewonnene Aufmerksamkeit weiter nutzbar macht.

Der gezeigte Raum ist, im Sinne einer Heterotopie, als utopischer (besser: dystopischer) Gegenentwurf zu beschreiben, um der »Wirklichkeit etwas entgegen(zu)setzen«[328]. Dieser Raum besteht aus einer Bühne, welche rechts und links durch jeweils zwei gekreuzigte, nackte Körper, im unteren Bildbereich durch den mit Stacheldraht versehenen Bühnenboden und im oberen Bildbereich durch eine Beleuchtungstraverse begrenzt wird. Die Hintergrundebene, vor der sich der Bühnenbereich befindet, wirkt wie ein Höhlenraum, welcher nur in der Tiefe begrenzt scheint, nach rechts und links sowie nach oben hin unbegrenzt ist. Auf der Bühne befinden sich insgesamt vier gekreuzigte, nackte Körper (zwei weibliche und zwei männliche), welche symmetrisch über die Bühnenfläche verteilt sind: rechts und links am Bühnenrand sowie im hinteren Bereich, rechts und links das Schlagzeug eingrenzend, welches sich in der Bühnenmitte befindet. In den durch die vier Körper entstandenen drei Zwischenräumen sind die Musiker platziert. Ein weiteres strukturierendes Bühnenelement sind die in regelmäßigen Abständen aufflammenden, pyrotechnischen Effekte. Die Band ist schwarz gekleidet, trägt *corpse paint* sowie Nieten und Patronengürtel. Als Kontrast dazu und zur schwarzen Bühnenfläche stehen die vier nackten Körper, die, genau wie die hellen Flammen der pyrotechnischen Effekte, dem Raum seine symmetrische Struktur verleihen. Die Mitte des Bühnenbodens ist gesäumt von nackten, blutverschmierten Leibern, welche die vorher etablierte Raumstruktur brechen. Die Körper, die durch ihre helle Nacktheit die schwarze Bekleidung der Musiker kontrastieren, haben also zwei Funktionen. Sie sind einerseits strukturgebendes Element, andererseits Bruch eben dieser Struktur. In

---

327 Die Verbindung von nackten, gemarterten Körpern steht in einer langen Tradition der Performance von Rock-Musik/Heavy Metal. Vgl. beispielsweise Konzerte von KISS, Alice Cooper oder W.A.S.P..

328 Ruoff, *Foucault-Lexikon*, S. 174.

beiden Fällen dienen sie der Verortung in einer abseitigen, okkulten Bildwelt, die den Raum der Performance erweitert bzw. der schon bestehenden
Ästhetisierung zuarbeitet. Dabei spielt es keine Rolle, ob es sich um einen
weiblichen oder männlichen Körper handelt. Es gibt nur die Unterscheidung: aktiver Körper (performendes Subjekt) – passiver Körper (strukturierendes Objekt/Ornament). Hier zeigt sich, dass es im Allgemeinen weniger
um das Erniedrigen von Weiblichkeit als solcher geht als vielmehr um die
Überhöhung der männlichken, aktiven Subjekte.

Der Bühnenbereich ist losgelöst von der üblichen Umgebung, welche
meist eine Halle, einen Club oder einen Proberaum und das teilnehmende
Publikum zeigt. Es findet, wie auch durch die nackten Körper symbolisiert,
eine Neuverortung statt, welche so einen neuen Raum generiert sowie die
ästhetischen Möglichkeiten der Band-Performance erweitert. Die inszenierte
Live-Aufnahme vermag durch technische Professionalität und das Einfügen
einer zweiten Darstellungsebene in die Performanceebene das Bildrepertoire
ganz anders einzusetzen als die »echten« Live-Aufnahmen, die sich eher
durch schlechte Lichtverhältnisse und »Einstellungseinfältigkeit« auszeichnen. Die »reine« Live-Performance ist für die Darstellung des (Bild-)Stils des
Black Metal nicht genug: Es werden immer Referenzen hinzugenommen,
die sich den klassischen Rock-Codes entziehen. Die Stilisierung von Kleidung, Habitus und Verortung sind von höchster Wichtigkeit für die Darstellung archaischer Männlichkeit. Die Realitätsnähe der Bandperformance ist
von geringer Bedeutung. Die Inszenierung des Stils ist der Geste des Realen
(Live-Auftritte, musikalische Virtuosität) vorangestellt. Es handelt sich folglich um das *reenactment* einer Live-Performance.

5.4 Performance ohne Realbezug

Während die inszenierte Live-Performance einen Auftritt innerhalb des Büh-
nenkontexts nachzustellen versucht und damit diesen Kontext erweitert, löst
sich die Performance ohne Realbezug[329] gänzlich aus diesen, für die Rockmusik klassischen Darstellungsparadigmen. Die Orte, an die die Performances

---

329 »Realbezug« meint hier den Zusammenhang von performendem Subjekt und seiner Verortung. Die Räume an sich können einen Realitätsbezug aufweisen. Jedoch sind sie unty-
pisch für eine Bandperformance.

transferiert werden, sind ebenfalls im Sinne einer Heterotopie zu betrachten und im Sinne der Ikonografie des Black Metal gewählt.

»Seither bilden die Friedhöfe nicht mehr den heiligen und unsterblichen Bauch der Stadt, sondern die ›andere Stadt‹, wo jede Familie ihre schwarze Bleibe besitzt.«[330]

In dem Musikvideo *Segunda Muerte* performt die Band Cryfemal am helllichten Tag in dieser »anderen Stadt«.[331] Die Band ist zwischen den grauen Gräbern eines steinernen Friedhofs positioniert und behält die für eine Bühne typische Anordnung bei. Die performenden Subjekte sind schwarz gekleidet, tragen *corpse paint* und Nietenverzierungen. Im Vordergrund des linken Bilddrittels ist ein Kreuz vor einem Grabstein zu sehen. Die Graberhöhungen und Grabsteine begrenzen den Raum der Performance und übernehmen die Rolle der begrenzenden Bühnenobjekte, ebenso wie Verstärker und Ständer. Das Video weist zwei zu unterscheidende Ebenen auf. Zum einen die Performanceebene, in der die Band agiert, zum anderen eine Ebene mit szeneimmanentem, okkultem Bildinhalt. Die Band agiert entweder als gesamte Band in typischer Formation, als Einzelpersonen mit Instrumenten oder anderen Werkzeugen/Waffen oder in der Horde, die sich den Friedhof aneignet.

5.4.1 Die Doppelcodierung der anderen Stadt

Der Raum an sich stellt bereits einen Todesbezug her. Die Einzelperformances ohne Instrument dienen der bildlichen Distanzierung von klassischen Verhaltensparadigmen auf Friedhöfen. Wurde die Stille des Friedhofs bereits durch den musikalischen Auftritt der Band »geschändet«, so wird hier deutlich, dass der Respekt gegenüber diesem Raum nicht gewahrt werden soll. Der Raum des Friedhofs ist also doppelt codiert und in zweierlei Hinsicht nutzbar: Erstens ist der Friedhof an sich bereits die »andere Stadt«,[332] ein Ort, der außerhalb liegt und somit von Interesse ist, um sich selbst außerhalb gesellschaftlicher Normen zu positionieren.[333] Gleichzeitig wird dieser Ort ohne Rücksicht auf Traditionen behandelt, indem die Horde mit Waffen und Schaufeln über den Friedhof zieht, um sich wiederum außerhalb der mit dem Ort verbundenen Paradigmen zu positionieren. Der Gegenort im Sinne Foucaults wird

---

330 Foucault, *Andere Räume*, S. 42.
331 Ebd.
332 Ebd., S. 42.
333 Vgl. die Affinität der schwarzen Szene zu Friedhöfen.

gleichzeitig zum gegenkulturellen Raum. Nach Martina Löw unterscheiden sich gegenkulturelle Räume »von Heterotopien insofern, als ihnen eine strukturimmanente Illusions- oder Kompensationsaufgabe zufällt, wohingegen gegenkulturelle Räume aus einem widerständigen Handeln hervorgehen«[334]. Das Musikvideo von der Band Cryfemal verbindet beides innerhalb eines Raumes, der so gleichzeitig zu vielen Räumen an einem Ort wird.

Dem Ort des Friedhofs, dessen räumliche Bedeutung innerhalb verschiedener Darstellungszusammenhänge variiert – Bühne, Ort des Außerhalb, Ort christlicher Tradition, Ort christlicher Ikonen – und der als endlich, im Sinne einer Heterotopie, zu beschreiben ist, wird ein unendlicher Raum (der andere Ort) gegenübergestellt. Dieser Raum dient, in seiner Unbeschriebenheit/Uncodiertheit, als Hintergrund der Selbstdarstellung des männlichen Subjekts in typischer Pose und Kleidung. Die Inszenierung entspricht den anderen Musikvideos und deren Darstellungen archaischer Männlichkeit am anderen Ort. Der unendliche Raum bildet die Gegenposition zur Heterotopie und erfüllt doch das gleiche Prinzip:

– das Subjekt durch den Raum entstehen zu lassen (durch Relation zum Bedeutungszusammenhang des Raumes).
– den Raum durch das Subjekt entstehen zu lassen (der unbeschriebene Raum wird durch das Subjekt in einen bestimmten Bedeutungszusammenhang gestellt).

5.4.2 Die Horde als Formation von Männlichkeit im Raum

Die Formation männlicher Subjekte, die in dem Musikvideo von Cryfemal über den Friedhof zieht, kann als Horde beschrieben werden, weil sie »weder einer klassisch tänzerischen, noch einer geordneten militärischen Formation«[335] entspricht – vielmehr wird hier »die unzivilisierte vormoderne Form der ungeordneten Horde für die Inszenierung von männlicher Kraft gewählt«[336]. Hier ist die Unterscheidung zwischen Masse und Meute von Elias Canetti hilfreich, um die Gruppenbildung archaischer Männlichkeit begrifflich zu verorten.[337] Zu den Eigenschaften der Masse gehören »eine gro-

334 Löw, *Raumsoziologie*, S. 186.
335 Richard/Grünwald, *Horde und Kriegsrevue?*
336 Ebd.
337 Vgl. Canetti, *Masse und Macht*.

ße Quantität, Teilbarkeit und Gleichheit ihrer Mitglieder, Konzentration, die Sozialibität des Ganzen, Ein-Weg-Hierarchie, Organisation von Territorialität und das Aussenden von Zeichen«[338], während zu den Eigenschaften einer Meute »Kleinheit oder Begrenztheit der Zahl, Zerstreut-Sein, unteilbare variable Abstände, qualitative Metamorphosen, Ungleichheiten als Reste oder Befreiungen, Brownsche Richtungsvielfalt, Deterritorialisierungslinien« und die »Projektion von Partikeln«[339] gehören[340]. Canettis Beschreibung, dass in der Meute jeder allein bleibt und trotzdem mit den anderen zusammen ist, passt zu der Gruppenbildung archaischer Männlichkeit, wie in dem Musikvideo erkennbar wird. Der Begriff der Meute und der Begriff der Horde lassen sich synonym verwenden. Hier soll jedoch der Horde-Begriff benutzt werden, weil er einen direkten Bezug zum Black Metal und dessen Gruppenverständnis aufweist: Die Black-Metal-Band Immortal hat Beispielsweise Songtitel wie: *Hordes to War* und *A Sign for the Norse Hordes to Ride*. Zudem gibt es diverse Gruppen in der Szene, die ihren Zusammenschluss als Horde bezeichnen.

Die Konstellationen in der Horde wechseln ständig, jeder befindet sich an der Peripherie und der Anführer spielt »Zug um Zug, er muss bei jedem Zug immer wieder alles aufs Spiel setzen, während der Führer der Masse das Gewonnene konsolidiert und kapitalisiert«[341]. In der Horde dient die Position des Anführers nicht der Förderung des Stärksten, sondern eher dem Versuch, durch ein »Geflecht von immanenten Beziehungen [...] die Entwicklung stabiler Kräfte«[342] zu verhindern.[343] Wenn in den untersuchten Musikvideos Formationen von Männlichkeit gezeigt werden, erzeugen diese die Position des Äußeren und des Zerstreut-Seins. Es geht nicht um die Repräsentation einer Masse, die durch Gleichheit zu einem Ganzen wird, sondern um eine Unbeständigkeit, die dem einzelnen Subjekt Individualität lässt und gleichzeitig raumeinnehmend agiert.

---

338 Deleuze/Guattari, *Tausend Plateaus*, S. 307.
339 Ebd., S. 52.
340 Meute und Masse sollen jedoch nicht als Dualismus gegenübergestellt werden, weil sie »manchmal gegensätzlich sind und sich manchmal durchdringen«. Ebd., S. 52.
341 Canetti, *Masse und Macht*, S. 52.
342 Deleuze/Guattari, *Tausend Plateaus*, S. 491.
343 Die Horde positioniert sich als etwas Äußeres, als etwas, dass sich »von allen Formen des Staatsapparates oder ihm entsprechenden Institutionen [...] unterscheidet«. (Ebd., S. 491.) Genau dieses Äußere beschreiben Deleuze und Guattari als »Kriegsmaschine«. Diese ist vom Staat unabhängig, liegt außerhalb seiner Souveränität und steht über seinem Gesetz – die Kriegsmaschine »kommt von woanders«. (Ebd., S. 483.)

5.5 Dokumentarischer Stil

Ein weiterer Typ des heterotopischen Raums im Musikvideo ist die Darstellung von Gegenorten innerhalb der Realwelt im dokumentarischen Stil. Dieser Darstellungsstil ist nicht mit den gängigen Tour-Dokumentationsclips zu vergleichen, die eine homogene Mischung aus Live-Aufnahmen und Backstage-Dokumentation verbinden, um so den Musiker zu personalisieren bzw. das vermeintlich »wahre Gesicht« des Musikers und dessen Lebensumstände zu zeigen. Die im Black Metal präsentierten Räume im dokumentarischen Stil unterscheiden sich weniger durch ästhetische Andersheit von den vorher analysierten Räumen und deren Darstellungsweisen als durch den Versuch, einen Realitätsgehalt zu vermitteln. Nur die Kombination des Videomaterials gibt dem Clip den dokumentarischen Charakter. Das Beispielvideo *Too Old Too Cold* der Band Darkthrone ist inszenatorisch sowie in der technischen Umsetzung einfach gehalten. Es entsteht der Eindruck einer Aneinanderreihung scheinbar spontan entstandener Aufnahmen. Es sind verschiedene Darstellungsräume und Ebenen auszumachen: Drei der gezeigten Darstellungsebenen zeigen die beiden Musiker von Darkthrone, drei weitere Ebenen sind menschenleer. Die gezeigten Räume sind Naturraum, Friedhof und Proberaum – also für das Black-Metal-Musikvideo weitgehend typische Räume, die allerdings hier, durch Montage und technische Spezifika, in einem anderen Kontext zu sehen sind. Die Räume sind allesamt als Heterotopien zu bezeichnen. Der Naturraum kann dann auch Teil der Heterotopie sein, wenn er zeitlich verortet ist sowie zeitlich auf gleicher Stufe mit den anderen Räumen steht und sich in deren Darstellungsmuster eingliedert – es muss also ein Realitäts- und Gegenwartsbezug gegeben sein. Der hier gezeigte menschenleere Naturraum ist in seiner Darstellung mit den Musikvideos anderer Darstellungstypen vergleichbar, zum Beispiel mit Burzums *Dunkelheit.* Es werden ein Wald und ein Friedhof – beide mit intensivem Gegenlicht – gezeigt. Diese Aufnahmen werden jedoch mit solchen überblendet und gegengeschnitten, die die Bandmitglieder, scheinbar ohne bewusst inszenierte Performance oder die, für den Black Metal typischen Insignien wie *corpse paint* oder übergroße Nieten, zeigen. Statt die Band in einer Bühnensituation zu zeigen, wird die musikalische Performance auf eine kurze Aufnahme in Slow Motion reduziert, die die beiden Musiker in einer Proberaumsituation zeigt. Die Spontaneität der Darstellungen wird durch die ungleichmäßige Führung der Handkamera, die sich als ästhetisches Mittel durch den ganzen Clip zieht, unterstützt.

In dieser Clipkategorie der räumlichen Verortung wird nicht die Konstruktion des Bildes sichtbar gemacht (wie durch den Rahmen geschehen), sondern die Kamera, die diese Bilder aufnimmt, wird als solche entlarvt und wahrnehmbar gemacht. Beispielsweise zeigt die letzte Einstellung des Musikvideos von Darkthrone ein Bandmitglied, wie es mit einem Stock in Richtung Kamera schlägt: Die Kamera wird als solche wahrgenommen, was für den dokumentarischen Charakter als Stilmerkmal des Clips von entscheidender Wichtigkeit ist. Deleuze weist darauf hin, dass das Off auf das verweist, »was man weder hört noch sieht und was trotzdem völlig gegenwärtig ist«[344]. Diese These hat allerdings nur Bestand, wenn ein direkter Verweis auf etwas, dass sich im Off befindet, vorliegt – wie hier die Kamera oder bei einer extremen Naheinstellung der nicht-sichtbare Bereich des angeschnittenen Gesichts. Die Situation des hier beschriebenen Bildes im dokumentarischen Stil ist entscheidend anders als bei dem bewussten Erzeugen eines inszenierten Bildes, bei dem der Blick auch in Richtung der Kamera gerichtet ist, sie aber nicht Teil der Inszenierung wird, wie beispielsweise bei Cryfemal. Bei Cryfemal ist kein Off gegeben, also nichts innerhalb der Kadrierung oder an ihren nicht-sichtbaren Rändern, an das sich der Blick des männlichen Subjekts richten könnte.

---

344 Deleuze, *Das Bewegungsbild*, S. 32.

6. Filmraum

Der filmische Raum ist ein fremdbeschriebener Raum, der sich häufig direkter Referenzen bedient bzw. dessen Referenzen Raum und Subjekt innerhalb typischer Darstellungsmuster der Ästhetik des Fremdmediums Film liegen: »Film« wird hier als ästhetische Kategorie gedacht und nicht als technisches Medium. Der filmische Raum ist meist im Sinne einer Heterotopie zu verstehen, erstens, weil er ein begrenzter Raum ist, und zweitens, weil er auf einen oder mehrere andere Räume verweist und somit zu einer Art Bühne wird. Innerhalb dieses Raums entfernt sich das männliche Subjekt am weitesten von szenetypischen Darstellungsmustern. Auch die anderen Raumtypen (anderer Ort, Naturraum, Heterotopie und Raum mit dokumentarischem Charakter) verweisen auf Räume, die durch Filme etabliert und stereotypisiert wurden. Beim filmischen Raum jedoch werden auch die Subjekte transformiert und aus dem szenetypischen Kontext genommen. Es werden neue Typen archaischer Männlichkeit geschaffen, die sich mehr am/ im Raum als an szenetypischen Stil- und Inszenierungsparadigmen orientieren. Das performende Subjekt wird neu positioniert und steht teilweise nicht mehr nur alleine im Mittelpunkt. Es fällt auf, dass Bands, deren Musikvideos vor allem in filmischen Räumen stattfinden, bereits vorher schon nicht mehr klassischen Szenestereotypen entsprochen bzw. einen anderen Inszenierungsstil des Black Metal etabliert haben. Der szenetypische Bezug wird dadurch erhalten, dass der Raum mit szenetypischen Verweisen aufgeladen wird, sodass das Subjekt anderen Darstellungsparadigmen entsprechen kann, ohne zwingend den Szenebezug zu verlieren. Ein filmischer Raum kann auch dann vorliegen, wenn die filmischen Elemente die musikalische Performance überlagern, das heißt ihnen ein wichtigerer Darstellungsbereich zukommt. Es gibt verschiedene technische und ästhetische Strategien relativer und direkter Referenzen, um einen Filmbezug herzustellen, die sich teilweise auch in der Verbindung mit einer narrativen Handlung manifestieren, wenn diese auch meist auf ein Minimum reduziert ist. Der filmische

Raum ist, im Vergleich mit anderen Raumtypen, in der Lage, direkte Referenzen herzustellen.[345]

6.1 Direkte Referenz im filmischen Raum

Ein Musikvideo, das sich einer direkten Bildreferenz bedient, ist beispielsweise *Babalon AD (so glad for the madness)* von der Band Cradle Of Filth. Das Video ist eine Hommage an Pier Paolo Pasolinis Film *Die 120 Tage von Sodom*[346] und verbindet zwei Handlungsebenen sowie zwei technisch-mediale Ebenen. Die beiden Handlungsebenen beschreiben Handlungsstränge, die während des Musikvideos immer mehr konvergieren. Die erste Handlungsebene zeigt eine junge Putzfrau, die in einer Toilette eine Videokamera findet. Sie schaut sich die darauf befindlichen Aufnahmen an und wird so zum observierenden Subjekt der zweiten Handlungsebene. Diese zweite Handlungsebene zeigt die Band Cradle Of Filth, schick gekleidet, in einer Art leerem Ballsaal, wie sie systematisch circa zehn in Unterwäsche gekleidete junge Männer und Frauen missbraucht und erniedrigt. Der Sänger der Band gibt Befehle mit einem Megafon. Die fast unbekleideten jungen Männer und Frauen tragen jeweils eine Nummer auf dem Unterhemd und hocken nebeneinander aufgereiht vor ebenfalls nummerierten, weißen Nachttöpfen. Ein gut gekleidetes Paar tanzt zum Klavierspiel eines Mannes, während die anderen anwesenden Personen dem erniedrigenden Geschehen entspannt folgen. Entsetzt schaut die Putzfrau das Geschehen in der Kamera an. Sie erlebt diesen Akt der Erniedrigung durch den subjektiven Blick der Kamera bzw. durch die Person, die die Kamera bedient. Die Person des *point of view-shots* verbirgt sich und beobachtet. Eines der männlichen Bandmitglieder hat ebenfalls eine Kamera, mit der es die Opfer aufnimmt, allerdings aus einer überlegenen Position heraus, die sich in der extremen Nähe der Einstellungen zu den Opfern manifestiert. Die nur durch das technische Medium teilhabende Putzfrau folgt dem Kamerablick der sich verbergenden Person, die sich plötzlich mitten innerhalb des Geschehens wiederfindet. Der Blick der entdeckten Person rast durch den Raum, fokussiert kurz die anderen Personen und schaut schließlich in einen Spiegel, den der Sänger der Band in den Händen

---

345 Im Gegensatz zu Darstellungen des Black Metal im Naturraum, die nur relative Referenzen aufweisen.

346 Pasolini, *Die 120 Tage von Sodom.*

hält. Das Spiegelbild zeigt die Putzfrau. Sie trägt Unterwäsche und blickt mit weitgeöffneten Augen über ihre Kamera hinweg auf ihr Spiegelbild.

Die beiden technisch-medialen Ebenen dienen der ästhetischen Differenzierung zwischen dem subjektiven Blick eines *point of view-shots* und einer überblickenden objektiven Kamera. Die Aufnahmen der überblickenden objektiven Kamera sind im Widescreen-Format aufgenommen, und die brillante Aufnahmequalität verweist auf das Medium Film. Diese Ästhetik soll als Filmbild bezeichnet werden. Der *point of view-shot* hingegen ist bildschirmfüllend, weist eine leicht rötliche Färbung auf und verweist in seiner Beschaffenheit auf eine Videoästhetik: Diese ästhetische Form soll als Videobild bezeichnet werden.[347]

Die erste Handlungsebene findet im Filmbild ihr Darstellungsparadigma. Diese übergeordnete Ebene, in die die zweite eingebettet ist, ist eine Zuschauerebene, in der die Handlung, auf ein Minimum reduziert, aus Nahaufnahmen zweier beobachtender Subjekte besteht: erstens die Putzfrau, die durch ihren Blick in den Sucher der Videokamera die zweite Handlungsebene sichtbar werden lässt, und zweitens der Sänger der Band, dessen zuschauender Blick eine übergeordnete beobachtende Position innehat und scheinbar gleichzeitig aus großer Distanz auf das gesamte Geschehen blickt und direkt daran teilhat. Hier kann also von zwei Ebenen des Zuschauens gesprochen werden:

- das passive Zuschauen der Putzfrau, deren Position innerhalb dieser Handlungsebene auf verängstigte Blicke reduziert ist und
- der bestimmende Blick des Sängers.

Während die Putzfrau klar verortet ist, bleibt der bestimmende Blick des Sängers an einem nicht-definierten, einem anderen Ort, der durch die Nähe der Aufnahmen zum Gesicht und durch Tiefenschärfe unsichtbar wird und nur noch einen Grauverlauf als Hintergrundfläche erahnen lässt.

Die zweite Handlungsebene, die durch das Videobild seine Darstellungsästhetik findet, wird nur durch den subjektiven Kamerablick der beiden Personen, die die Videokamera benutzen, gezeigt. Dadurch wird auch nur sichtbar, was die jeweilige Person sieht. Die beiden Kameras, durch die der subjektive Blick erzeugt wird, werden innerhalb der Handlungsebene sichtbar: erstens indem die eine Kamera (die der sich verbergenden Person), die andere aufnimmt, und zweitens indem der Person ein Spiegel vorgehalten wird, in dem sich die Person, aber auch die Putzfrau diese Person sieht, die

---

347 Die Bezeichnungen »Filmbild« und »Videobild« verweisen nur auf ästhetische Koordinaten, in denen diese verortbar sind. Sie bezeichnen nicht das Aufnahmematerial.

sie selbst ist. Durch die Sichtbarkeit der beiden Videokameras wird das Medium selbst zum Thema und schafft gleichzeitig Distanz und Nähe: Distanz über den Blick durch die Kamera und Nähe über das Involviertsein der Rezipientin in das Geschehen, welches sich innerhalb der Welt der Kamera abspielt. Die beiden technisch-medialen Ebenen unterscheiden sich nicht nur in ihrer ästhetischen Beschaffenheit und der typischen Einsatzweise – Film als narratives Medium und Video mit seinem dokumentarischen Charakter –, sondern strukturieren auch die Handlungsebenen bzw. deren Abläufe. Die erste Handlungsebene als filmisch-ästhetische Ebene bildet die Rahmenhandlung und etabliert die Hauptcharaktere: die weibliche Protagonistin und den Sänger der Band, der in den Nahaufnahmen seine Lippen synchron zur Musik bewegt. Die zweite Ebene ist in die erste eingebettet. Weil das Filmbild mit der ersten und das Videobild mit der zweiten Handlungsebene korrelieren, können die beiden ästhetischen Formen gegenübergestellt werden und dienen so der Narration bzw. bestimmen diese mit. Zu einem Bruch dieser dichotomen Darstellungsweise kommt es in einer Szene, in der auch das Filmbild als Inszenierung sichtbar wird: Die in der zweiten Handlungsebene entdeckte Person – die Putzfrau – wird von zwei Wachleuten gewaltsam auf einen Stuhl gesetzt und festgehalten. Diese Aufnahmen variieren zwischen der subjektiven Kamera, die der Frau abgenommen wird und die nun vom Boden aus weiterfilmt, und zwischen dem Filmbild, welches vorher nur in der ersten Handlungsebene benutzt wurde. Die Verwebung der beiden Handlungsstränge und ihrer Protagonistin wird wiederum über die Vermischung von Film- und Videobild ästhetisiert. Plötzlich zeigt das Filmbild nicht nur die Frau, die auf dem Stuhl festgehalten wird, sondern auch Beleuchtungsutensilien und den Sänger der Band, der als Regisseur fungiert und ihr eine Aufnahmeklappe zwischen Kamera und Gesicht hält. Dieses Vermischen der Ästhetiken und das Sichtbarwerden des Filmbildes als filmische Inszenierung verweisen darauf, dass das narrative Medium »Film« reflexiv verwendet wird. Die direkte Referenz zur Filmvorlage wird nicht nur in den Bildern sichtbar, sondern das Medium als solches zum Thema.

6.1.1 Filmvorlage und medienadäquates Umsetzungsvermögen

Das Musikvideo von *Babalon AD (so glad for the madness)* bezieht sich dezidiert auf Pasolinis Film *Die 120 Tage von Sodom*. Der Film seinerseits bezieht sich auf das gleichnamige Buch des Marquis de Sade, er wurde aber in das Italien von

1944 transferiert. Der Film spielt in der Republik von Salo, einer faschistischen Republik in Norditalien, die unter der Protektion des Deutschen Reiches stand und deren Staatschef Benito Mussolini war. Die Protagonisten sind vier reiche und einflussreiche Faschisten, die beschließen, mit der Hilfe von einigen jungen, männlichen Kollaborateuren 18 Jungen und Mädchen zu entführen, um diese vier Monate lang zu missbrauchen, zu erniedrigen und schließlich nacheinander umzubringen. In die abgeschiedene Villa werden vier Prostituierte mittleren Alters eingeladen, um die Anwesenden mit biografischen Erzählungen erotisch zu stimulieren. Nach einer expliziten und langen Folter- und Hinrichtungsszene endet der Film mit zwei jungen Kollaborateuren, die das Geschehene mit angesehen haben und dann zusammen einen Walzer tanzen.

Abbildung 10: Die 120 Tage von Sodom *(1975). Screens JG.*

Abbildung 11: Cradle Of Filth Babalon AD *(2003). Screens JG.*

Das Musikvideo von Cradle Of Filth bedient sich nur einiger, visuell starker Schlüsselszenen, aus denen dann der Videoinhalt generiert wird. Es handelt sich um die Selektionsszene vom Anfang des Films, in der die vier Protagonisten die Jungen und Mädchen aussuchen, um die immer wiederkehrende Salonszene, in der alle Anwesenden (die vier Protagonisten, die Kollaborateure, die Prostituierten und die Jungen und Mädchen) den Erzählungen jeweils einer der Prostituieren zuhören, sowie um die Inspektionsszene, in der die Jungen und Mädchen ihren Nachttopf zeigen müssen, um zu beweisen, dass sie ihre Fäkalien für ein späteres Event noch nicht ausgeschieden haben.[348] Diese Schlüsselszenen werden im Musikvideo vom Handlungsstrang des

---

348 Dass der Raum, in dem sich die Putzfrau befindet, eine Toilette ist, verweist, ebenfalls auf den »Circle of Shit«, das heißt den Teil des Films, bei dem es um Fäkalien geht. (Vgl. www. imdb.com/title/tt0073650.)

Films gelöst, medienadäquat reinszeniert und in einen Raum transferiert, der sie zusammenführt. Der Handlungsort beschränkt sich auf den Ballsaal, der auch im Film der wichtigste Handlungsort ist. Die Nachtschüssel ist als Objekt im Musikvideo omnipräsent, während sie im Film nur eine beiläufige Rolle spielt. Ohne den Handlungsrahmen jedoch wird dieses Objekt im Musikvideo nur mit dem Wissen um die direkte Referenz zum Film eindeutig verständlich. Dieses Verständnis sowie der Bezug zu einem schlüssigen Handlungsrahmen sind jedoch nicht die Voraussetzung, um dieses Bildprogramm verstehbar zu machen. Die direkte Referenz verweist auf Bilder, die nicht in direktem Bezug zueinander oder zur Handlung einer Referenz in Beziehung stehen müssen. Die Bilder, die im filmischen Raum erzeugt werden, können somit auch für sich alleine stehen. Der Handlungsraum kann viele Handlungsräume der Referenz gleichzeitig darstellen bzw. ein Bildkonzentrat bilden, bei dem die Filmvorlage nur Bildvorlage ist, ohne Handlungsverläufe miteinzubeziehen. Das Musikvideo bedient sich des obszönen, erniedrigenden Impetus des Films, kann dessen Explizität aber nur andeuten. Somit müssen Räume zusammengelegt werden, um das Moment der Transgression, welches dem Film zu eigen ist, auf einem ästhetisch anderen Weg zu erzeugen. Hier wird die medienadäquate Aneignung des Bildmaterials sichtbar: Genau wie der Film aus der Buchvorlage etwas Neues kreiert, muss die Videointerpretation des Films etwas gänzlich Neues schaffen, um innerhalb dieses Mediums zu funktionieren. Dies wird auch über die Erweiterung der Handlungsebene erreicht, indem dem Referenzraum eine neue Ebene gegenübergestellt wird. Zudem macht das Musikvideo den Medientransfer über die Thematisierung und das Sichtbarwerden der technischen Medien selbst zum Thema.

In dem Musikvideo *I Am Legend* von Stormlord, um ein weiteres Beispiel zu nennen, wird das technische Medium ebenfalls thematisiert und als ästhetisches Mittel im Clip verwendet. *I Am Legend* bezieht sich auf den gleichnamigen Science-Fiction-/Horrorroman von Richard Matheson aus dem Jahre 1954, der dreimal verfilmt wurde.[349] Das Musikvideo nimmt das in der Buch- und Filmvorlage etablierte Zombie-Thema auf, ohne sich ansonsten auf die narrativen Vorgaben zu beziehen. Der Sänger von Stormlord performt zum Teil in einem leeren Kinosaal, während auf der Leinwand Bandperformance und Horrorsequenzen laufen. Auch wird der Filmprojektor im Close-up gezeigt und Störungen auf dem Filmmaterial als ästhetisches Mittel eingesetzt. Das Musikvideo verweist somit nicht nur auf das Zombie- und Horrorgenre, sondern vor allem auf das Zombie- und Horrorgenre als ein

---

349 *The Last Man on Earth; The Omega Man; I Am Legend.*

durch Bilder vermitteltes Genre. Die Aufnahmen des Filmprojektors verweisen zusätzlich auf das technische Medium, mit dem diese Bilder vermittelt werden – und das innerhalb eines zeitlichen Rahmens: Während im Musikvideo von Cradle Of Filth auch Videokameras gezeigt werden, ist es hier ein Filmprojektor, der erstens direkt auf den Vorführungsort des Kinos Bezug nimmt und gleichzeitig auf die Tradition des Films verweist, genau wie der Horrorfilm selbst, der hier in schwarz-weiß gezeigt wird. Die zeitliche Unbestimmtheit des Filmmaterials ist gleichzusetzen mit dem Filmprojektor und dem Filmgenre. Durch das Sichtbarmachen des technischen Mediums wird die Inszenierung als solche offen dargelegt.

6.1.1.1 Formen von Sichtbarkeit

In dem Musikvideo von Cradle Of Filth werden Sichtbarkeit und das Spiel von Distanz und Nähe durch die beiden technisch-medialen Ebenen sowie den Blick durch die Kamera erzeugt. Diese Sichtbarkeitsstrategien finden sich auch in der Filmvorlage von Pasolini und manifestieren sich in dem Fernglas, durch das immer einer der vier Protagonisten die Folter von einer überblickenden Position aus beobachten kann. Die Nähe durch das Fernglas wird im Musikvideo durch die subjektive Kamera erzeugt. Die allüberblickende Position, die im Film dadurch entsteht, dass der Protagonist das Fernglas umdreht, manifestiert sich in der Rolle des Sängers im Musikvideo, der eine übergeordnete Position inne hat und doppelt als Regisseur in Erscheinung tritt: im Ballsaal mit Megafon und in der Szene, in der der Film als Inszenierung entlarvt wird, kontrolliert er die Szene und bedient die Aufnahmeklappe. Somit ist der überlegene voyeuristische Blick ein männlich-konnotierter. Auch wenn die weibliche Protagonistin und ihr Blick auf das Geschehen im Vordergrund des Musikvideos zu stehen scheinen, ist es letztlich der Blick des männlichen Subjekts, dem die libidinöse Qualität des Überschauenden zufällt.

Während ein Medientransfer neue Bilder und Handlungsstränge hervorbringt, dient die Filmvorlage dazu, das handelnde Subjekt im Musikvideo dieser Vorlage anzupassen, was dazu führt, dass mit typischen Darstellungsparadigmen des Black-Metal-Musikvideos gebrochen wird. Die totale Sichtbarkeit als filmisches Paradigma findet sich ebenso wie eine Neudarstellung der Charaktere. Die männlichen Bandmitglieder tragen der Filmvorlage entsprechend Anzüge und die Frauen schicke Kleider mit Hut. Es findet keine Bandperformance statt. Einzige Hinweise auf den Akt des Musizierens geben die lippensynchronen Bewegungen des Sängers zur Musik sowie der Pianist. Die langen Haare und der Schmuck der Band verweisen weiterhin auf die Szenezugehörigkeit, jedoch werden Handlung, Kleidungsstil und Verortung dem filmischen Raum angepasst. Auch ist der Darstellungsraum zeitlich verortbar. Raum und Subjekt sind in einen zeitgenössischen Kontext zu stellen: Die Aktualität zeigt sich auf allen Ebenen und manifestiert sich beispielsweise in der Raumausstattung, der Bekleidung und letztlich im technischen Medium der Videokamera. Weder Raum noch Subjekt an sich können hier, im Sinne des Black Metal, als archaisch beschrieben werden. Die Symbiose von beiden, in direkter Verbindung mit dem Handlungsverlauf, etablieren den filmischen Raum als Ort überlegener Männlichkeit. Die direkte Referenz zur Filmvorlage steht hier über den Darstellungsparadigmen archaischer Männlichkeit.

Berücksichtigt man die inhaltliche Ebene des Films, fällt auf, dass sich die Band in die Position der vier faschistischen Protagonisten des Films begibt, wodurch der Adaption eine erweiterte Bedeutung zukommt. Es ist nicht mehr die kritische Distanz und eventuelle Kritik an einer faschistischen Pervertiertheit, die der Film vermittelt, sondern die aktive Teilnahme an der Überlegenheitsgeste: Die männliche Subjekte im Musikvideo eignen sich die Überlegenheit der Protagonisten des Films an. Somit ist der hier angewendete Andeutungscharakter als Darstellungsstrategie der männlichen Überlegenheitsgeste ebenfalls zuträglich. Das Transgressionsmoment des Films, welches dadurch erzeugt wird, dass der sexuelle Akt als eine öffentliche Ausübung von Macht explizit und gewalttätig gezeigt wird, wird durch den medienadäquaten Andeutungscharakter im Musikvideo auf eine rein sexualisiert-voyeuristischen Darstellung reduziert.[350] Laut Foucault ist die erste Stufe der Folter das Zeigen der Instrumente – also die Andeutung der Folter als ihr immanenter Teil.[351] »Optische Täuschungen«[352] vergrößern die Grausamkeit. Es geht um die Vorstellung der Strafe, nicht um die tatsächliche Strafe, die dieser Ökonomie zuträglich ist.[353] Vielleicht ist ja gerade die Andeutung das, was die Folter bzw. im Musikvideo die erniedrigende Sexualisierung so explizit und ironiefrei schrecklich macht. Jede Überzeichnung durch radikale Explizität könnte zu einer Ironisierung bzw. subtilen Kritik führen (wie es in der Filmvorlage der Fall ist), die den Darstellungsparadig-

---

350 Gerade dieser Verlust der darstellerischen Radikalität hat zur Folge, dass der kritische Subtext abhanden kommt.
351 Foucault, *Überwachen und Strafen* , S. 55.
352 Ebd.
353 Ebd., S. 145.

men archaischer Männlichkeit abträglich wäre. Im Fall des Musikvideos von Cradle Of Filth wird die Ironiefreiheit dadurch gewahrt, dass es nur bei einer Andeutung des Geschehens – beim Zeigen der Instrumente – bleibt.[354]

6.1.2 Der panoptische Blick des männlichen Subjekts

»Die panoptische Anlage schafft Raumeinheiten, die es ermöglichen, ohne Unterlass zu sehen und zugleich zu erkennen. Das Prinzip des Kerkers wird umgekehrt, genauer gesagt: von seinen drei Funktionen – einsperren, verdunkeln und verbergen – wird nur die erste aufrecht erhalten, die beiden anderen fallen weg. Das volle Licht und der Blick des Aufsehers erfassen besser als das Dunkel, das auch schützte. Die Sichtbarkeit ist eine Falle.«[355]

Der hier verwendete Begriff des panoptischen Blicks soll die bestimmte (Macht-)Position beschreiben, die ein allüberblickendes Subjekt inne hat. Die Macht des Apparats wird hier durch permanente Sichtbarkeit individualisiert und auf einen Beobachter übertragen, der gleichsam eine überlegene und unsichtbare Position inne hat. Gleich dem Machtapparat des Panoptismus und dessen architektonischer Positionierung des zentralen Beobachters, der gerade nicht als Souverän konzentrierter Macht auftritt, sondern durch das Suggerieren dieser Machtposition nur eine Aufgabe innerhalb der Maschine wahrnimmt, verweist der männliche Blick einerseits auf die Subjektivierung der Überlegenheitsgeste und ist gleichzeitig Teil des Gesamtmachtgefüges patriachaler Männlichkeit. In dem Musikvideo von Cradle Of Filth zeigt sich eine solche Hierarchie/Macht des Blicks. Die weibliche Protagonistin ist zwar eindeutig häufiger als zuschauendes Subjekt inszeniert, jedoch

---

354 Die Ambivalenz, die durch die Nicht-Explizität erreicht wird, schlägt sich auch in der Multiperspektivität der Darstellungsebenen und deren Zusammenspiel nieder: Die weibliche Protagonistin muss ihre eigene Erniedrigung anschauen bzw. der Erniedrigung ihres Video-Ichs beiwohnen – es bilden sich zwei mediale Seins-Zustände, bei der Zuschauer und Opfer der Handlungen sowohl gleich als auch durch unterschiedliche Räume (eventuell auch Zeiträume) getrennt sind.
»Vielleicht wartet selbst noch die äußerste Sadesche Vorstellung darauf Realität zu werden, ein untotes Opfer der Folter zu finden, das endlose Schmerzen ertragen kann und nicht die Möglichkeit hat, in den Tod zu flüchten.«
Was Slavoj Žižek als dystopische Vision einer Virtualisierung der Realität zeichnet, trifft hier genau zu; sogar erweitert um die voyeuristische Ebene des distanzierten Beiwohnens der eigenen Folter, die dem Video-Ich, das nur medial ist und dem es nicht möglich ist, »in den Tod zu flüchten«, angetan werden kann – als Folter-Loop; digital gespeichert; immer wieder abrufbar. (Žižek, *Willkommen in der Wüste des Realen*, S. 21.)
355 Foucault, *Überwachen und Strafen*, S. 257.

ist bei ihr genau ersichtlich, worauf ihr Blick gerichtet ist – direkt auf das
Display der Kamera und auf das dort gezeigte Geschehen. Währenddessen
ist der Blick des männlichen Subjekts, des Sängers der Band, ein allumfas-
sender. Es bleibt uneindeutig, worauf sich der Blick richtet. Das Gesicht und
die Augen werden als Close-up gezeigt, ohne das Ziel des Blicks preiszugeben. Der Blick bzw. das, was von ihm fokussiert wird, bleibt unbestimmt.
Macht/Überlegenheit wird hier dadurch erzeugt, dass der Blick gezeigt wird,
aber nicht – in Form einer direkten Gegenaufnahme – etwas erblickt wird,
das heißt dieser Blick kann sich auf jede Darstellung im Musikvideo beziehen.[356] Gleichzeitig ist die Art des Blicks besonders, er ist bedrohlich und in
seiner Fixiertheit dem lauernden Blick eines Raubtieres gleich. Der bedrohliche Eindruck wird durch hellblaue Kontaktlinsen verstärkt, die die Pupille
stark hervortreten und den Rest des Auges hell-diffus lassen.

  Der Blick des männlichen Subjekts richtet sich in zwei Richtungen:
erstens direkt in die Kamera und zweitens in einen unsichtbaren (weil außerhalb des Darstellungsbereichs befindlichen) Raum. Der Blick ins Außerhalb
des Darstellungsbereichs erzeugt einen unendlichen/unsichtbaren Raum innerhalb des filmischen Raums, dessen Darstellungsparadigmen auf vollständige Sichtbarkeit bedacht sind. Gleichzeitig repräsentiert dieser Blick vollständige Sichtbarkeit durch seine Allumfassenheit. Weil dieser unsichtbare
Raum im Außerhalb bleibt – sonst würde er sichtbar und von einem direkten Blick erfassbar –, dient er dazu, die Position des blickenden männlichen
Subjekts zu stärken und bleibt damit nur Verweis auf das bereits Sichtbare.

6.2 Relative Referenz im filmischen Raum

Während die direkte Referenz des filmischen Raums auf eine bestimmte
Bildvorlage verweist, bezieht sich der filmische Raum mit relativer Referenz
vor allem auf eine Verbindung von Darstellungsraum und Subjekt sowie die
Anpassung des Subjekts an eben diesen. Der Raum verweist nicht direkt auf
eine bestimmte Bildvorlage, sondern orientiert sich an allgemeinen, ästhetischen Koordinaten des Filmischen, wie Sichtbarkeit, Studioatmosphäre,

---

356 Die Überlegenheit des männlichen Subjekts ist größer als die der Filmvorlage, in der die
    jeweilige Person einen bestimmten Platz an einem bestimmten erhöhten Ort hat und den
    Blick direkt auf ein bestimmtes Geschehen richtet (ähnlich der weiblichen Protagonistin
    im Musikvideo).

dem Überlagern der Performance durch Handlungsabläufe/Narrationen, der Distanz der Subjekte zum Raum (zum Beispiel durch Bluebox-Verfahren), Einstellungs- und Schnitttechniken (zum Beispiel Aufnahme – Gegenaufnahme), dem Verlust abstrakter Bildwelten und von Unendlichkeit oder dem Verweis auf ein Filmgenre (zum Beispiel Horror- oder Gorefilme). Es kann unterschieden werden zwischen relativen Filmreferenzen und einem Filmbild in direktem Kontext eines Musikvideos:

– Relative Filmreferenzen: Verweis auf ein Filmgenre und filmisch-ästhetisierte Darstellung einer musikalischen Performance.
– Filmbild: filmisch-ästhetisierte Darstellung einer musikalischen Performance, bei der sich die Darstellungen der Subjekte dem filmischen Charakter des Raums anpassen.[357]

6.2.1 Das Filmbild als Kategorie relativer Referenz

Letzterer Typ des filmischen Raums mit relativer Referenz (Filmbild) findet sich in dem Musikvideo von Dimmu Borgir zu *The Sacrilegious Scorn*. Die Band tritt in den jeweiligen Sequenzen als Protagonist, nie als Musiker in Erscheinung. Sie ist Teil einer einzigen, filmischen Inszenierungsebene. Das Musikvideo paraphrasiert, lose zusammenhängend, verschiedene christliche Motive, wie das Abendmahl, das Würfelspiel römischer Soldaten um die Kleider von Jesus und den Disput zwischen dem Erzengel Michael und Satan. Viele dieser Motive werden umgekehrt und so in einen neuen Zusammenhang gestellt: Die Verkörperung Satans, dargestellt vom Sänger der Band, richtet das Schwert gegen Michael und nicht umgekehrt. Genauso ist es hier eine satanische Horde (die Band) und keine christliche Gemeinschaft, die sich zum Abendmahl zusammenfindet. Die symbolisch aufgeladenen Bilder stehen im Vordergrund. Narrative Verbindungen zwischen den einzelnen Szenen sind nicht nötig, um dieses Bildprogramm zu kontextualisieren. Wichtiger als die Bildsymbolik und der Versuch, darüber Friktionen zu erzeugen, die gleichzeitig von diesen archetypischen Inszenierungen profitieren, ist die Künstlichkeit des Raums und die dadurch entstehende radikale Distanz von Raum und Subjekt. Das Musikvideo findet gänzlich in einer

---

357 Dies impliziert auch räumliche Darstellungsmerkmale im Musikvideo, wenn der Fokus vor allem auf den filmischen Elementen und weniger auf der musikalischen Performance (wenn diese beiden Ebenen voneinander getrennt sind) liegt.

durch das Bluebox-Verfahren erzeugten Nicht-Welt statt. Wurden vorherige Räume noch durch technische Mittel zum anderen Ort oder eine Landschaft durch bestimmte Inszenierungspraxen zum dystopischen/utopischen Naturraum, so ist hier die Raumkonstruktion eine gänzlich künstliche. Durch die nachträgliche »Be-Raumung« der Inszenierung entsteht eine Distanz der Subjekte und Objekte zu dem jeweils hinzugefügten Raum.[358] Diese Nachträglichkeit in der »Be-Raumung« hat Einfluss auf die Männlichkeitsdarstellungen. Das heißt, dass die später hinzugefügte Veränderung das vorher Sichtbare mitprägt und so die Subjekte und Handlungen im Nachhinein kontextualisiert werden: Der Raum macht das Subjekt. Die in diesem Musikvideo inszenierten Räume sind von Dunkelheit, Naturgewalt und altertümlicher Architektur geprägt und dadurch der visuellen Konstruktion von archaischer Männlichkeit zuträglich.

Ein weiteres Inszenierungsmerkmal der im Musikvideo verwendeten Raumebenen ist das häufige Verwenden von Feuer und lodernden Flammen, die entweder im Bildhintergrund oder im Bildvordergrund zur Begrenzung der Sichtbarkeit eingesetzt werden.[359] Wie im filmischen Raum mit direkter Referenz steht das Subjekt in direkter Verbindung mit dem Darstellungsraum. Klassische Darstellungsparadigmen des Black Metal weichen dem Referenzrahmen, den der Raum vorgibt: Der Sänger der Band trägt beispielsweise in der Szene, die sich auf den Erzengel Michael bezieht, eine Ritterrüstung. Die Aufnahme ist untersichtig, und der Protagonist richtet das Schwert in Richtung der Kamera. Der Hintergrund zeigt ein altes Burggemäuer und lodernde Flammen. Die drei Bildebenen (Subjekt, Gemäuer und Flammen) sind voneinander getrennt. Im Vordergrund befindet sich das Subjekt. Der Hintergrund besteht aus dem Gemäuer und den Flammen. Die Flammen befinden sich vor und hinter dem Gemäuer, ohne dass das Gemäuer selbst in Flammen steht. Die Opazität der Bildebene, die die Flammen zeigt, wurde verringert und auf das Gemäuer gelegt. Es kann zwar eine Annäherung von Subjekt- und Raumebene geben, jedoch keine Verbindung, weil die Ebenen erst im Nachhinein zusammengefügt werden. Subjekt- und Raumebene stehen in Distanz zueinander – eine realitätsnahe Inszenierung

---

358 Hier zeigt sich eine Multi-Prozessualität des Raumes, die durch die handelnden Subjekte und durch die Möglichkeit, die Räume im Nachhinein der Performance anzupassen bzw. die Subjekte nachträglich in verschiedenen Räumen zu positionieren, erreicht wird.

359 Flammen sind nicht nur in diesem Musikvideo wichtiges Inszenierungsmerkmal. In dem Video zu *Carving a Giant* von Gorgoroth beispielsweise spielt Feuer ebenfalls eine tragende Rolle. Allerdings wird sie dort eher im Sinne von Pyrotechnik-Effekten eingesetzt und findet im Raum und auf gleicher Ebene mit der Band statt.

kann somit nicht stattfinden. Wie bereits festgestellt wurde, ist jede Form bildlicher Inszenierung im äußersten Falle der Versuch, der Inszenierung einen realistischen Charakter zu verleihen. Im künstlichen Raum des Musikvideos von Dimmu Borgir wird Distanz zur Realitätsinszenierung gehalten.

»Beginnen wir mit dem Verschwinden des Realen. […] mit der Erfindung eines archimedischen Punkts außerhalb der Welt (ausgehend von der Erfindung des Teleskops durch Galilei und der Entdeckung der mathematischen Berechnung), wodurch die natürliche Welt definitiv auf Distanz gehalten wird. Das ist der Moment, da der Mensch sich der Welt zum einen entledigt, indem er sie analysiert und verwandelt, ihr gleichzeitig aber auch Realität verleiht. Man kann also sagen, dass die reale Welt paradoxerweise genau zu jenem Zeitpunkt zu verschwinden beginnt, da sie zu existieren beginnt.«[360]

In diesem Musikvideo wird die Welt auf Distanz gehalten, um dem Moment des Realen zu entgehen. Ähnlich dem von Baudrillard angesprochenen Paradox der Realwelt ist die bildliche Inszenierung im künstlichen Raum des Musikvideos ebenfalls ein Moment des Verwandelns. Gerade das Verschwinden des Realitätsbezugs bietet einen neuen Raum, der Platz lässt für Neueinschreibungen archaischer Männerbilder in das Filmbild. Diese Raumerzeugungspraxen versuchen nicht, Realität zu simulieren, sie bilden einen Fantasieraum jenseits aller Realitäten und Realitätsinszenierungen, der sich auch in neuen Darstellungspraxen des Subjekts manifestiert.

6.2.1.1 Die Maske und das Verwandlungsbild

Das Transformationspotenzial eines Subjekts innerhalb einer bildlichen Inszenierung kann als Verwandlungsbild bezeichnet werden. Das Verwandlungsbild muss im Kontext eines filmischen Raumes stattfinden, weil die Maskierung als eine Option angeboten wird, als Verkleidung oder Ergebnis einer Verwandlung. Diese ist in der Ikonographie der Black Metal sowie anderen Inszenierungen archaischer Männlichkeit nicht vorgesehen: Dort inszeniert das männliche Subjekt sich als Monolith. *Corpse paint* ist in diesem Sinne keine Maske bzw. eine besondere Art der Maske, weil sie innerhalb der Inszenierung nicht auf- oder abgesetzt werden kann. Die *corpse paint* ist bereits Teil des Subjekts. Oder um es mit Deleuze und Guattari zu beschreiben: »Das Unmenschliche im Menschen, das ist das Gesicht von Anfang an«.[361] Es gibt kein Hinter-der-Maske als Ideal einer wirklichen Exis-

360 Baudrillard, *Warum ist nicht alles schon verschwunden?*, S. 6.
361 Deleuze/Guattari, *Tausend Plateaus*, S. 234.

tenz im Gegensatz zur performten. In diesem Fall wird das Werden, also der prozessuale Charakter der Inszenierung, als Sein, also als etwas Konstantes, inszeniert. In diesem Sinne beschreibt Elias Canetti das Wesen der Maske als das genaue Gegenteil eines »nie zur Ruhe kommenden, immer in Bewegung befindlichen Mimenspiels«: als »eine volkommene Starre und Konstanz«.[362] Canetti interpretiert die Maske als etwas, das eine Kraft verleiht »für sich zu sein« und »sich gleichzubleiben«.[363] Gerade dieses »für sich zu sein«, was Nietzsche Pathos der Distanz nennt,[364] ist ein Hauptmerkmal archaischer Männlichkeit und eine ästhetische Kategorie für die Darstellung dieser. Gleichzeitig verweist die Maske auf etwas Unmenschliches, jedoch in einer universellen Konstanz. Die Maske in diesem Darstellungsbereich archaischer Männlichkeit ist bereits ein Endzustand, den man als ewige Maske oder Maske ohne Verwandlung bezeichnen könnte.

Ganz anders verhält es sich im Verwandlungsbild innerhalb des filmischen Raums, bei dem der Endzustand den Abschluss einer Verwandlung darstellt und so das Darstellungsrepertoire archaischer Männlichkeit erweitert.

»Ein wenig Erfahrung im starren Wesen solcher ›stoischer‹ Unnaturen bringt einen bald dazu, den Sinn der Maske überhaupt zu erkennen: sie ist ein Endzustand. Das fluide Treiben unklarer, halb ausgegorener Verwandlungen, deren wunderbarer Ausdruck jedes natürliche, menschliche Antlitz ist, mündet in die Maske; es endet in ihr. Sobald sie einmal da ist, zeigt sich nichts, was beginnt, nichts, was noch formlos unbewusster Ansatz ist. Die Maske ist klar, sie drückt etwas ganz bestimmtes aus, nicht mehr, nicht weniger. Die Maske ist starr: dieses Bestimmte ändert sich nicht.«[365]

Das Musikvideo *The Sacrilegious Scorn* kulminiert in der Verwandlung des Sängers der Band Dimmu Borgir, der vorher nur blass geschminkt war, zu einer Gestalt in *corpse paint*, die übermenschliche Fähigkeiten zu erlangen scheint. Das visuelle Generieren übermenschlicher Kräfte ist nicht nur Ausdruck des Monströsen, sondern auch dessen Bedingung. Das hier gezeigte Verwandlungsbild unterscheidet sich einerseits von der ewigen Maske einer archaischen Männlichkeit, jedoch auch von den filmtypischen Referenzvorlagen. Das Monströse ist dem performenden männlichen Subjekt bereits inhärent. Das männliche Subjekt bestätigt das Unmenschliche des Menschen bzw. das Menschliche des Monströsen. Das in den Filmraum gebettete Ver-

---

362 Canetti, *Masse und Macht*, S. 443.
363 Ebd., S. 444.
364 Vgl. Nietzsche, *Götzendämmerung oder wie man mit dem Hammer philosophiert*.
365 Canetti, *Masse und Macht*, S. 444.

wandlungsbild zeigt eine Veränderung des Subjekts hin zu einer optimierten Form dessen, was bereits in ihm angelegt war. Die Verwandlung dient als Verstärker, und die Maske dient der Annäherung an eine authentische subjektive Position, und nicht als das gängige Motiv eines »throwing off the mask and displaying our ›true face‹«[366]. Slavoj Žižek plädiert dafür, besonders den Akt, bzw. die Pose, die sich in der Maske manifestiert, ernstzunehmen:

»A mask is never simply a ›just a mask‹ since it determines the actual place we occupy in the intersubjective symbolic network; what is effectively false and null is our ›inner distance‹ from the mask we wear (the ›social role‹ we play), our ›true self‹ hidden beneath it. The path to an authentic subjective position runs therefore ›from the outside inward‹: first, we pretend to be something, we just act as if we are that, till, step by step, we actually become it – it is not difficult to recognize in this paradox the Pascalian logic of ›custom‹ (›act as if you believe and believe will come by itself‹). The performative dimension at work here consists of the symbolic efficency of the ›mask‹: wearing a mask actually makes us what we feign to be. In other words, the conclusion to be drawn from this dialectic is the exact opposite of the common wisdom by which every human act (achievement, deed) is ultimately just an act (posture, pretense): the only authenticity at our disposal is that of impersonation, of ›taking our act (posture) seriously‹.«[367]

Die Maske ist hier für das männliche Subjekt doppelt codiert: Zum einen wird es das, was es über die Maske versucht zu sein (»step by step, we actually become it«), und gleichzeitig ist das, was die Maske repräsentiert, bereits in ihm angelegt (wie sich in dem Musikvideo zeigt). Die Inszenierung des maskierten männlichen Subjekts innerhalb des Filmraums verweist auf verschiedene filmische Verwandlungsreferenzen, unterscheidet sich aber auch eindeutig davon. Sie ist beispielsweise nicht mit dem Doppelgängermotiv vergleichbar, das als gängiges filmisches Verwandlungsmotiv benutzt wird. Dabei wird durch die Verwandlung das dämonische/monströse Andere erzeugt, als das »unumgängliche Gegenstück«[368], welches die unterdrückten Lüste des Ursprungssubjekts zum Vorschein bringt.[369] Wesentlich bei den Darstellungen des männlichen Subjekts als böse/monströs ist, dass es sich hierbei eben nicht um eine Abspaltung der dunklen Seite des Selbst handelt – wie es beispielsweise der Abjekt-Begriff von Julia Kristeva beschreibt[370] –, sondern dass es gerade kein Anderes (in diesem Falle Gutes) gibt, welches

366 Žižek, *Enjoy Your Symptom!*, S. 38.
367 Ebd.
368 Neumann, *Das Böse im Kino*, S. 46.
369 Vgl. ebd.
370 Vgl. Kristeva, *Powers of Horror*.

dem Subjekt inhärent ist und um dessen negative Projektion es sich handelt. In Horrorfilmen finden Themen des Monströsen häufig binär und innerhalb ein und derselben Person statt, wie zum Beispiel beim Werwolf-Motiv. Im Werwolf verschmelzen Pole, wie Gut/Böse oder Normal/Anders, und lassen ihn somit zu einer tragischen Gestalt werden, deren menschliches Wesen ebenfalls stirbt, wenn das Monstrum getötet wird.[371] Die Bildmotivik des Verwandlungsbilds, sowie der *corpse paint* kennen diese Binaritäten nicht. Transgression findet nicht in einem zerrissenen oder verfluchten Innerhalb des Subjekts statt, sondern in einer radikalen Abgrenzung zu einem äußeren Anderen.[372] Eine Psychologisierung des Subjekts findet sich nicht im hier besprochenen Verwandlungsbild, welches sich dadurch von einem Großteil der Filmreferenzen abhebt und eine neue Form des Verwandlungsthemas darstellt.

»In the gap between appearance (mask) and my true inner stance, the truth can either be in my inner stance or in my mask. What this means is that the emotions I perform through the mask (false persona) that I adopt can in a very strange way be more authentic and truthful than what I really feel in myself.«[373]

Im Verwandlungsbild gibt es diese »false persona« nicht und auch nicht die Möglichkeit der Entscheidung zwischen der Maske oder dem »inner stance« (wie Žižek hier Hegel paraphrasiert): Das Subjekt wird und ist die Maske. Durch die Verwandlung am Schluss des Musikvideos von Dimmu Borgir wird die symbolische Ordnung der szenetypischen Repräsentation wieder-

---

371 Vgl. Stiglegger, *Regression und Transformation*, S. 315–339.
372 Filmische Referenzen zu dieser linearen Form der Verwandlung (also eine Verwandlung in nur eine Richtung und ohne Rückverwandlung), wie sie im Verwandlungsbild dargestellt wird, finden sich weniger in klassischen Verwandlungsmythen (zum Beispiel Werwolf und Vampir), sondern eher im posthumanen Werdensprozess, der beispielsweise bei David Cronenbergs *The Fly* im Fliege-Werden kulminiert und über dieses Unmenschlich-Werden übermenschliche Kräfte erlangt. Hier lässt sich wiederum der Begriff des Werdens von Deleuze anwenden: »Das Problem ist nicht dies oder jenes im Menschen zu sein, sondern eher ein Unmenschlich-Werden, ein universelles Tier-Werden: nicht sich für ein Tier halten, sondern die menschliche Körperorganisation auflösen, diese oder jene Intensitätszone des Körpers durchqueren; dabei entdeckt jeder Zonen, die seine sind, und Gruppen, Populationen und Arten, die sie bevölkern.« (Deleuze, *Unterhandlungen*, S. 23.) Das Fliege-Werden, also das entstehende Mensch-Fliege-Hybrid, das während eines Teleportations-Selbstversuchs entsteht, ist ebenfalls eine lineare Form der Verwandlung, jedoch eine Verwandlung von einem Systemanalytiker zu einer bösartigen Mischform aus Mensch und Fliege, deren menschliche Seite es am Ende des Films schafft, zu sterben und dem Geschehen so freiwillig ein Ende zu bereiten.
373 Gabriel/Žižek, *Mythology, Madness and Laughter*, S. 113.

hergestellt: das männliche Subjekt der archaischen Männlichkeit als Optimierung einer Darstellung des Bösen.[374] Die Inszenierungen der männlichen Subjekte in nicht-filmischen Darstellungsräumen (anderer Ort, Naturraum, Heterotopie) schließen jede Variation in Stil und Habitus aus, während der Filmraum Inszenierungspraxen zulässt, die sonst nicht möglich wären. Das Motiv der Verwandlung als Bild- und Narrationspraxis ist innerhalb gängiger Szenestereotypen des Black Metal nicht vorgesehen: Die Maske ist kein Verwandlungssignifikant, sie ist ewig. Der Filmraum jedoch bietet eine Mannigfaltigkeit an Referenzen, derer sich bedient werden kann. Es herrscht eine symbiotische Verbindung zwischen Raum und Subjekt, die sich jeweils bedingt und wie in diesem Beispiel ausschlaggebend dafür ist, dass Stilmerkmale verworfen werden können, ohne archaische Männlichkeitsinszenierungen gänzlich aufzugeben. Die Transformation ist nur im Filmraum möglich, weil dieser durch seine ästhetische Beschaffenheit auf die Möglichkeit einer Narration verweist, während die anderen Darstellungsräume anachronistisch sind und keine (lineare) Subjektentwicklung zulassen. Das Verorten im filmischen Raum hat gleichzeitig nicht zwingend zur Folge, dass gängige Bildmotive übernommen werden, sondern dass neue Bildmotive entstehen. Genauso verhält es sich im Moment der Umkehrung eines Bildstereotyps – es entsteht Neues.

6.2.1.2 Der Auflösungscharakter einer Umkehrung

Das Musikvideo von Dimmu Borgir bedient sich etablierter christlicher Ikonen, um sich abseitig zu diesen zu positionieren. Das wird dadurch erreicht, dass sich die männlichen Subjekte innerhalb ikonischer Darstellungen verorten bzw. Szenen nachstellen. In dem Moment, in dem sich die Horde die Ikone des Abendmahls zu eigen macht, wird diese Ikone neu kontextualisiert. Der hier praktizierte Aneignungsprozess ist in seiner Inszenierung eher als provokativer Umgang mit christlicher Symbolik gedacht, der die Gut-Böse-Dichotomie beibehält. Dies würde aber dann zur Umkehrung von Gut und Böse führen. Aber genau das ist nicht der Fall. Im Sinne Alain Badious dient das Konzept des Bösen dazu, das Andere abzuwehren und sich selbst als gut bzw. weniger böse darzustellen.[375] In dem Musikvideo von Dimmu

---

374 Die Inszenierung als Böses ist Teil des Darstellungsrepertoirs archaischer Männlichkeit.

375 »Under the pretext of not accepting Evil, we end up making believe that we have, if not the Good, at least the best possible state of affairs – even if this best is not so great. The refrain of ›human rights‹ is nothing other than the ideology of modern liberal capitalism: We won't massacre you, we won't torture you in caves, so keep quiet and worship the

Borgir wird genau das Gegenteil angestrebt. Hier wird das Andere benötigt, um sich selbst als böse zu verorten. Interessant ist die Umkehrung bzw. die Neubesetzung des Bösen, weil sich die Frage stellt, ob das Böse noch böse ist, auch wenn es Konsens ist oder ob es relational gedacht werden muss. Die Repräsentation des Bösen, welche sich in der Horde manifestiert, ist in dem Musikvideo nicht die Minderheit: es ist das vermeintlich Gute, das über die Position des Anderen (als Einzelperson) in Erscheinung tritt. Das Andere tritt hier in Form eines Christen in Erscheinung, der ein Kreuz unter seinem Umhang versteckt, es plötzlich hervorholt und dem Sänger der Band, als Oberhaupt der satanischen Horde, entgegen hält. Dieser umgreift das Kreuz mit seiner Hand, das dann in Flammen aufgeht.

Der filmische Raum bietet die Möglichkeit, das Andere zu etablieren und sich so, über eine filmtypische Bildsprache, innerhalb dieser Koordinaten zu positionieren. Findet die Überhöhung nicht alleine über die Auseinandersetzung des männlichen Subjekts mit dem Raum statt, so wird das Andere benötigt, um In- und Out-Groups sichtbar zu machen. Trotz der inszenierten Gut-Böse-Dichotomie, fällt auf, dass es nicht zu einer Umkehrung kommen kann. Vielmehr verschwimmen die Koordinaten dessen, was als gut und böse interpretierbar wäre – auch wenn das Musikvideo ganz klar darauf abzielt, das Böse par excellence zu repräsentieren. Indem sich das Böse die christlichen Ikonen zu eigen macht, werden diese weder eindeutig gut noch böse. Sie werden neu kontextualisiert. Es entsteht eine Friktion zwischen Raum und Subjekt: Der Darstellungsraum der Ikonen bleibt, das Subjekt ist ein anderes, ein nicht-typisches. Es entsteht eine Mannigfaltigkeit.[376] Die bildlich evozierte Dichotomie wird aufgelöst. Es gibt keine grundlegende Einheit mehr, die einer binären Logik folgt. Über den Versuch der Umkehrung wird nicht die Umkehrung erreicht, sondern etwas Neues geschaffen. Das Mannigfaltige, als Wurzelgeflecht (Rhizom) gedacht, besteht aus Linien, die ununterbrochen aufeinander verweisen, weshalb es »niemals einen Dualismus oder eine Dichotomie konstruieren« kann, »auch nicht in der rudimentären Form von Gut und Böse«.[377] Um das Böse als eindeutig zu präsentieren, bedarf es eindeutiger Referenzen, und nicht der Aneignung durch Umkehrung. Ein Beispiel hierfür wäre die Adaption von Splattermotiven.

---

golden calf.« Badiou, *Interview on Evil*, http://www.cabinetmagazine.org/issues/5/alainbadiou.php.

376 »Eine Mannigfaltigkeit hat weder Subjekt noch Objekt, sondern nur Bestimmungen, Größen, Dimensionen, die nicht wachsen, ohne dass sie sich dabei verändern.« (Deleuze/Guattari, *Tausend Plateaus*, S. 18.)

377 Edb., S. 19.

6.2.2 Bodies that Splatter[378]: Relative Referenz auf ein bestimmtes
Filmgenre beziehungsweise filmästhetisches Motiv

Das Musikvideo *Under the Boards* der Band Stormlord verweist auf den
Splatterfilm. Der Splatterfilm stellt kein Filmgenre für sich dar, sondern lässt
sich als eine »visuelle Spur der Wunddarstellung«[379] durch verschiedene Genres verfolgen. Das Musikvideo hat zwei voneinander getrennte Darstellungsebenen. Die Performanceebene, innerhalb derer die Band in einem inszenierten Live-Kontext vor Publikum performt, und die filmische
Darstellungsebene, die sich innerhalb der Koordinaten des Splatterfilms bewegt. Performance und Referenzhandlung sind durch diese Aufteilung der
Darstellungsebenen klar voneinander getrennt. Das bedeutet, dass die Band
keinen Anteil am filmischen Geschehen hat. Die filmische Darstellungsebene macht einen größeren Teil des Musikvideos aus als die Performanceebene
bzw. bezieht die Performanceebene stellenweise mit ein, weswegen dieses
Musikvideo dem Typus des filmischen Raums zuzuordnen ist. Das Musikvideo hat einen Gegenwartsbezug und ist somit klar zeitlich verortbar.

Die filmische Darstellungsebene zeigt eine junge Frau, die von einem
Mann verfolgt und schließlich, mit einem Hammer, bewusstlos geschlagen
wird.[380] Sie erwacht, an einen Rollstuhl gefesselt, in einer Art ärztlichem Be-
handlungssaal, voller Leichen und Leichenteile, und muss mitansehen, wie
der männliche Killer in OP-Kleidung eine Frau mit einem Schraubenzieher,
den er ihr langsam ins linke Auge schiebt, tötet. Danach sägt er der toten
Frau den Kopf ab und steckt ihn in eine durchsichtige Plastiktüte. Während
der Killer damit beschäftigt ist, Menschen zu zerlegen und in Tüten zu pa-
cken, schafft es die Frau, sich von ihren Fesseln zu lösen, und versucht zu
fliehen. Er kann sie ein weiteres Mal überwältigen, indem er ihr eine Flüssig-
keit mit einer großen Spritze in den Hals injiziert. Danach setzt er das Zer-
stückeln und Ausweiden der Körper fort.

---

378 Vgl. Tagung mit dem gleichnamigen Titel, 2003 in der Berliner Akademie der Künste.
379 Höltgen, *Schnittstellen*, S. 54.
380 Der Hammer als Tötungs- und Folterinstrument findet sich in vielen Horror- und Splat-
terfilmen, wie beispielsweise in *Texas Chainsaw Massacre*.

Splatter ist hier als rein visuelles Motiv zu verstehen.[381] Diese »Sichtbarmachungstechnik für das Monströse«[382] wird in dem Musikvideo von Stormlord eingesetzt und erzeugt so das Monströse in reflektierter Distanz als ästhetisches Mittel eines Fremdmediums. Das Monströse steht dadurch allerdings auch in Distanz zur Band, die davon nicht in dem Maße profitieren kann wie Darstellungspraxen, die die Band selbst als monströs inszenieren. Gewalt wird hier, in typischer Splatterästhetik, als Akt inszeniert, der weder eine Psychologisierung des Täters noch des Opfers braucht. Oder um es mit John McCarty, der den Splatter-Begriff geprägt hat, zu sagen: »In splatter movies, mutilation is indeed the message«.[383] Das Innenleben des Menschen wird hier nicht im Sinne eines psychologisierten Insichgekehrtseins gezeigt, sondern als ein »Versprechen der vollständigen Zeigbarkeit der Verwundung«[384]: das blutige Körperinnere. Die Darstellungen sind geprägt durch Nahaufnahmen, die den Körper in seine Einzelteile fragmentieren.

»Die film- und kameratechnische Zerstückelung des Körpers in Schnitt und Ausschnitt wird in die sichtbare Fragmentierung des Körpers durch das Aufschneiden und Zerteilen mit scharfen oder spitzen Gegenständen übersetzt. Die Kamera verfolgt das Mord- und Schlachtinstrument, wie es in das Körperinnere eindringt und Blut, Hirn und Eingeweide hervorholt.«[385]

Die Handlung des Musikvideos ist, wie auch typisch für den Splatterfilm,[386] auf eine Minimalhandlung reduziert, die sich in kurzen Intervallen auf den Akt konzentriert. Eine immerwährende Rückkehr zur Inszenierung des verletzten Körpers bestimmt den Darstellungsverlauf. Es sind zwei Handlungsthemen auszumachen: die Jagd auf den Körper und seine Zerstörung. Es geht nicht um das Töten, sondern um den Akt des Fragmentierens und Vernichtens. Die Vernichtung vereinnahmt den Tod. Deswegen gibt es auch viele Opfer, um ein konstantes Sterben zu sichern, ohne im Tod seinen endgülti-

---

381 Vgl. »Kann aber die Literatur trotz aller grotesker Zergliederungsphantasien im Symbolischen noch von der Integrität und Unsterblichkeit ihrer Helden berichten, so muss der Film in seiner umbarmherzig fragmentarischen Darstellung des Realen seine Lückenhaftigkeit eingestehen.« (Meteling, *Monster*, S. 60.)

382 Ebd.

383 McCarty, *Splatter Movies: Breaking the Last Taboo*, S. 8.

384 Meteling, *Monster*, S. 72.

385 Ebd.

386 Verweise auf den Splatterfilm finden nicht nur über Ästhetiken und Inzenierungspraxis statt, sondern auch über etablierte Bilder statt. In diesem Fall ist es beispielsweise die Maske von Leatherface, dem Kettensägenmörder in *Texas Chainsaw Massacre*, die aus der Gesichtshaut eines Opfers besteht. Eine vergleichbare Haut hängt an der Wand des Killers.

gen Abschluss zu finden. Wieder ist es der weibliche Körper, der vom männlichen Subjekt erniedrigt wird. Und wieder spielt der Blick eine entscheidene Rolle für die Darstellung erniedrigter Weiblichkeit. Der panische Blick der Protagonistin wird zwar gezeigt – als Beweis ihres Schreckens und um in der Gegenaufnahme explizite Gewaltdarstellungen zu zeigen –, dieser wird jedoch anders eingesetzt als der weibliche Blick bei Cradle of Filth. Der weibliche Blick ist hier als filmisches Zitat zu verstehen – der panische Blick des weiblichen Opfers, in dem sich das eigene Leid und das aller Opfer spiegelt.

6.2.2.1 Jagd und Aktionsexzess

»Denn die Hetzjagd braucht keine Begründung, kein Stereotyp. Sie hat ihr Ziel in der Aktion selbst. Oftmals beginnen die Menschen erst nach Sinn und Zweck zu suchen, wenn ihr Hunger bereits gestillt ist.«[387]

Die Jagd ist Aktion und Prozess. Sie setzt eine Unverhältnismäßigkeit voraus. Der Widerstand der Opfer ist zwecklos und nur ein kurzer Teil des Gesamtprozesses. Der Jäger scheint übermächtig und unangreifbar. Diese Überlegenheit gründet nicht auf Technik oder Kraft, sondern allein auf der »Beweglichkeit, Entschlossenheit und Brutalität«[388], mit der vorgegangen wird. Der Raum, in dem die Jagd stattfindet, bestimmt Aktionsradius, Geschwindigkeit und Rhythmus, hat aber keinen Einfluss auf den bereits feststehenden Ausgang der Jagd: Der Jäger erlegt das Opfer. Diese Voraussetzung ist auch bei dem hier besprochenen Musikvideo von Stormlord der Fall, bei dem genderstereotype Inszenierungen von Macht distanzlos weitergeführt werden. Der männliche Täter ist zielstrebig und gleichzeitig so ruhig, dass er um den Ablauf dieser Jagd und seinen definitiven Sieg wissen muss. Sein Tempo ist konstant, und genau deswegen holt er sein Opfer ein – er ist entschlossen. Der Prozess der Jagd beinhaltet auch immer schon seinen Abschluss. Das weibliche Opfer hingegen weiß nicht um den Prozess der Jagd. Es versucht nur, einen möglichst großen Abstand zum Jäger zu halten. Der Raum, in dem die Jagd stattfindet, scheint dem Opfer fremd zu sein, oder es handelt vor lauter Angst so unkoordiniert, dass ihm der Raum fremd wird. Im Gegensatz dazu bewegt sich der Jäger im Raum, als wäre er ihm bereits bekannt. Diese Voraussetzungen – das Wissen um den Ablauf – nehmen das Ergebnis der Jagd bereits vorweg. Das Opfer begibt sich selbst in die Falle, indem es einen Weg wählt, der vor einer geschlossenen Tür endet.

---

387 Sofsky, *Traktat über die Gewalt*, S. 157.
388 Ebd.

Nach Vollendung der Jagd findet ein zweiter Prozess statt: die Zerstörung des Opfers in einem geschlossenen/begrenzten Raum.[389] Der Raum der Jagd ist nicht der Raum der Zerstörung. Hier ist es ein medizinisch wirkender Ort. Der Täter trägt passend dazu OP-Kleidung. Sein Ziel ist die vollständige Zerstörung der zusammengetragenen, teils noch lebendigen Körper. Dieser »Aktionsexzess« ist »von äußeren Zwecken entbunden«, »denn der Sinn der Zerstörung ist die Zerstörung selbst«.[390] Dieser Exzess ist auch von jedem Zeitrahmen entbunden. Die Jagd zielt auf das Ergreifen ab. Die Körperzerstörung hingegen, die in einem geschlossenen, dafür vorgesehenen Raum stattfindet, kennt »keine unmittelbare Zukunft, nur die Dauer der Gegenwart«[391]. Der Aktionsexzess findet also in einem radikalen Gegenwartsraum statt, der mit Nietzsche auch als »unzeitgemäß« beschrieben werden könnte.[392] Der radikale Gegenwartsraum entsteht durch ein Ereignis und bedingt dieses gleichzeitig. Die hyperrealistischen Gewaltdarstellungen bleiben innerhalb heteronormativer Praxen angesiedelt und sind immanenter Teil des Darstellungsrepertoires.

---

389 Vgl. Sofsky zum Massaker: »Damit sich die Leidenschaften frei entfalten können, benötigt das Massaker geschlossene Orte. Dorf oder Stadt werden umzingelt, Hof und Platz abgeriegelt. Niemand soll entkommen. Häufig nutzen die Täter natürliche Barrieren, und wo diese fehlen, behelfen sie sich mit Wachposten oder mit der Fernwirkung ihrer Waffen. Ist der Gewaltraum umschlossen und der Schlachtplatz markiert, sind die Opfer jeder Gräueltat ausgeliefert. Nun haben die Täter freie Hand. Und sie haben Zeit. Kampf und Jagd sind zu Ende, die Opfer sind eingekreist und von jeder fremden Hilfe abgeschnitten.« (Sofsky, Traktat über die Gewalt, S. 178.)

390 Ebd., S. 176.

391 Ebd., S. 178.

392 Vgl. Deleuze, der die Formierung von Neuem in einer solchen radikalen Gegenwart findet: »Wir wollten nicht das Ewige suchen, nicht einmal die Ewigkeit in der Zeit, sondern die Formierung von neuem, die Emergenz oder das, was Foucault die ›Aktualität‹ nannte. Das Aktuelle oder das Neue ist vielleicht die energeia, Aristoteles sehr nah, aber mehr noch Nietzsche (auch wenn Nietzsche es das ›Unzeitgemäße‹ nannte«.) (Deleuze, Unterhandlungen, S. 126.)

6.3 Sichtbarkeit und Nähe als Bildparadigma des filmischen Raums

»Und die Sichtbarkeit in einem bestimmten Zeitalter ist das Regime des Lichts, sind Funkeln, Widerschein, Blitze, die beim Kontakt des Lichts mit den Dingen entstehen.«[393]

Während die Darstellungsparadigmen der vorherigen Raumtypen sich durch Unsichtbarkeit und Diffusion[394] auszeichnen, wird beim filmischen Raum ersichtlich, dass er und seine Referenzen viel stärker von den technisch-medialen Darstellungsweisen einer Filmästhetik geprägt sind, nämlich einer absoluten Sichtbarkeit. Das filmische Sichtbarkeitsversprechen manifestiert sich im jeweiligen Raum, in der Thematisierung des Blicks und des technischen Mediums selbst sowie in den expliziten Nahaufnahmen der zerstörten Körpers in den Splattersequenzen.[395] Um durch den Fokus des filmischen Raums dem Referenzraum zu entsprechen, werden Ästhetisierungsstrategien archaischer Männlichkeit vernachlässigt oder gänzlich andere Bezüge hergestellt, um Gleiches zu erzeugen. Der filmische Raum im Musikvideo erzeugt so ein dem Musikvideo inhärentes *shifting image*, was dazu führt, dass alle Darstellungen, unter Berücksichtigung dieses spezifischen Raumes, neu zu deuten sind bzw. den Darstellungen innerhalb der anderen Räume gegenübergestellt werden müssen. Der Referenzrahmen ist weit gefasst, wodurch es möglich wird, verschiedene Arten des filmischen Raumes zu erzeugen, welche die Darstellungen archaischer Männlichkeit zwar erweitern bzw. komplett neu verorten, sich jedoch gleichzeitig Referenzen bedienen, die einer als überlegen inszenierten Männlichkeit zuträglich sind. Durch den Filmraum und das Filmbild findet eine Erweiterung dessen, was als archaische Männlichkeit zu beschreiben ist, statt. Neue Typen archaischer Männlichkeit entstehen, die durch die Verortung in einem anderen Raum erst möglich werden. Somit stehen der filmische Raum und das Filmbild zwar außerhalb klassisch subkultureller Darstellungskoordinaten, jedoch ohne den Überlegenheitsgestus archaischer Männlichkeit einzubüßen.

---

393 Ebd., S. 139.

394 siehe Kapitel *3.1* Unendliche Schattenräume: Licht, Raum und Subjekt.

395 Für Badiou ist das Filmische mit dem Kontrollieren und dem Säubern des Visuellen verbunden, welches es zum Bild macht. Sichtbarkeit fordert auch Kontrolle:
»Cutting is more essential than presence – not only through the effect of editing, but already, from the start, both by framing and by the controlled purge of the visible.« (Badiou, *Handbook of Inaesthetics*, S. 78.)

7. Darstellungsräume

Die in Kapitel 3–6 analysierten Darstellungsräume weisen neben der Inszenierung von Absenz noch weitere Gemeinsamkeiten in Form und Inhalt auf. Die Form (das Musikvideo) ist hierbei Impulsgeber und sorgt für ein Bildkonzentrat, welches auf schlüssige Handlungsabläufe nicht angewiesen ist.

7.1 Mikro-Narrationen als Bilderkitt

Eine Vielheit von Bildern – durch den Transfer vom stillen zum bewegten Bild – erzwingt auch eine Vielheit von Bildzusammenhängen, um der Bebilderung einen Rahmen zu geben. Der Gefahr, die Klarheit und das Monolithe der Darstellung der Stillbild-Vorlage zu verlieren bzw. von den Darstellungsparadigmen und den evozierten Referenzen abzuweichen, entgeht man, indem die Narration entweder ausgespart oder auf ein Minimum reduziert wird. Diese Mikro-Narrationen sind der Kitt, der die Bilder der Einzelszenen verbindet. Sinnhaftigkeit und Anschlusslogik sind nicht wichtig. Mikro-Narrationen entstehen erst nach den Bildern. Die in den Musikvideos angedeuteten Narrationen dienen nicht der Kontinuität einer zusammenhängenden Handlung, sondern der Evozierung eines ästhetisch dichten Bildprogramms. Die Bilder geben erst die Möglichkeit einer Narration vor: Die Bilder folgen nicht der Handlung, wie beispielsweise im narrativen Musikvideo oder im Film üblich, sondern umgekehrt. Es kann nicht von einer vollständigen Narration gesprochen werden, eher von einem losen Zusammenspiel von Eindrücken. Diese haben ihren Ursprung in stillen Bildern, die im Musikvideo zu bewegten werden. Durch die Erweiterung des Referenzrahmens zum Beispiel durch das Hinzunehmen eines Anderen oder durch das Verwenden eines Filmbildes, kann der Bildüberschuss des Bewegtbildes aufgefangen werden. Ein Klassifikationsmodell zu erarbeiten, welches den Narrationswert der jeweiligen bildlichen Darstellung ermittelt, ist somit nicht von Nutzen. Zudem verweisen Bilder immer auf andere Bilder. Das reicht als Bindeglied zwischen Darstellungen aus, ohne eine schlüssige Handlung konstruieren zu müssen. Unterschieden werden muss nur, ob um die Bilder ein Handlungsrahmen gelegt wurde oder ob der Zusammenhang nur über das Bildmaterial und dessen Ästhetik entsteht.

Wie ein solcher Zusammenhang über das Bildmaterial erzeugt wird, zeigt sich beispielsweise im Musikvideo *Mother North* von Satyricon. Dieses Musikvideo besteht aus drei verschiedenen Darstellungsebenen, die teilweise nur eine Performance und zum Teil in sich geschlossene Ereignisse zeigen. Diese Ereigniskonzentrate sind singulär und stehen nicht in direkter Verbindung zu den anderen Darstellungen:

– Die erste Darstellungsebene zeigt die musikalische Performance am anderen Ort, mit ikonografischen Verweisen auf das Genre.
– Die zweite Darstellungsebene, welche durch eine Mann-Frau-Relation geprägt ist, beinhaltet vier Mikro-Narrationen.
– Die dritte Darstellungsebene generiert genrespezifische Kurzdarstellungen, die als klassische Black-Metal-Codes gelesen werden und die subkulturelle Verortung Satyricons unterstützen. Diese collagenartigen Kurzdarstellungen unterteilen und spalten die beiden anderen Darstellungsebenen und bestimmen so das Schnitttempo.

Vergleicht man jetzt beispielsweise die vier Mikro-Narrationen der zweiten Darstellungsebene miteinander, so fällt auf, dass diese zwar durch ästhetische Interdependenzen und die gleiche Mann-Frau-Konstellation verbunden sind, sie jedoch unter der Betrachtung des Handlungsablaufs keinerlei Zusammenhänge und sogar Brüche aufweisen. Die weibliche Person ist beispielsweise fast durchweg als passiv und devot zu beschreiben, außer in der Tanzszene, in der sie ein komplett anderes Verhalten zeigt. Dort ist sie der nackte Vamp, der sich aufreizend in Szene zu setzen weiß, während sich das sonst so dominante männliche Subjekt im Hintergrund hält. Auf diese Szene folgt die Ermordung der weiblichen Person, die ebenfalls keiner Handlungslogik folgt. Danach folgt der immerwährende Spaziergang der beiden durch den Wald. Es herrscht also, bezogen auf Handlung und Zeitablauf, keine Kontinuität vor.

Selbst der filmische Raum, der die Möglichkeit bietet, gänzlich andere Darstellungsformen zu nutzen, fügt die übernommenen Filmszenen in einer Collage, die an keine Erzählstruktur gebunden ist, zusammen. Das heißt, dass bestimmte Abweichungen von den gängigen Darstellungsparadigmen nur im Filmraum möglich sind, weil dieser durch seine ästhetische Beschaffenheit auf die Möglichkeit einer Narration verweist, ohne von dieser Möglichkeit Gebrauch zu machen. Wenn also eine Filmvorlage als direkte Referenz dient, so wird diese Referenz nur als ästhetische Grundlage benutzt, um daraus etwas Neues zu generieren, welches losgelöst ist von einer schlüssigen zeitlichen Abfolge und Kontinuität. Das Musikvideo von Cradle Of Filth zu *Babalon AD (so glad for the madness)* ist ein Beispiel für das Zusammenspiel von Bildreferenzen, die lose in einen Handlungsrahmen integriert wurden. Der Referenzfilm *120 Tage von Sodom* dient als Vorlage für visuell starke Schlüsselszenen, aus denen dann der Videoinhalt generiert wird. Diese werden jedoch räumlich und zeitlich neu interpretiert und in einen neuen Handlungsstrang integriert. Das Verständnis um die Filmvorlage ist nicht notwendig. Das Minimum an Kontinuität wird letztendlich nur durch die wiederkehrenden Räume und Personen erzeugt.[396] Eine episodenhafte Diskontinuität ist vorherrschend, ohne dass ein übergreifender Plot von Wichtigkeit für die Inszenierungen wäre. Genauer: es ist a priori kein Plot vorhanden. Die Ästhetik der Inszenierung und die des Raumes sind Grundlage für das Erzeugen von Kontinuität. Die Möglichkeit zu einer übergreifenden und schlüssigen Geschichte findet erst nach dem Bild statt. Bildtechnische Voraussetzungen (wie Licht) und Inszenierungen (Positionierung des männlichen Subjekts im Raum) werden so zum Handlungsträger archaischer Männlichkeit und erzeugen einen Bilderfluss, der allein vom Bild lebt, ohne auf eine Narration angewiesen zu sein.

7.2 Identitätsräume und Raumidentitäten

Bezogen auf die Inszenierungspraxen im Black Metal kann gesagt werden, dass durch die Konstruktion der hier analysierten Darstellungsräume (anderer Ort, Naturraum, Heterotopie und filmischer Raum) das männliche Subjekt (durch die Relation zum Bedeutungszusammenhang des Raumes) und die damit verbundene geschlechtspezifische Überhöhung entsteht. Gleichzeitig werden die Räume durch das männliche Subjekt geschlechtlich konno-

---

396 Altrogge und Amann beschreiben diese episodischen Darstellungen als eine situative Ausprägung, das heißt, dass sich Ereignisse abspielen, die nicht in einen übergreifenden Plot integriert sind. (Vgl. Altrogge/Amann, *Videoclips*, S. 61.)

tiert, wenn beispielsweise ein unbeschriebener Raum durch das Subjekt in einen bestimmten Bedeutungszusammenhang gestellt wird. Neben Identitätsräumen[397], also identitätsstiftenden Räumen, gibt es somit auch Raumidentitäten, also Räume, die eine Identität durch das vorhandene (oder sogar nicht-vorhandene) Subjekt verliehen bekommen. Die Räume sind nicht auf eine universelle Identität festgelegt, sondern variieren mit dem Subjekt, welches ihnen die Identität verleiht.[398] Die Kombination von Aufnahmen verschiedener Darstellungsebenen im Musikvideo ist mitbestimmend für die Deutung der jeweiligen Darstellungsräume – zum Beispiel Naturraum als Heterotopie. Auch wenn es typische Räume für bestimmte Gruppen/Szenen gibt, können sie nicht als statisch betrachtet werden – »Raum ist demnach nie fertig oder abgeschlossen«.[399] Der Raum ist vielmehr als prozessual anzusehen: als ein dynamisches System, welches sich auf der »Basis von institutionalisierten Konstruktionen und Gegenkonstruktionen in der Dualität von Handeln und Struktur und in Abhängigkeit von Ort, Zeit und Machtverhältnissen«[400] konstituiert. Nach Martina Löw setzt jeder handlungstheoretische Bezug auf den Raum zwangsläufig an der Körperlichkeit des Menschen an, die, ebenso wie der Raum, immer schon eine beschriebene und in den Vorstellungen und Bildern geformte ist.[401] Das bedeutet, dass Körper und Raum gleichsam als dynamische Kategorien gedacht werden müssen, die sich gegenseitig bedingen und beeinflussen. Es muss jedoch miteinbezogen werden, dass der Raum in den analysierten Musikvideos gleichzeitig ein relativer und ein absoluter Raum ist. Bezogen auf Bedeutung und Referenzialität[402] ist der Raum im Musikvideo ein relativer bzw. dynamischer.[403] Bezogen auf die Ebene der

---

397 Vgl. Hipfl/Klaus/Scheer, *Mediale Identitätsräume*, S. 9.

398 Vgl. den relativistischen Denkansatz in Martina Löws »Raumsoziologie«, welcher davon ausgeht, dass die »Aktivität des Handelns unmittelbar mit der Produktion von Räumen einher« geht. (Löw, *Raumsoziologie*, S. 18.)

399 Hipfl, *Skizzen zu einem ›spatial turn‹ in der Medien- und Kommunikationswissenschaft*, S. 29.

400 Löw, *Konstituierung sozialer Räume im Geschlächterverhältnis*, S. 460.

401 Löw, *Raumsoziologie*, S. 128.

402 Dies beschreibt Panofsky als Ikonographie: »Die Entdeckung und die Interpretation dieser symbolischen Werte (die dem Künstler selber häufig unbekannt sind und die sogar entschieden von dem abweichen können, was er bewusst auszudrücken suchte) ist der Gegenstand dessen, was wir […] Ikonographie nennen können«. (Panofsky, *Sinn und Deutung in der bildenden Kunst*, S. 41.)

403 Diese zweifache Sichtweise auf Bilder, die Räume zeigen, beschreibt Gottfried Boehm als das »Paradox einer realen Irrealität«: »Es ist ein Ding und Nicht-Ding zugleich, befindet sich in der Mitte zwischen schierer Tatsächlichkeit und luftigen Träumen«. (Boehm, *Jenseits der Sprache?*, S. 30.)

Sichtbarkeit ist der Raum absolut:[404] Sichtbarkeit und Unsichtbarkeit werden technisch erzeugt und finden nur innerhalb des Bildes statt. Ohne den direkten Verweis auf ein Außen über das Bedeutungs-Surplus des Ereignisraums, findet der Darstellungsraum nur innerhalb der Grenzen des Bildes statt oder wird dort durch eine innerbildliche Rahmung noch weiter begrenzt.[405] Gleichzeitig beginnt hier, was Baudrillard als »Illusion eines Raumes« beschreibt, nämlich die »geistige Verlängerung dessen, was man sieht«.[406] Genau wie das Subjekt der archaischen Männlichkeit ist auch der gezeigte Raum immer nur Simulakra – also die Kopie ohne Original: »It has no relation to any reality whatsoever«.[407] Genauso verhält es sich mit den Referenzen, auf die sich Inszenierung und Raum beziehen. Gerade aufgrund der Abwesenheit eines Originals ist die bildliche Darstellung räumlicher Verortung in der Lage, mit klassischen Darstellungsparadigmen zu brechen und so eine neue Sichtweise, beispielsweise auf Bewegungsmuster der performenden Subjekte oder der Performance einer Band im Allgemeinen, zu ermöglichen bzw. typische Performancemerkmale (sogar das performende Subjekt an sich) gänzlich obsolet werden zu lassen.

---

404 Jedoch nicht im newtonschen Sinne unbeweglich, sondern eher auf einer methodischen Ebene der Bildbetrachtung. Vgl. »Der absolute Raum, der aufgrund seiner Natur ohne Beziehung zu irgendetwas außer ihm existiert, bleibt sich immer gleich und unbeweglich.« (Newton, *Mathematische Grundlagen der Naturphilosophie*, S. 44.)
405 Man könnte diese Sichtweise als Blick auf das Bild beschreiben – das Bild wird als Oberfläche betrachtet oder, im Sinne Panofskys, als primäres Sujet.
406 Baudrillard, *Architektur: Wahrheit oder Radikalität?*, S. 11.
407 Baudrillard, *Simulacra and Simulation*, S. 6.

8. Ereignisraum

»Das Unmenschliche als Raum der Neudefinierung.«[408]

Um »ernsthafte« Bildinszenierungen archaischer Männlichkeit im Black Metal zu untersuchen, bedarf es einer Analyse der Räume, in denen diese Inszenierungen verortet werden sowie der Analyse von Widerständigkeitsstrategien, die in diesen Räumen ihre Anwendung finden.[409] Während in den Kapiteln 3–7 die Darstellungsparadigmen des sichtbaren Raums, des Darstellungsraums, beschrieben wurden, soll nun ein Bereich erschlossen werden, der immer anwesend ist, ohne sichtbar zu sein. Dieser Bereich soll als Ereignisraum bezeichnet werden und beschreibt das Bedeutungs-Surplus, welches zur Inszenierung im Bild gehört und im Bild visualisiert wird.[410] Der Ereignisraum ist somit ein Raum, in dem Strategien gefunden werden, um immaterielle atmosphärische Begriffe, wie beispielsweise »Ernsthaftigkeit« oder »das Böse«, über die Inszenierung zu materialisieren. Hier verschwimmen Realereignisse, Mythen, Darstellungscharakteristika und Inszenierungspraxen.

Der oft verwendete Begriff der Atmosphäre, also eine Potenzialität der Räume, die Gefühle beeinflussen kann,[411] muss hier erweitert bzw. in einer mehr phänomenologischen Lesart verstanden werden, weil es sich beim Begriff der Atmosphäre gewöhnlich um ein Erleben handelt bzw. um eine intersubjektiv vermittelbare Stimmung,[412] also etwas im Raum oder Subjekt Angelegtes: »Jeder Raum ist daher in einer bestimmten Intensität gestimmt, wodurch er zum Beispiel feierlich oder sachlich, freundlich oder kühl er-

---

408 Badiou/Žižek, *Philosophie und Aktualität*, S. 80.
409 Ein Raum ist immer viele Räume bzw. besteht aus vielen Komponenten, die diesen Raum erzeugen. Diese Räume sind nicht voneinander zu trennen.
410 Wie in dem Kapitel *Mikro-Narrationen als Bilderkitt* gezeigt wurde, sind Narrationen und Sinnzusammenhänge nicht von Wichtigkeit für die Bildinszenierung archaischer Männlichkeit.
411 Vgl. Löw, *Raumsoziologie*, S. 204.
412 Joisten, *Philosophie der Heimat*, S. 65.

scheinen mag. Wir können folglich eine wechselseitige Abhängigkeit zwischen der Verfasstheit des Menschen und der Atmosphäre des Raums erkennen«.[413] Martina Löw beschreibt die Atmosphäre eines Raums als dessen in der Wahrnehmung realisierte Außenwirkung:

»In meinen Überlegungen zur Wahrnehmung kann ich bereits feststellen, dass soziale Güter oder Menschen eine Außenwirkung haben. Diese Außenwirkung sozialer Güter und Menschen bleiben nicht einfach als verschiedene Wirkungen nebeneinander bestehen, sondern entwickeln im gemeinsamen Arrangement eine eigene Potentialität. In der Zusammenschau verschiedener Außenwirkungen entstehen, so möchte ich zuspitzen, spezifische Atmosphären, die dann aber, was für Wahrnehmungsprozesse allgemein gilt, aktiv aufgegriffen werden müssen. Atmosphären sind demnach die in der Wahrnehmung realisierte Außenwirkung sozialer Güter und Menschen in ihrer räumlichen (An)Ordnung. Das bedeutet, Atmosphären entstehen durch die Wahrnehmung von Wechselwirkungen zwischen Menschen oder/und aus der Außenwirkung sozialer Güter im Arrangement.«[414]

Der hier zu untersuchende Bereich bezieht sich jedoch auf Strategien und die Produktion von Gesten, die sich auf ein bestimmtes Ereignis beziehen und die Koordinaten dafür setzen, was für eine Inszenierung infrage kommt. Der Ereignisraum schafft die Grundlage der Inszenierungen von Widerständigkeit und Authentizität, aus denen dann eine bestimmte Atmosphäre im Bild resultiert. Der Begriff der Atmosphäre ist hier also als etwas ganz Konkretes zu verstehen, das durch bestimmte Bezüge und Inszenierungspraxen erzeugt wird – also etwas, das der in der »Wahrnehmung realisierten Außenwirkung«[415] vorangestellt ist. Dieser Raum ist nicht vom Darstellungsraum als sichtbarem Raum zu trennen. Er ist ein Teil des Ganzen.

Die Inszenierungen, in denen Strategien gefunden werden, immaterielle atmosphärische Begriffe, wie beispielsweise »Ernsthaftigkeit« oder »das Böse«, im Bild zu materialisieren, beziehen sich auf ein ihnen vorangestelltes Ereignis, um sozusagen einen Mehrwert der Bilddarstellung zu generieren. Auf die Erzeugung dieses Mehrwerts und dessen Visualisierung soll im Folgenden eingegangen werden. Die Analyse des Ereignisraums dient unter anderem der Begriffsfindung für die Verortung von Darstellungen und Widerstandsstrategien. Um diese Begriffe zu definieren, wird das Feld der Bilder erweitert und auf verschiedene bewegte Bilder (auch anderer Genres) zurückgegriffen, während im Darstellungsraum nur auf Black-Metal-Musikvi-

---

413 Ebd., S. 65.
414 Vgl. Löw, *Raumsoziologie*, S. 204.
415 Ebd., S. 205.

deos Bezug genommen wurde. Diese Erweiterung des Referenzfeldes ist nötig, weil sich die Widerstandsstrategien der Inszenierungen im Black Metal
selbst eines umfangreicheren Bezugsrahmens bedienen und um den universellen Charakter dieser Inszenierungen von Widerstand sowie die Wichtigkeit des Ereignisbezugs zeigen zu können.

8.1 Ein vorangestelltes Ereignis

»In the month following the opening of Helvete, the tone of such proclamations by
Aarseth and Vikernes steadily intensified. They were not confining their viewpoints
to themselves, but publicly stating them in fanzine interviews as well. People in the
Metal underground began to take notice of these vociferous Satanic extremists from
the remote North, and wondered if they could possibly be sincere. Aarseth and Vikernes were smart enough to realize that unless more serious actions were undertaken
in the real world, their words would be seen as nothing more than empty rhethoric
– or worse, a bad joke. They would simply have to prove Black Metal was no laug-
hing matter …«[416]

Die Autoren des Buches *Lords of Chaos*, welches sich mit den Hintergründen
der Gewalttaten in der Black-Metal-Szene auseinandersetzt, arbeiten weiter
an dem Mythos, der die, im Folgenden noch zu beschreibenden Realereignisse längst überschrieben hat. Die Analysen sowie die geführten Interviews
mit Beteiligten und Tätern zeigen, was Slavoj Žižek als »the Pascalian logic
of custom« bezeichnet: »Act as if you believe and believe will come by
itself«.[417] Man kann sagen, dass die Beteiligten der Ereignisse sich zuerst als
böse inszeniert haben, dann die Inszenierung verwirklicht haben und sich
letztendlich – retroaktiv[418] – als a priori böse präsentieren: »We pretend to be
something, we just act as if we are that, till, step by step, we actually become
it.«[419]

---

416 Moynihan/Soderlind, *Lords of Chaos*, S. 76.
417 Žižek, *Enjoy Your Symptom!*, S. 38.
418 Der Begriff der Retroaktivität bezieht sich auf die Frage, inwiefern Ereignisse durch Interpretation oder Zuordnung verändert oder geschaffen werden. Sigmund Freuds Begriff der
Nachträglichkeit ist hier vergleichbar als »die Vergangenheit im Lichte der Gegenwart«.
(Cavell, *Freud und die analytische Philosophie des Geistes*, S. 129.)
419 Ebd.

Die Ereignisse, auf die sich in der Black-Metal-Szene und in Berichten über Black Metal immer wieder berufen wird,[420] beginnen mit dem Selbstmord des Sängers der Band Mayhem mit dem bezeichnenden Namen *Dead*, im April 1991. *Dead* schießt sich mit einer Schrotflinte in den Kopf. Die Bilder des Selbstmords werden genutzt, um die Black-Metal-Szene als ernsthaft und bösartig zu inszenieren. Laut eigener Aussagen finden die Bandmitglieder den Toten und fotografieren ihn, noch bevor die Polizei eintrifft. Auch nehmen sie Stücke des Schädels mit: »We also found some of the brain, and Euronymous took it, cooked it in a stew, and ate it so he could claim himself to be a cannibal.«[421] Gleichzeitig wird der Selbstmord genutzt, um die eigene Band und die lokale Szene zu vermarkten. Ein Foto, welches den Toten mit zersplitterter Schädeldecke und blutüberströmt neben der Tatwaffe zeigt, schmückt später eine Veröffentlichung der Band. Der Grund für die Tat wird von den anderen Bandmitgliedern in direkte Verbindung zur Black-Metal-Szene gesetzt: »Dead killed himself because he lived only for the true old Black Metal scene and lifestyle. It means black clothes, spikes, crosses and so on ...«[422]. Ab Mai 1992 folgt eine Reihe von Kirchen-Brandstiftungen, bei denen ein Feuerwehrmann ums Leben kommt. Moynihan und Soderlind sprechen von 45 bis 60 Kirchenbränden seit 1992, von denen ein Drittel der Black-Metal-Szene zugeordnet werden.[423] Im August 1992 ermordet Bard Eithun, ein Mitglied der Band Emperor, einen Homosexuellen mit einem Messer: »I don't remember what I was thinking, but at least I knew that if I didn't do it now, I would not get another opportunity.« Im August 1993 stirbt Euronymous (Oystein Aarseth), Mitglied der Band Mayham und Hauptprotagonist der norwegischen Black-Metal-Szene, an mehreren Stichwunden, die ihm Count Grishnackh (Varg Vikernes) zufügt:

»I was running after him, stabbing, and it was four or five stabs. The first stab was in the chest. The whole time he was trying to run away, so I had to stab him in the back. [...] The autopsy was bullshit. They said he died of blood loss. The real point is that

---

420 »Die Tatsache aber, dass Vikernes und viele andere Black-Metal-Künstler bzw. Fans seiner Generation [...] offenbar an einem inneren Zusammenhang der Notwendigkeit von ›Fronterlebnissen‹(sie beschreiben ihre Tötungsdelikte in ›kriegerischen‹ Kontexten, es geht gegen ›Feinde‹ ›Besatzer‹ usw.) und ihrer Musik glauben, erheischt im Rahmen der Gedankenführung, die ich hier präsentieren möchte, die nicht ganz überraschende Pointe, dass die Polarität von Zivilisation und Atavismus, [...] im Laufe der letzten 90er Jahre nichts von seiner Wirkmacht eingebüßt hat.« (Dath, *Das mächtigste Feuer*, S. 45.)
421 Moynihan/Soderlind, *Lords of Chaos*, S. 59.
422 Ebd., S. 59.
423 Ebd., S. 79.

he died from one stab to the head. He died momentarily. Bam! he was dead. Through his skull. I actually had to knock the knife out.«[424]

Aber auch in Deutschland ereignet sich im April 1993 ein Mord der sogenannten Satanskinder (Mitglieder der Band Absurd) an einem Mitschüler, der erdrosselt wird: »Every passing second a human dies, so there's no need to make a big fuss of this one kill.«[425]

Über die reale Tat wird ein Grundmythos erschaffen, um sich dann darauf zu berufen bzw. eine Atmosphäre des Bösen zu etablieren, die jeder Inszenierung vorangestellt ist. Diese Atmosphäre ist auch den Inszenierungen vorangestellt, welche bereits vor den Ereignissen stattfanden: Die Ereignisse werden retroaktiv geadelt. Die Mythen setzen die Koordinaten des Möglichen bzw. haben die Koordinaten verschoben von dem, was vorher als möglich galt, und verändern somit auch deren Bedingungen:

»While the pure past is the transcendental condition for our acts, our acts not only create an actual new reality, they also retroactively change this very condition. In predestination, fate substantializes into a decision that precedes the process, so that the stake of individuals, activities is not to performatively constitute their fate, but to discover (or guess) one's preexisting fate.«[426]

Diese retroaktiv erneuerten Bedingungen verändern auch die Bedeutung der Selbst- und Bildinszenierungen. Selbst wenn Bilder nicht auf diese mystifizierten Realereignisse anspielen, so sind sie doch ein vorausgesetzter Teil jeder Inszenierung im Black Metal, das heißt, dass die Koordinatenverschiebung des Möglichen auf die Bildebene wirkt und darauf, wie Bilder erzeugt und rezipiert werden. Genauso sind alle anderen Realereignisse in der Black-Metal-Szene schon in die vorher geschaffenen Vorbedingungen eingebettet. Wenn beispielsweise Gaahl, der frühere Sänger der Band Gorgoroth, wegen Körperverletzung und Folter verurteilt wird oder sich der Sänger der Band Dissection erschießt, so wurden die Koordinaten, in dem diese Ereignisse stattfinden, bereits gesetzt.[427]

---

424 Ebd., S. 123.
425 Ebd., S. 257.
426 Žižek, *In Defense of Lost Causes*, S. 315.
427 Dietmar Dath beschreibt etwas Ähnliches zu einem Film von Fulci und nennt diese Form vom Bild-Retroaktivität filmische Echos: »Dabei tut es nichts zur Sache, ob Gibson oder Schrader ihrerseits Fulcis Werk im einzelnen wirklich kennen. Sobald der sich getraut hatte, diese Bilder zu filmen, waren sie Bestandteil des Gesamtmenüs der Drastik geworden und die filmische Welt eine andere; ganz wie Picasso einmal von seinen Bildern bemerkte, sie müßten gar nicht betrachtet werden, sondern entfalteten ihre Wirkung zur Not auch verhüllt. Drastiker sind Brunnenvergifter: Ein bißchen Gift reicht ihnen, weil es

Wenn, wie Žižek schreibt, die »Authentizität [...] im Akt der gewaltsamen Überschreitung«[428] liegt, dann dient hier diese Überschreitung auch der Re-Etablierung von Mythen, auf die Bezug genommen werden kann.[429] Eine Re-Etablierung von Mythen, wie sie über den authentischen »Akt der gewaltsamen Überschreitung«[430] stattfindet, manifestiert sich im Ereignis, bei dem es jedoch nicht um das vermeintlich Reale selbst geht, sondern um einen abstrakten Realitätswert, der für die Inszenierung nutzbar gemacht wird. Was ist besser zur Inszenierung geeignet, als ein mythischer Raum, der an Ereignisse mit hohem Realitätswert rückgebunden ist? Hier ist es sinnvoll, den Begriff des »Ereignisses« zu definieren bzw. einzugrenzen.

8.1.1 Der Begriff des Ereignisses

Jaques Derrida verweist in seinem Vortrag »Eine gewisse unmögliche Möglichkeit, vom Ereignis zu sprechen« darauf, dass Ereignis »Überraschung, Unvorhersehbarkeit und Exponiertheit«[431] bedeutet. Gleichzeitig ist das Ereignis an die Erfahrung der Unmöglichkeit gebunden: »Wenn es möglich oder vorhersehbar wäre, könnte es nicht eintreten.«[432] Oder um es mit Baudrillard zu sagen, ein Ereignis ist das Auftreten von »etwas, was sich vollzieht, ohne dass es möglich gewesen wäre«[433]. Wenn also die Koordinaten von vornherein das Ereignis als möglich erscheinen lassen, dann ist dieses Geschehen nicht als Ereignis zu bezeichnen.[434] Deshalb kann man auf die

---

so extrem löslich ist, für die ganze Kultur. Haben sie es erst freigesetzt, wird man die Spuren schon finden.« (Dath, *Die salzweißen Augen*, S. 21.)

428 Žižek, *Willkommen in der Wüste des Realen*, S. 15.

429 Der Begriff der Authentizität muss allerdings kritisch betrachtet werden. In diesem Buch wird Authentizität als eine Praxis zur Abgenzung definiert. Der Begriff ist nicht im Sinne einer Unterscheidung zwischen authentischem Original und unauthentischer Kopie zu sehen. Authentizität stellt kein statisches Konstrukt dar. Das Bekennen zur Geste des Authentischen (über die Inszenierung) wird zum Authentischen selbst. Vgl. Kapitel 8.4.1 Ernsthaftigkeit als Authentizitätsgarant.

430 Žižek, *Willkommen in der Wüste des Realen*, S. 15.

431 Derrida, *Eine gewisse unmögliche Möglichkeit, vom Ereignis zu sprechen*, S. 7.

432 Ebd., S. 33.

433 Baudrillard, *Die Intelligenz des Bösen*, S. 113.

434 Derrida erklärt diese Erfahrung des Unmöglichen als Bedingung für die »Ereignishaftigkeit des Ereignisses« am Beispiel der Erfindung: »Die Erfindung ist ein Ereignis; das sagen schon die Worte selbst. Es handelt sich darum, zu finden, eintreten und sich ereignen zu lassen, was noch nicht da war. Wenn die Erfindung möglich ist, ist sie keine Erfindung. Was soll das heißen? Sie sehen, dass ich mich der Frage des Möglichen nähere, die uns hier

Vorfälle in der Black-Metal-Szene verweisen und behaupten, dass die Koordinaten oder die »Struktur des Feldes«[435], wie Derrida es nennt, im Black Metal nicht auf aktive Zerstörung von Kirchen und Körpern angelegt waren und die beschriebenen Vorfälle eben deswegen als Ereignisse bezeichnet werden können. Alain Badiou schreibt dem Ereignis noch eine weitere Charakteristik zu: »Den Wert der Ausnahme zu verdeutlichen, den Wert des Ereignisses, den Wert des Bruches. Und zwar im Widerstand gegen das einfache Weiterfließen des Lebens.«[436] Badiou betont also nicht nur die Unvorhersehbarkeit des Ereignisses, sondern auch dessen Widerständigkeit und die Ausnahme, für die es steht. Das Ereignis, welches die Beziehungen zwischen Möglichem und Unmöglichem verändert, ist nicht der Beweis für etwas, sondern »reiner Beginn«[437]. In diesem Sinne ist, laut Baurillard, »jedes seines Namens würdige Ereignis terroristisch«, nämlich als »Ordnung der Diskontinuität und des Bruchs«.[438] Das Ereignis ist singulär, aber von universeller Wichtigkeit, und fordert die Treue des Subjekts, durch die das Subjekt erst existent wird:[439]

»The event cannot result from the actions and passion of a body, nor can it differ in kind from these actions and passions. On the contrary, an active body adequate to the new present is an effect of the event.«[440]

Diese universale Singularität manifestiert sich beim Apostel Paulus, der Badiou als Beispiel für seine Theorie des Ereignisses dient, darin, dass er »das Christentum auf eine einzige Aussage reduziert: Jesus ist auferstanden«[441]. Für Badiou ist allerdings nicht die christliche »Fabel« von Bedeutung, genauso wenig wie Jesus selbst. Jesus ist eine anonyme Variable, die ganz im Ereignis aufgeht.[442] Das Subjekt existiert nicht vor dem Ereignis. Subjekt sein be-

---

zusammengeführt hat. Wenn ich das, was ich erfinde, erfinden kann, wenn ich die Fähigkeit dazu habe, dann heißt das, dass die Erfindung in gewisser Weise einer Potenzialität entspricht, einer Potenz, die ich bereits in mir habe, sodass die Erfindung nichts Neues bringt. Das ist kein Ereignis.« (Derrida, *Eine gewisse unmögliche Möglichkeit, vom Ereignis zu sprechen*, S. 33.)

435 Ebd., S. 32.
436 Badiou/Žižek, *Philosophie und Aktualität*, S. 23.
437 Badiou, *Paulus*, S. 64.
438 Baudrillard, *Der Geist des Terrorismus*, S. 71.
439 Badiou, *Paulus*, S. 22.
440 Badiou, *Logic of Worlds*, S. 385.
441 Badiou, *Paulus*, S. 11.
442 Ebd., S. 80.

deutet, sich zu einem Ereignis zu bekennen und ihm treu zu sein.[443] Nutzbar ist Badious Begriff des Ereignisses, weil er, wenn er es auch nicht bewusst erwähnt, von einer Kraft der Geste und des Bekenntnisses ausgeht, wobei der Wahrheitsgehalt des Realen nicht von Wichtigkeit ist:

»Die Lehre Jesu wird, nicht anders als seine Wunder, hochmütig ignoriert. Alles wird auf einen einzigen Punkt zurück geführt: Jesus, der der Sohn Gottes und in dessen Eigenschaft Christus ist, ist am Kreuz gestorben und auferstanden. Das andere, alles andere, ist ohne reale Wichtigkeit. Ja man kann sogar sagen, dass dieser Rest (was Jesus gesagt und getan hat) nicht das Reale der Überzeugung ist, sondern sie behindert, ja verfälscht.«[444]

Das Ereignis wird also von Badiou formal definiert und weniger über den jeweiligen Inhalt oder das jeweilige handelnde Subjekt.[445] Jesus beispielsweise geht ganz in dem Ereignis auf und hat als solches keine Funktion.[446] Und gerade in diesem Formalismus liegt die Anwendbarkeit Badious für die Analyse der Ereignisse in der Black-Metal-Szene. Auch weil das, was Žižek, in Bezugnahme auf Badiou, als *authentic event* beschreibt innerhalb dieser Szene stattgefunden hat:»A momentary opening that unleashed unprecedented forces of social transformation, a moment in which everything seemed possible«.[447] Bei der Black-Metal-Szene bezieht sich der Ereignisbegriff jedoch weniger auf eine allgemeine symbolische Ordnung, wie die Gesamtgesellschaft oder den popkulturellen Diskurs, sondern viel mehr auf die symbolische Ordnung der Black-Metal-Szene selbst. Ereignis ist, bezogen auf den Black Metal, vor allem als selbstreferenziell zu verstehen.

»In the revolutionary explosion as an Event, another utopian dimension shines through, the dimension of universal emancipation which, precisely, is the excess betrayed by the market reality which takes over ›the day after‹ – as such, this excess is

---

443 »Das Verfahren Paulus ist generell das folgende: wenn ein Ereignis stattgefunden hat und wenn die Wahrheit darin besteht, es zu bekennen und ihm treu zu bleiben, dann folgen daraus zwei Konsequenzen. Wenn, einmal, die Wahrheit ereignishaft ist oder der Ordnung dessen angehört, was geschieht, dann ist sie singulär. Sie ist weder struktural noch axiomatisch noch legal. Keine vorhandene Allgemeinheit kann von ihr Rechenschaft geben oder das Subjekt, das sich auf sie beruft, strukturieren. Es kann also kein Gesetz der Wahrheit geben. Da, weiter, die Wahrheit sich ausgehend von einem Bekenntnis von essenziell subjektiven Charakter einschreibt, wird sie von keiner bereits konstituierten Teilmenge gestützt, verleiht nichts Kommunitäres oder historisch etabliertes ihrem Prozess seine Substanz.« *(Badiou, Paulus, S. 22.)*

444 Ebd., S. 45.

445 Genauso ist der Ereignisraum zu verstehen: nicht als Inhalts-, sondern als Ereignissurplus.

446 Badiou, *Paulus*, S. 62.

447 Žižek, *In Defense of Lost Causes*, S. 394.

not simply abolished, dismissed as irrelevant, but, as it were, transposed into a virtual state, continuing to haunt the emancipatory imaginary like a dream waiting to be realized.«[448]

Die Black-Metal-Szene ist einer universellen Emanzipation zwar nicht verpflichtet, trotzdem ist Žižeks Analyse des Ereignisses der französischen Revolution insofern hilfreich, weil er beschreibt, wie und was vom Ereignis übrig bleibt, nachdem der »nächste Morgen« beginnt. Das Ereignis bleibt, als Möglichkeit, das Unmögliche zu denken, erhalten – als Struktur des Feldes[449] und als Bild oder Imaginäres, wie Žižek es bezeichnet.

8.1.2 Bild-Ereignis und Ereignis-Bild

Die Bildhaftigkeit eines Ereignisses zeigt sich besonders in zeitgenössischen Ereignissen, die ohne bildliche Repräsentation nicht existent wären. Dieser medialen Bilderwartung wird über die ständige Verfügbarkeit bilderzeugender Medien Rechnung getragen. Es scheint, als gäbe es kein Ereignis ohne Bilder. Wenn es von dem Ereignis selbst keine Bilder gibt, so gibt es Bilder, die dem Ereignis voran-, zeitlich gleich- oder hintangestellt sind und somit dieses Ereignis markieren. Andere Bilder, die parallel an einem anderen Ort aufgenommen wurden, stehen also für das Ereignis, zum Beispiel Angehörige bei einem nichtbebilderten Flugzeugabsturz, die am Flughafen trauern, als sie von dem Absturz erfahren. Das Ereignis ist besonders real und gleichzeitig irreal, also im kollektiven Bildgedächtnis besonders präsent. Gleichzeitig ersetzen die Bilder das Realereignis und treten an dessen Stelle, wenn es selbst Bilder erzeugt hat, wie beispielsweise 9/11.[450] Bei Bildern, die sich auf ein Ereignis beziehen, muss man präzise sein. Es muss zwischen einem Bild-Ereignis und einem Ereignis-Bild unterschieden werden:

---

448 Ebd.

449 Derrida, *Eine gewisse unmögliche Möglichkeit, vom Ereignis zu sprechen*, S. 32.

450 Beispielsweise zu fordern, weitere Abu-Ghuraib-Bilder zu veröffentlichen, dient nur der weiteren Ikonisierung des Ereignisses, welches bereits seine Ikonen hat. Man weiß bereits, was dort passierte, welche Schrecken sich ereigneten. Man braucht nun die passenden Bilder (neue passende Bilder), um die eigene Fantasie zu begrenzen – die Vorstellung des Schreckens einzudämmen, sie auf das Bild bannen. Der Nachteil einer Nichtveröffentlichung der Bilder könnte darin liegen, dass die Vorstellung noch schlimmer ist als das Bild und dadurch zur größeren Ikone wird, weil der, normalerweise angewendete, Exorzismus durch Bilder fehlt.

– Das Bild-Ereignis evoziert ein Ereignis: Das Bild ist sein eigenes Ereignis. Auch der Bezug auf ein bildloses Realereignis kann als Bild-Ereignis bezeichnet werden. Das Bild macht sich selbst zur Ikone.

– Das Ereignis-Bild hingegen ist das Bild, das auf ein reales Ereignis verweist. Irgendwann jedoch wird das Ereignis-Bild zum Bild-Ereignis, nämlich wenn das Bild an die Stelle des Ereignisses getreten ist. Gleichsam kann das Bild-Ereignis zum Ereignis-Bild werden, wenn das Bild durch Imitation in die Realwelt transportiert wird, wenn also das Bild einem realen Ereignis oder Akt voraus geht.

8.1.2.1 Bildkomplex

»Während wir es mit einer ununterbrochenen Flut von banalen Bildern und Scheinereignissen zu tun hatten, erweckt der Terrorakt von New York sowohl das Bild als auch das Ereignis zu neuem Leben.«[451]

Ein Beispiel für das Paradox, dass gleichzeitig aus einem Bild-Ereignis ein Ereignis-Bild und aus einem Ereignis-Bild ein Bild-Ereignis wird, ist der Bildkomplex 9/11. Die Anschläge auf das World Trade Center haben viele Bildvorlagen, die der amerikanischen Bildkultur selbst entsprungen sind. Katastrophenfilme wie *Independence Day* oder die Covergestaltung der Hip-Hop-Gruppe The Coup haben das Ereignis, als Bildfantasie und Ikone, praktisch vorweg genommen.[452] Mit Jean Baudrillard könnte man sogar sagen, vorweg gesehnt, als »jene terroristische Imagination, die in uns allen wohnt«[453]. Das Realereignis selbst löst die Bildfantasien in der Realwelt ein und löscht in diesem Moment die fiktiven Bildvorlagen, nicht nur im Sinne einer ikonischen Präsents, sondern auch wörtlich: In Filmen, die kurz nach 9/11 entstehen, werden Aufnahmen des World Trade Centers herausgeschnitten (zum Beispiel *Spiderman*). Auch werden in der Zeit nach den Anschlägen, keine Filme ausgestrahlt, in denen das World Trade Center gezeigt wird – nchts sollte von dem Bilduniversum des Realereignisses, bestehend aus Loops und Einzelbildern, ablenken, welche das Realereignis schließlich überschreiben.

---

451 Baudrillard, *Der Geist des Terrorismus*, S. 29.

452 Vgl. Baudrillard: »Höchste Weihe für ein Kunstwerk, von dem Ereignis realisiert zu werden, durch das es zerstört wird.« (Baudrillad, *Die Intelligenz des Bösen*, S. 101.)

453 Baudrillard, *Der Geist des Terrorismus*, S. 12.

»Eine Besonderheit des sich formierenden Bildkomplexes um das World Trade Center ist die Fülle der simultanen Einzelbilder innerhalb eines in Echtzeit implodierenden Bilduniversums in den Medien Fernsehen und Internet. Die neue Dimension des Terrors vom 11. September ist nicht seine Globalität, -Terrorismus überschreitet häufig Ländergrenzen und Kontinente, sondern die Wiedererschaffung eines filmischen Bildes des Grauens. Neu ist das sorgfältige Design einer Ästhetik des Schreckens, hinter dem der Tod von Menschen verschwindet.«[454]

Diese re-fiktionalisierten Bildikonen, also die Bilder, die anstelle des Realereignisses getreten sind und dieses wieder in die Sphäre der Fiktionalität reintegriert haben, können jetzt im Nachhinein wieder aufgenommen werden, um die eingelösten Bildfantasien wieder gegen die symbolische Ordnung zu richten. So geschehen im Musikvideo *Sinister Nation* der Black Metal Band Sothis, das mit dem Einschlag des zweiten Flugzeugs in das World Trade Center beginnt, um dann eine Collage anderer Bewegtbildikonen, mit Aufnahmen von Kriegen, Hinrichtungen, Massengräbern und Diktatoren, folgen zu lassen. 9/11 wird hier präsentiert als Produzent der wichtigsten Bildikone: Als Einstieg in die Bildgeschichte des Bösen.

Abbildung 12: *The Coup* Party Music *(2001). Cover.*

Abbildung 13: *Sigrblot* Blodsband (Blood Religion Manifest) *(2003). Cover.*

Bei diesen beiden Bildbeispielen (Abb. 12 und 13) ist nicht auszumachen, welches nach den Anschlägen vom 11. September entstanden ist und welches davor. Das Cover von The Coup zeigt die Bildfantasie vor den Anschlägen, und das von Sigrblot entstand nach dem Realereignis. Es zeigt sich hier, dass es die Bilder/Fantasien auch ohne das Realereignis gegeben hätte, dann aller-

454 Richard, *9 – 11. World Trade Center Image Complex*, S. 37.

dings außerhalb der Koordinaten des Möglichen. Aus der Fantasie ist eine Möglichkeit geworden. Das Pathologische der Situation bedeutet also nicht, dass das Ereignis keine Rolle für die Inszenierung spielt bzw. dessen Existenz unwichtig wäre. Im Gegenteil, das Realereignis ist wichtig, um die Koordinaten des Möglichen zu erweitern und somit auch das Cover von The Coup, welches vor 9/11 entstanden ist, retroaktiv innerhalb der Koordinaten des Bild-Komplexes 9/11 zu verorten. Das meint auch Jean Baudrillard, wenn er sagt:

»Mit dem Attentat auf das World Trade Center in New York haben wir es sogar mit einem absoluten Ereignis zu tun, mit der ›Mutter‹ aller Ereignisse, mit einem reinen Ereignis, das alle nie stattgefundenen Ereignisse in sich vereint.«[455]

Das, was Baudrillard als absolutes Ereignis bezeichnet, ist gerade die Vermischung und das Oszillieren der Bild-Ereignisse und Ereignis-Bilder. All diese sind in dem Bildkomplex 9/11 vereint und potenzieren sich so gegenseitig. Die Gewalt dieses »außerordentlichen, blitzschnellen Ereignisses« durchkreuzt mit einem Schlag »ein angekündigtes Ende der Geschichte«, indem es in radikalem Kontrast zum Nicht-Ereignis steht, »zu dem wir durch die Hegemonie einer Weltordnung verdammt sind, die durch nichts gestört werden soll«.[456]

»Was da geschehen ist, ist – jetzt müssen Sie alle ihr Gehirn umstellen – das grösste Kunstwerk, das es je gegeben hat. Dass Geister in einem Akt etwas vollbringen, was wir in der Musik nicht träumen können, dass Leute zehn Jahre üben wie verrückt, total fanatisch für ein Konzert, und dann sterben. […] Stellen Sie sich vor, ich könnte jetzt ein Kunstwerk schaffen und Sie wären alle nicht nur erstaunt, sondern Sie würden auf der Stelle umfallen.«[457]

Birgit Richard widerspricht Stockhausens Aussage und meint, dass die Bilderzeuger, also die Personen, welche die Bilder dieses Ereignisses aufgenommen haben, die Künstler dieses »größten Kunstwerks« seien, und eben nicht die Terroristen. Wobei auch diese Künstler nur Erzeuger sind, die dann hinter dem Bildkomplex verschwinden. Hinter dem »sorgfältigen Design einer Ästhetik des Schreckens, hinter dem der Tod von Menschen verschwindet«[458], lösen sich auch der Künstler und schließlich das Realereignis auf. Hier zeigt sich die Ambivalenz des Bildes: Das Bild absorbiert das Ereignis und bietet

---

455 Baudrillard, *Der Geist des Terrorismus*, S. 11.
456 Baudrillad, *Die Intelligenz des Bösen*, S. 101.
457 Karlheinz Stockhausen auf einer Pressekonferenz des NDR in Hamburg am 16.09.2001.
458 Richard, *9 – 11. World Trade Center Image Complex*, S. 37.

es dann zum Konsum an. Diese Konsumierbarkeit verschafft dem Ereignis auf diese Weise einen größeren Einfluss, dann jedoch nur noch als Bild-Ereignis.[459] Diesen Akt des Absorbierens des Realereignisses nennt Baudrillard die Gewalt des Bildes. Das Reale wird zum Bild, um den Preis seines Verschwindens, weil das Anschaulichmachen der Realität deren reale Substanz löscht.[460] Gleichzeitig lässt sich dadurch effektvoller an der Schreckensprämie[461] des Ereignisses teilhaben. Wenn es für eine Inszenierung jedoch keine passenden Bilder gibt, müssen neue Bilder erzeugt werden.

8.1.2.2 Neue Bilder

»Aber dieses Ergebnis ist eines, das nur die Krieger zu Gesicht bekommen. Die Schlacht ist in der Ferne geschlagen worden, und das Volk daheim möchte auch etwas vom Haufen feindlicher Toter haben. Man ist erfinderisch und weiß ihm diese Genugtuung zu verschaffen.«[462]

Zur widerständigen Selbstinszenierung ist es wichtig, die Hypothese der gewaltsamen Überschreitung aufrecht zu erhalten. Wie im Black Metal, der sich auf die eigens generierten Ereignisse (Mord, Kirchenbrände) beruft: als Schreckensprämie, welche sich zum Bild addiert. Wenn es davon keine Bilder gibt, werden neue Bilder entworfen, die für diese Ereignisse stehen.[463]

Diese neuen Bilder sind also Bilder, die einem Ereignis zugeordnet werden, ohne das Ereignis selbst zu zeigen. Als solches Bild-Ereignis können die Inszenierungen der männlichen Subjekte mit übergroßen, altertümlichen Waffen gelten oder die bildliche Darstellung von Gewalt, welche keinen direkten Bezug zu einem Realereignis hat. Aber auch Bilder, die direkt auf das Ereignis verweisen, aber danach aufgenommen wurden, wie das Cover der Band Mayhem, das den toten *Dead* zeigt, oder das Cover der Band Burzum, das die verbrannten Ruinen einer norwegischen Kirche zeigt. Diese Bilder ersetzen die Realereignisse durch etwas anderes als die Bilder vom Ereignis selbst (Bild-Ereignis) bzw. sie können die Realereignisse überschreiben (Ereignis-Bild). Während beim Ereignis-Bild, als Bild vom Realereignis, der Raum vorgegeben ist, so besteht die Freiheit des Bild-Ereignisses in der Möglichkeit, Räume zu schaffen, die dem Ereignis zuträglich sind. Black Metal

---

459 Vgl. Baudrillard, *Der Geist des Terrorismus*, S. 29.
460 Vgl. ebd., S. 45.
461 Vgl. ebd., S. 31.
462 Canetti, *Masse und Macht*, S. 80.
463 Oder es werden Referenzbilder herangezogen, die bereits etablierte Ikonen der Gewalt sind. Vgl. Kapitel 8.3.2.2.1 Ästhetik des Krieges.

zeigt sich als höchst abhängig von seinen Bildern, beispielsweise zur Steigerung des »Authentizitätswerts« und um sich als eigenständig von anderen
Stilen abzuheben – Black Metal ist ein Bildstil bzw. ein bildgenerierender Stil.
Es werden Bilder erzeugt, die Spuren hinterlassen sollen.[464] Das Bild-Ereignis
ist von großer Wichtigkeit für die Inszenierungen im Black Metal. Da es fast
keine Bewegt-Ereignis-Bilder gibt, werden Bild-Ereignisse erschaffen, die von
Realereignissen profitieren und gleichzeitig neue Bilder schaffen.[465]

8.1.3 Der Akt als Transformationsprozess

»Ich halte den Realismus für einen Irrtum. Nur Heftigkeit entgeht der armseligen
Empfindung solch realistischer Erfahrungen. Nur der Tod und das Verlangen haben
beklemmende, atemberaubende Kraft. Nur die Maßlosigkeit des Verlangens und des
Todes ermöglicht, die Wahrheit zu erreichen.«[466]

Auch wenn gesagt werden kann, dass das Subjekt im Dienste des Ereignisses
steht und so zur anonymen Variablen wird, so ist die bildliche Darstellung
eines Ereignisses, besonders im Bild-Ereignis, stark vom Akt eines handelnden Subjekts abhängig.[467] Dieser Akt ist meist der Erzeuger bzw. Träger dessen, was über Darstellungen auf die Realereignisse verweist oder einen weite-

---

464 Als Gegensatz zu dem, was Jean Baudrillard als »Bilder ohne Spuren« bezeichnet: »Wie die
   Barockmenschen sind wir Ikonoklasten. Nicht solche, die die Bilder zerstören, sondern
   eher solche, die Bilder im Überfluss herstellen, auf denen es nichts mehr zusehen gibt. Die
   meisten zeitgenössischen Bilder, Video, Malerei, Plastik, das Audiovisuelle, die syntheti-
   schen Bilder sind buchstäblich solche, auf denen es nichts zu sehen gibt, Bilder ohne
   Spuren, ohne Schatten, ohne Folgen.« (Baudrillard, *Transparenz des Bösen*, S. 24.)
465 Das Musikvideo der Band Gorgoroth zu *Carving a Giant* ist ein Beispiel für ein Ereignis,
   welches aufgrund umfangreicher medialer Rezeption als Bild-Ereignis nachinszeniert wurde. Die Performance, die als Ereignisvorlage für das Musikvideo dient, findet 2004 in
   Krakau, Polen statt. Aufgrund der Verwendung von Tierblut, Schafsköpfen, satanischer
   Symbolik und vier nackten, gekreuzigten Personen als Bühnendekoration, wird der Veranstalter verklagt und die Aufnahmen des Konzerts werden konfisziert. 2007 wird die Performance im Studio nachgedreht, um dem Realevent neue Bilder zu geben und von der medialen Präsenz zu profitieren. 2008 erscheint dann doch das Originalmaterial des Konzerts
   in Krakau, mit dem Titel *Black Mass Krakow 2004* auf DVD. In diesem Fall gibt es sozusagen ein Ereignis und zwei Formen von bildlicher Repräsentation davon.
466 Bataille, *Das Unmögliche*, S. 7.
467 Es gilt jedoch zu unterscheiden: das Subjekt des Ereignisses (zum Beispiel Paulus) ist das,
   welches sich auf das Ereignis beruft. Es muss nicht das Subjekt sein, welches über den Akt
   das Ereignis vollbringt. Somit ist das Subjekt des Ereignisses jenes welches ihm treu ist,
   während das Subjekt des Akts die Bedingungen eines dem Ereignis treuen Subjekts erst
   schafft.

ren Referenzraum eröffnet. Der Akt kann als etwas beschrieben werden, das, wie das Ereignis, den symbolischen Raum transformiert, weswegen man sich der Konsequenzen nie bewusst sein kann, die daraus folgen. Gleichzeitig transformiert der Akt dessen Träger, sodass nichts so bleibt, wie es war:

»The act differs from intervention (action) in that it radically transforms its bearer (agent): the act is not simply something I ›accomplish‹ – after an act, I'm literally ‹not the same as before›. In this sense, we could say that the subject ›undergoes‹ the act (›passes through‹ it) rather than ›accomplishes‹ it: in it, the subject annihilated and subsequently reborn (or not), i.e., the act involves a kind of temporary eclipse, aphanisis, of the subject. Which is whyevery act worthy of this name is ›mad‹ in the sense of radically unaccountability: by means of it, I put at stake everything, including myself, my symbolic identity; the act is therefore always a ›crime‹, a ›transgression‹ namely of the limit of the symbolic community to which I belong. The act is defined by this irreducible risk: in its most fundamental dimension, it is always negative, i.e., an act of annihilation, of wiping out – we not only don't know what will come out of it, its final outcome is ultimately even insignificant, strictly secondary in relation to the NO! of the pure act.«[468]

Der Akt ist nichts, was man erreicht, sondern etwas, das das Subjekt durchschreitet – ein radikaler Transformationsprozess also, der alles aufs Spiel setzt. Der Akt ist das Limit der symbolischen Ordnung, der letztendlich das Verbrechen, den Transgressionsprozess markiert, unabhängig von seinem Ausgang. Eine Hingabe zum Akt als Transformationsprozess findet sich gleichsam in den Realereignissen wie auch in der bildlichen Repräsentation. Das Erzeugen einer radikalen Abweichung über den authentischen »Akt der gewaltsamen Überschreitung«[469], zum Beispiel Mord, ist ein solcher Transformationsprozess. Das Ernstmachen bedarf einer Initiation, und der Akt legitimiert dessen Träger, diesen Übergang zu beschreiten. Die Aussage des Musikers Bard Eithuns, der einen Mann ermordete, bestätigt, dass es um den Akt an sich geht und dass das Ergebnis letztendlich unbedeutend ist: »I don't remember what I was thinking, but at least I knew that if I didn't do it now, I would not get another opportunity.«[470] Es geht alleine darum, die Möglichkeit wahrzunehmen, die sich in diesem Moment bietet, um den Akt zu vollziehen, als Initiation, um sich außerhalb der symbolischen Ordnung zu positionieren. Gleichzeitig unterscheidet sich diese Form der Abweichung strikt von einem Abweichungszwang einer rebellischen popkulturellen Ges-

---

468 Žižek, *Enjoy Your Symptom!*, S. 51.
469 Žižek, *Willkommen in der Wüste des Realen.*, S. 15.
470 Moynihan/Soderlind, *Lords of Chaos*, S. 59.

te. Diese allgemeine popkulturelle Abweichung wird, durch eine viel radikalere Abweichung, zur Pseudo-Abweichung degradiert.

Auf der Ebene des Bewegtbildes findet sich ebenfalls die Wichtigkeit des Aktes als etwas, das durchschritten werden muss, ohne dass das Ergebnis von großer Wichtigkeit wäre. Bei dem Musikvideo von Satyricon zu *Mother North* beispielsweise wird die weibliche Person vom männlichen Subjekt (Sänger der Band) mit einem Schwert erstochen. Sie liegt auf dem Boden, während er über sie gebeugt das Schwert in ihren Bauch drückt. Die Sequenz findet losgelöst von jedem Handlungsrahmen statt und ist einzig auf den Akt des Tötens ausgerichtet. Der Akt kündigt sich vorher nicht an und spielt auch danach keine Rolle mehr, weil die darauffolgende Sequenz die weibliche Person wieder lebendig zeigt. Der Akt steht für sich alleine in dieser Sequenz und weicht somit von filmischen Konventionen ab. Dass das Neue, das auf den Akt folgt, immer nur ein Nebenprodukt ist und nichts vorher Geplantes oder Planbares, findet in diesem Musikvideo in seiner radikalsten Form statt, weil nichts auf den Akt folgt, das in irgendeiner Weise mit diesem zusammenhängt. Diese Reduktion auf den reinen Akt ist von jedem Zeitrahmen entbunden, weil dieser »keine unmittelbare Zukunft, nur die Dauer der Gegenwart«[471] kennt. Dieser Akt findet in einem radikalen Gegenwartsraum statt, der, »von äußeren Zwecken«[472] und von jeder Zeitlichkeit entbunden,[473] nur dem Akt selbst verpflichtet ist. Über den Akt schafft sich das Subjekt einen radikalen Gegenwartsraum, als »Widerstand gegen das einfache Weiterfließen des Lebens«[474]. Dieses einfache Weiterfließen des Lebens kann als Gewohnheit innerhalb einer symbolischen Ordnung beschrieben werden. Diese Gewohnheit erscheint als Gegenteil des radikalen Gegenwartsraums. Indem der radikale Gegenwartsraum mit der Gewohnheit bricht, kann Freiheit entstehen: »Freedom means creative choice, inventing something new, in short, precisely breaking with (old) habits.«[475] Man könnte sogar einen Schritt weitergehen und hier von tatsächlicher Freiheit sprechen, im Gegensatz zu einer formellen Freiheit, welche innerhalb systemischer Koordinaten fungiert. Žižek erklärt den Begriff der Gewohnheit, anhand der filmischen Figur des Zombies, als Nullebene des Menschlichen, sozusagen als mechanisierten Kern des Menschen. Formen von Widerstän-

---

471 Sofsky, *Traktat über die Gewalt*, S. 178.
472 Ebd., S. 176.
473 Vgl. hier den Begriff der Ewigkeit bei Kierkegaard: »Das Ewige ist dagegen (gegen das Zeitliche) das Gegenwärtige.« (Kierkegaard, *Die Krankheit zum Tode*, S. 139.)
474 Badiou/Žižek, *Philosophie und Aktualität*, S. 23.
475 Gabriel/Žižek, *Mythology, Madness and Laughter*, S. 176.

digkeit hängen davon ab, den Bereich der Gewohnheit zu erschüttern. Um
in der bildlichen Inszenierung am Gestus eines radikalen Gegenwartsraums
teilzuhaben, bedarf es bestimmter Strategien: um entweder an dem erzeugten Realitätswert zu partizipieren oder über das Bild-Ereignis einen Exzess zu
erzeugen, der einerseits das Widerständige der Inszenierung hervorhebt und
gleichzeitig den Bereich der Gewohnheit offenzulegen vermag. Eine solche
Strategie ist der »Akt der gewaltsamen Überschreitung«[476], welcher eine Art
gestimmten Raum schafft, dessen Atmosphäre auch das Subjekt erfasst.

8.1.4 Die Hypothese der gewaltsamen Überschreitung

»Die Ausnahme ist interessanter als der Normalfall. Das Normale beweist nichts, die
Ausnahme beweist alles. [...] In der Ausnahme durchbricht die Kraft des wirklichen
Lebens die Kruste einer in Wiederholung erstarrten Mechanik.«[477]

Strategien zur Produktion von Gesten, die sich auf ein bestimmtes Ereignis
beziehen und die Koordinaten setzen, was möglich erscheint, finden im Ereignisraum statt. Ereignis und Akt erzeugen hier einen radikalen Gegenwartsraum, welcher nicht als gegenwärtiger, sondern als ahistorischer Raum
zu verstehen ist: ein Raum, der nicht in Begriffen von Vergangenheit und
Zukunft gedacht werden kann, als Exzess des Jetzt.[478] Dieser Raum steht in
Opposition zu Bereichen des Nicht-Ereignisses. Bereiche des Nicht-Ereignisses jedoch sind nicht als solche zu verstehen, an denen nichts geschieht:

»Es ist im Gegenteil der Bereich der fortwährenden Veränderung, der unentwegten
Aktualisierung, des unaufhörlichen Voranschreitens in Echtzeit, aus dem diese allge-
meine Gleichwertigkeit resultiert, diese Indifferenz, diese Banalität, welche den
Nullpunkt des Ereignisses charakterisiert.«[479]

Das Nicht-Ereignis ist relational und ständiger Veränderung unterworfen,
um ein Höchstmaß an Homogenität zu erzeugen. Es gilt also Strategien zu
finden, die sich dem Nicht-Ereignis widersetzen, wie beispielsweise das, was
hier als gewaltsame Überschreitung bezeichnet wird. Alain Badiou beschreibt
dies folgendermaßen: »Mieux vaut un désastre qu'un désêtre«[480] – also lieber

---

476 Žižek, *Willkommen in der Wüste des Realen*, S. 15.
477 Schmitt, *Politische Theologie*, S. 19.
478 »Vor dem Ereignis ist es zu früh für das Mögliche. Nach dem Ereignis ist es zu spät für das
Mögliche.« (Vgl. Baudrillad, *Die Intelligenz des Bösen*, S. 115.)
479 Baudrillad, *Die Intelligenz des Bösen*, S. 105.
480 Badiou, *Conditions*, S. 230.

ein Unglück als ein Nicht-Sein. Diese gewaltsame Überschreitung ist, als notwendige Zutat archaischer Männlichkeit, keine utopische Inszenierungsgrundlage mehr. Ein Ereignis ist eine Intervention, die nicht an eine Entwicklung oder Narration gebunden ist: Das Einzelereignis gilt mehr als der logische Zusammenhang. Deswegen ist ein Bild dem Ereignis auch näher als die Narration, die einen Zusammenhang herstellen soll. Das Ereignis und sein Subjekt halten die Welt am Laufen und widersetzen sich dem Stillstand »der fortwährenden Veränderung«[481]. Durch die Verwirklichung im Realereignis kommt die Hypothese der gewaltsamen Überschreitung zu einem Ergebnis, und trotzdem bleibt sie als nunmehr fortwährende Möglichkeit neuer Ereignisse bestehen. Über den Bezug auf ein Ereignis wird versucht, alle anderen Widerständigkeitsgesten als Pseudo-Widerständigkeitsgesten abzuwerten. Dabei bedarf es eines Expertentums, nicht nur im Erzeugen einer radikalen Inszenierung der Ernsthaftigkeit über das Ereignis, sondern auch hinsichtlich der Kenntnisse über popkulturelle Diskurse, um sich diametral dazu zu positionieren. Diese Relationalität der widerständigen Geste ist, neben dem Ereignisbezug, ein weiterer Schwerpunkt des Ereignisraums.

8.2   Die Multiperspektivität widerständiger Potenziale

»Wenn die heutige Linke das kapitalistische System mit Forderungen bombardiert, die dieses ganz offensichtlich nicht erfüllen kann [...], dann spielt sie im Grunde mit hysterischen Provokationen, indem sie Forderungen an den Herrn und Meister stellt, die dieser unmöglich erfüllen kann, sodass seine Ohnmacht offen zutage tritt. Doch das Problem mit dieser Strategie besteht nicht nur darin, dass das System die Forderungen nicht erfüllen kann, sondern ebenso sehr darin, dass diejenigen, die diese Forderungen erheben, gar nicht wirklich wollen, dass sie erfüllt werden. [...] So können sie scheinheiligerweise ein reines radikales Gewissen haben und weiterhin ihre privilegierte Position genießen.«[482]

Slavoj Žižeks Kritik an einer linken Systemkritik lässt sich gleichermaßen auf die vermeintliche Widerständigkeit popkultureller Gesten und den Versuch der archaischen Männlichkeit einer direkt oppositionellen Haltung ihr gegenüber anwenden: die widerständige Haltung als scheinheilige Inszenierung zu entlarven und der Versuch, inszenatorisch diese Pseudo-Widerstän-

---

481 Baudrillard, *Die Intelligenz des Bösen*, S. 105.
482 Žižek, *Die Puppe und der Zwerg*, S. 48.

digkeit zu überwinden. Weil der widerständige Akt den Umsturz einer bestehenden Ordnung zum Ziel hat, kann eine bildliche Repräsentation nur dessen Utopie evozieren, also selbst nur repräsentativ widerständig sein. Die Bildrepräsentation kann aber widerständige Potenziale[483] aufweisen, die durch Stile und Darstellungsstrategien ihre Visualisierung finden.

»Die Andersheit ist wie der ganze Rest unter das Marktgesetz, unter das Gesetz von Angebot und Nachfrage gefallen.«[484]

Der popkulturelle Abweichungszwang führt dazu, dass die Normabweichung keine mehr ist und klassische Dichotomien, zum Beispiel Pop versus Alternative, Corporate versus Independent, zu vereinfachend sind, um Abweichungsstrategien zu analysieren. Der klassische Kampf zwischen Subversion – Eingliederung – Wiederaneignung, der in den Cultural Studies des CCCS analysiert wurde, ist laut Mark Fisher im postmodernen Kapitalismus nicht mehr zutreffend:

»Yet the old struggle between detournement and recuperation, between subversion and incorporation, seems to have been played out. What we are dealing with now is not the incorporation of materials that previousliy seemed to possess subversive potentials, but instead, their precorporation: the pre-emptive formatting and shaping of desires, aspirations and hopes by capitalist culture. Witness for instance, the establishment of settled ›alternative‹ or ›independent‹ cultural zones, which endlessly repeat older gestures of rebellion and contestation as if for the first time. ›Alternative‹ and ›independent‹ don't designate something outside mainstream culture; rather, they are styles, in fact the dominant styles, within the mainstream.«[485]

Die Geste der Rebellion wird also nicht nur als neuer Stil in den Mainstream[486] eingegliedert, sondern von vorherein als Teil des Mainstreams gedacht. Das erhöht die Schwierigkeit, überhaupt Strategien zu finden, die noch nicht von vornherein mitgedacht werden. Wenn, wie Fisher beschreibt, »nothing runs better on MTV than a protest against MTV«[487], dann ist der Versuch nötig, sich im Außerhalb zu positionieren oder zumindest eine Geste zu wählen, die dieses Außerhalb suggeriert. Žižek formuliert diese Proble-

---

483 Der Plural von Potenzial beschreibt die Multiperspektivität von dem, was subversiv ist oder sein soll.

484 Baudrillard, *Transparenz des Bösen*, S. 143.

485 Fisher, *Capitalist Realism*, S. 9.

486 Der Begriff »Mainstream« ist selbstverständlich kritisch zu hinterfragen. Das Kreieren eines »subcultural Other«, wie das des »Mainstreams« oder der »Medien«, ist hoch artifiziell. Trotzdem ist es wichtig, diese Dichotomie aufrecht zu erhalten, um sich widerständig zu einer Entität zu verhalten. (Vgl. Stahl, *Still Winning Space?*)

487 Fisher, *Capitalist Realism*, S. 9.

matik ähnlich, bezogen auf politisches Handeln innerhalb einer Matrix, der alle Formen der Abweichung nicht nur inhärent, sondern dienlich sind:

»But what happens when the system no longer excludes the excess, and instead directly posits it as its driving force – as is the case in capitalism, which can only reproduce itself through its constant selfrevolutionizing, through the constant overcoming of its own limits? To put it another way: if a political event, an emancipatory intervention into a determinate historical world, is always linked to the excessive point of its ›symptomal torsion‹ – if, by definition, it undermines the contours of that world – how then are we to make a political intervention into a universe which is in itself already world-less, which, for its reproduction, no longer needs to be contained by the constraints of a ›world‹? […] One can no longer play the game of subverting the Order from the position of its ›part of no-part‹: since the Order already now entails its own permanent subversion.«[488]

Durch das allgemeine Vorwegdenken der widerständigen Geste muss archaische Männlichkeit Wege finden, sich wiederum im Außerhalb zu postionieren. Es wird versucht, auf der inszenatorischen Ebene eine Direktheit des Widerstandes zu reetablieren, die den zeitgenössischen Umgang mit Stilen, Subversivität und deren Widerstandspotenzial kontrastiert. Den Mikroabgrenzungen, der Suche nach Nischen und der Fluidität zeitgenössischer, popkultureller Phänomene und Diskurse, wird hier eine Form direkter widerständiger Opposition entgegengestellt, die ebenso unzeitgemäß anmutet wie archaische Männlichkeit selbst.[489]

Žižek weist darauf hin, dass, im Gegensatz zu einer Postpolitik der Pseudo-Ereignisse, Formen rechtsgerichteten Populismus' eine Art »authentische politische Leidenschaft, den Kampf aufzunehmen« an den Tag legen und »nicht darauf abzielen, zu jedem nett zu sein, sondern bereit sind, eine Schranke zwischen ›Uns‹ und ›den Anderen‹ einzuführen«.[490] Überträgt man

---

488 Žižek, *First as Tragedy, Than as Farce*, S. 127.
489 Es können also zwei Arten von widerständiger Inszenierung ausgemacht werden:
   1. Strategien von Mikroabgrenzungen, die von David Butz und Michael Ripmeester als »off-kilter resistance« bezeichnet werden: »those – often ambiguous – practices that productively circumvent power, rather than actively opposing it.« Diese affirmativen nondualistischen Praxen loten Bereiche aus, in denen Freiräume entstehen und erhalten werden können. Es findet eine Reflexion der eigenen Position innerhalb des (pop-)kulturellen Kontextes statt. Auf eine Form dieser Praxen (Ironie) wird im Verlauf noch direkt eingegangen. (Vgl. Butz/Ripmeester, *Finding Space for Resistant Subcultures*, S. 1.)
   2. Strategien einer direkt-oppositionellen Haltung, die non-affirmativ ist und einen Dualismus erzwingt. Es geht nicht um kleine Dissonanzen oder Brüche, sondern um das Erzeugen einer radikalen Differenz.
   Beide Formen der Widerständigkeit sind fester Bestandteil popkultureller Inszenierungen.
490 Žižek, *Ein Plädoyer für die Intoleranz*, S. 60.

diese These auf Inszenierungspraxen archaischer Männlichkeit, so zeigt sich ebenfalls der konsequente Wille zur Differenz. Um dem verallgemeinerten Rebellionsgestus zu entgehen, bedient man sich unter anderem rechter Symbole und romantisiert das Bild des Kriegers, der im Dienste der Sache mit seinem Leben einsteht:[491]

»We from the First World countries find it more and more difficult even to imagine a public or universal cause for which one would be ready to sacrifice one's life.«[492]

Das bildgewaltige Auftreten der Black-Metal-Szene will nicht subversiv unterwandern oder konterkarieren, sondern strebt ein apokalyptisches Moment an – als Negativ der Utopie einer popkulturellen Verheißung. Archaische Männlichkeit, wie sie im Black Metal auszumachen ist, verweigert sich dem Mainstream in doppelter Hinsicht: erstens, weil eine Hyper-Maskulinität präsentiert wird, die traditionelle Rollenstereotypen erfüllt sowie ironiefrei überzeichnet; und zweitens, weil die Ikonografie, derer sich bedient wird, einen Mix aus vermeintlich bösen Phänomenen[493] präsentiert sowie eine »Umwertung aller Werte«[494] propagiert. Somit entsprechen diese Formen von Männlichkeit weder einem aufgeklärt-kritischen noch einem konservativen Konsens.[495] Widerständige Darstellungen müssen immer in den kulturellen und bildmedialen Kontext eingebettet sein, um als widerständig erkennbar zu sein. Das bedeutet, dass Widerständigkeit eine Abweichung anstreben muss. Das Gegenüber, auf dass sich diese Abweichung bezieht, ist als variabel und prozessual zu beschreiben, genau wie das widerständige Subjekt selbst, welches in der Lage sein muss, mit den kurzzeitigen und punktuellen Veränderungen Schritt zu halten, um das abweichende Moment zu erhalten. Widerständigkeit ist eine Form der individuellen Selbstermächtigung, welche eine Flexibilität behält, um auf kleinste Veränderungen zu reagieren und um somit ihre Daseinsberechtigung zu erhalten. Die Relationalität der widerständigen Geste, in Verbindung mit der Hypothese der gewaltsamen Überschreitung und dem Bezug auf Realereignisse, bildet die Koordinaten der Widerständigkeit archaischer Männlichkeit.

»Zu widerstehen bedeutet, die Haltung desjenigen einzunehmen, der sich der Ordnung der Dinge entgegenstellt und dabei das Risiko, diese Ordnung durcheinander zu bringen, nicht anerkennt. Und man weiß, dass in unseren Tagen die heroische

---

491 Hier finden sich Überschneidungen zu Industrial und Wave.
492 Žižek, *Violence*, S. 29.
493 Im Industrial wird dies bereits seit Mitte der siebziger Jahre erprobt.
494 Vgl. Nietzsche, *Der Antichrist*, S. 126.
495 Vgl. Grünwald, *Apokalyptische Jungs*.

Haltung desjenigen, der dem Malstrom der Demokratie, Kommunikation und Werbung ›widersteht‹, sich gern mit einer Willfährigkeit hinsichtlich der existierenden Herrschaftsverhältnisse und Ausbeutungen verbindet.«[496]

Widerständigkeit ist jedoch auch die notwendige Zutat einer allgemeinen popkulturellen Geste: Der widerständige Gestus dient dem Authentizitätsversprechen bei gleichzeitiger Konsumierbarkeit. Bezogen auf die widerständige popkulturelle Geste entfällt das Risiko, die bestehende Ordnung durcheinanderzubringen, oder es wird bewusst mit eingeplant – anders, als Rancière es beschreibt. Baudrillard merkt an, dass der Andere – also die Andersheit, die Differenz – plötzlich nicht mehr da ist, »um vernichtet, gehasst, zurückgewiesen, verführt zu werden, er ist da, um verstanden, befreit, umsorgt, anerkannt zu werden«[497]. Der inszenatorischen Professionalität in Widerständigkeitsgesten, die zum gängigen popkulturellen Repertoire gehören, soll durch Abweichungsstrategien im Black Metal etwas entgegengesetzt werden, um innerhalb der symbolischen Ordnung Unbehagen zu erzeugen und sich als ernsthaft und böse in Szene zu setzen. Das Böse und dessen Inszenierung sind somit in direkter Verbindung zum Streben nach Widerständigkeit zu sehen.

8.3 Darstellungen des Bösen

»Das Böse ist eine konfuse und unlösbare, in ihrem Wesen rätselhafte Idee. Doch ist auch eine ganz winzige, konfuse Idee stets größer als eine große, absolut klare Idee.«[498]

Die Zerstörung der Welt quasi als absolute Provokation zur Steigerung der subkulturellen Reputation sowie das Sichtbarmachen der, laut Baudrillard, naiven Fehleinschätzung, dass der Fortschritt des Guten oder der scheinbare Wille zum Guten einer Niederlage des Bösen entspricht. Das Gute und das Böse erstarken simultan, »innerhalb der selben Bewegung«[499]. Das Böse hat viele Gesichter, derer sich bedient werden kann, um den eigenen Authentizitätswert zu steigern. Es ist ein Chiffre, das »in vielfältigen Formen und mit ganz verschiedenen Inhalten unterschiedliche Funktionen erfüllt«[500]. Die

496 Rancière, *Ist Kunst widerständig?*, S. 8.
497 Baudrillard, *Transparenz des Bösen*, S. 143.
498 Baudrillad, *Die Intelligenz des Bösen*, S. 123.
499 Baudrillard, *Der Geist des Terrorismus*, S. 19.
500 Faulstich, *Nachlese*, S. 319.

Formen des Bösen passen sich den zeitlichen und räumlichen Gegebenheiten, der medialen Repräsentation dessen an, was momentan als böse definiert wird – »das Böse ist relational«[501] –, und doch ist es in archetypischen Mustern verwoben, die konstant und unveränderlich scheinen. Das Böse ist kulturellem Wandel unterworfen und wird doch als Konstant vermittelt. Vielleicht hat Willam S. Burroughs in seinem Roman *Naked Lunch* die perfekte Beschreibung des Bösen egfunden:

»America is not a young land: it is old and dirty and evil before the settlers, before the Indians. The evil is there waiting.«[502]

Die Feststellung, dass der Ort ein alter ist und dass sich das Böse dort befindet und wartet, verweist darauf, dass das Böse nicht an ein Subjekt gebunden, jedoch verortbar ist – das Böse ist schon immer da, und die Welt ist nicht, ohne es zu denken.[503] Gleichzeitig kann auch, durch den bösen Akt eines handelnden Subjekts, retroaktiv der Eindruck bestätigt werden, dass das Böse schon immer da war und somit dessen Relationalität verschleiert. wird. Das Böse ist somit immer mehrfach codiert, indem es eine universelle Konstante ist, die sich gleichzeitig relational verhält – innerhalb der momentanen Koordinaten dessen, was als böse definiert wird –, wodurch dessen Universalität noch gestützt wird. Die perfekte Formel einer universellen Provokationsstrategie ist somit, das Böse immer wieder neu zu entwerfen – und mit ihm Todesbilder, weil das Böse letztendlich im Tod kulminiert bzw. auf die »Unausweichlichkeit und Sinnlosigkeit des Todes«[504] verweist.

8.3.1 Tote und ihre Bilder

Bildinszenierungen von Amokläufern verweisen auf die Wichtigkeit des Ereignisses für die Atmosphäre der Bilder und den gewaltsamen Akt als Manifestation des Bösen, der in den Darstellungen archaischer Männlichkeit inszeniert wird. Bei archaischer Männlichkeit geht es nicht um eine Gegenposition im diskursiven Sinne, sondern um die bildliche Heraufbeschwörung eines apokalyptischen Moments über unkontrollierbare, scheinbar virale Phänomene, in denen der Tod zu einer absoluten Waffe gegen ein

---

501 Ebd., S. 319.
502 Burroughs, *Naked Lunch*, S. 12.
503 Bei dem Satz »the evil is there waiting« verweist das »there« auf einen Raum, in dem sich das Böse befindet und wartet.
504 Faulstich, *Nachlese*, S. 319.

System wird, welches gerade vom Ausschluss des Todes lebt.[505] Dies wird von Baudrillard als Geist des Terrorismus beschrieben:

»[...] das System nie in Form von Kräftebeziehungen zu attackieren. Das nämlich wäre das (revolutionäre) Imaginäre, das einem vom System selbst aufgezwungen wird, welches nur dadurch überlebt, dass jene, die es attackieren, dazu gebracht werden, sich auf dem Feld der Realität zu schlagen, das stets das dem System eigene Terrain sein wird. Stattdessen aber den Kampf in die symbolische Sphäre zu verlegen, in der die Regel der Herausforderung, des Rückstoßes, der Überbietung gilt.«[506]

Durch diese Strategie kann ein Einzelbild mehr Kraft und Schrecken erzeugen als ein ganzer Krieg.[507] Während der Krieg in seiner medialen Präsentation vor allem virtuell bleibt, kann das Einzelbild/Einzelbewegungsbild des Schreckens einen Schockmoment erzeugen und die (moralischen) Grundfesten westlicher Gesellschaftsentwürfe erschüttern:[508]

»Der Attentäter, der töten will, der mit seinem eigenen Tod rechnet, ist von Bildern, Texten und Zeichen in Marsch gesetzt, und er will Bilder produzieren.«[509]

Gleichzeitig ist das handelnde Subjekt, in dem sich Böse manifestiert, bereits vor dem biologischen Exitus tot und somit unzerstörbar. Diese Form des lebendigen Toten findet sich beispielsweise bei Schulamokläufern, die sich vor dem radikalen Akt über Bildmedien in Szene setzen und sozusagen schon vor ihrem realen Ableben ihr virtuelles Weiterbestehen detailgenau inszenieren. Sie erschaffen Unsterblichkeit über die Transformation ins Virtuelle. Der Amokläufer weiß, dass die Vernichtung seines Reallebens nicht seinen Tod bedeutet. Es ist somit kein Sterben, sondern ein Verschwinden von der Darstellungsebene des Realen. Diese Ebene haben die Amokläufer meistens schon während ihrer Lebenszeit verlassen, als Nicht-Teil der symbolischen

---

505 Vgl. Baudrillard, *Der Geist des Terrorismus*, S. 21.

506 Baudrillard, *Der Geist des Terrorismus*, S. 21.

507 Der Begriff des Realen bei Lacan als »Grenzsituation des Daseins« und »als Prototyp menschlicher Wuscherfüllung« ist vielleicht der Moment, der in der Darstellung erzeugt werden soll (Pagel, *Jacques Lacan – Zur Einführung*, S. 57): »The ›real‹ is to be understood here not as substantial reality, as ›the world‹, but rather in the Freudian sense of reality testing: whatever proves an obstacle to our mechanisms of wish fulfilment, or our fantasy of reality, is real.« (Feltham, *Alain Badiou: Live Theory*, S. 89.)

508 Hier könnte man beispielsweise auf die Exekutionsvideos von Nick Berg und Daniel Pearl verweisen, die 2004 und 2002 von Islamisten während der Zeit des US-amerikanischen Einsatzes im Irak hingerichtet wurden. Diese Ereignis-Bilder stehen in radikalem Kontrast zu einer Null-Verluste-Strategie und einem virtuellen Krieg im Sinne der US-Regierung und werden so zu einer unschlagbaren symbolischen Waffe.

509 Schneider, *Bildmobilisierte und Emblemsöldner*, S. 257.

Ordnung. Der biologische Tod ist somit ein Nicht-Ereignis und hat keine Bedeutung. Der Amokläufer ist bereits vor der Tat unsterblich. Und wer unsterblich ist, kann tot sein oder untot, aber er lebt nicht mehr. Gleichzeitig geht der Amokläufer ganz in dem von ihm initiierten Ereignis auf, auch wissend über die Macht, die ein toter Einzeltäter hat:

»Der Anteil der Attentäter an der männlichen und erst recht weiblichen Bevölkerung Alteuropas, Neu-Europas und Amerikas ist aber auch verschwindend gering. Trotz oder vielleicht eben wegen dieser Seltenheit konnten diese wenigen Männer und Frauen die Weltpolitik beeinflussen. Genau dies aber diktiert den Attentätern ihren Traum, wenn sie sich auf Tyrannen, Könige, Präsidenten stürzen oder sich inmitten anonymer Mengen in die Luft jagen. Sie wollen mit einem Schlag das Gesicht der Welt verändern. […] Die lange Geschichte der Attentate erzählt eigentlich mehr von Einzelgängern als von Gruppen. Diese solitären Ich-Armeen, diese auf rätselhafte Weise mobilisierten Einzeltäter, zeigen zum Teil auch Züge geistiger Verwirrtheit oder gar Anflüge von Wahnsinn.«[510]

Und wieder werden auch Bilder, die nicht unmittelbar das Ereignis zeigen, es aber retroaktiv markieren, in dessen Dienst gestellt. Hier kann der Clip des Amokläufers Pekka-Eric Auvinen als Beispiel dienen, den er 2007 (vor seinem Amoklauf an der Jokela High School) aufgenommen hat. Pekka-Eric Auvinen ist bei Schießübungen im Wald zu sehen, die er selbst mit einer Videokamera aufgenommen hat. Die erste Aufnahme zeigt ein Close-up vom Laden seiner Pistole. Eine weiche Blende führt zur Waffe, die auf einen Apfel, der im Schnee liegt, zielt und schießt. Das »Erschießen« des Apfels wird in Zeitlupe wiederholt. Anschließend zeigt die Kamera die Überreste in Nahaufnahme. Eine weitere weiche Blende führt zu einer Totalen, die den Schützen dabei zeigt, wie er seine Waffe mit ausgestrecktem Arm hebt und dreimal schießt. Um das Magazin der Pistole zu wechseln, geht er auf die Kamera zu, lächelt und winkt freundlich in die Linse, um dann aus dem Bild zu gehen. Die letzte Einstellung zeigt den mit Schnee bedeckten Wald. Eine Atmosphäre des Bösen entsteht im Clip durch den Bezug zu dem kurz darauf folgenden Realereignis, welches das Schießen auf einen Apfel und das sympathische Lächeln des späteren Amokläufers in einen anderen Kontext stellt. Zudem impliziert die unscheinbare, freundliche Erscheinung des Schützen – der nette Junge von nebenan –, dass jeder ein Täter sein kann.[511]

---

510 Ebd., S. 257.
511 Gleichzeitig ist es pure Ideologie, das Monströse als Fehlfunktion des Systems oder außerhalb des Systems zu sehen und nicht als etwas, das dem System inhärent ist. Man kann das Strukturierte/Angepasste nicht ohne das Monströse denken.

»Ist nicht jedes beliebige harmlose Wesen ein potentieller Terrorist? Wenn diese unerkannt bleiben konnten, dann ist jeder von uns ein unentdeckter Verbrecher (und jedes Flugzeug wird ebenso verdächtig).«[512]

Das absolute Ereignis,[513] im Sinne Baudrillards, bezogen auf die Bilderstellung eines Amoklaufs, ist das Columbine High School Massacre. Es scheint unmöglich, eine Schnittmenge der Symptome aller Schulamokläufe zu finden oder in den Einzelfällen die »wahren« Beweggründe der Tat nachzuvollziehen. Die einzige Schnittmenge findet sich im Ereignis selbst und in dem Bildkomplex, der zwingend mit dem Ereignis einhergeht. Diese Bilder entstehen nicht zufällig oder beiläufig. Sie werden inhaltlich und zeitlich präzise platziert oder zurückgehalten. Dies zeigt sich beispielsweise an den Anschlägen und Morden im Juli 2011 von Anders Behring Breivik an norwegischen Jugendlichen, bei dem der Täter lange genug mit der Veröffentlichung seiner inszenierten Fotos im Internet gewartet hat, um nicht vor der Tat noch entdeckt zu werden, genauso wie an der Liquidierung Osama Bin Ladens im Mai 2011, bei der genaustens darauf geachtet wurde, dass keine Bildikonen entstehen bzw. mehr entstehen können.[514]

In seiner Analyse des Aufbegehrens französischer Jugendlicher 2005 beschreibt Slavoj Žižek diese Eruption öffentlicher Gewalt als einen Protest ohne Forderungen. Es wurde ein Anspruch erhoben, wahrgenommen zu werden: »what we have is a zero-level protest, a violent protest act which demands nothing«.[515] Auch wenn Žižek den Protest als impotent und sinnlos beschreibt, so erkennt er doch das Begehren der Protestierenden, Sichtbarkeit und Bilder zu erzeugen.

»The riots were simply a direct effort to gain visibility.«[516]

---

512 Baudrillard, *Der Geist des Terrorismus*, S. 24.

513 Ebd., S. 11.

514 Die fehlende Ikone wird jedoch sofort durch neue Bilder ersetzt: 1. Im Internet finden sich nachbearbeitete Portraits, die Bin Laden, wie in Photoshop-Groups auf flickr.com (vgl. »Photoshop of Horrors« http://www.flickr.com/groups/36330829531@N01/), als Leiche präparieren. 2. Aufnahmen eines blutverschmierten Teppichs in Bin Ladens Haus verweisen direkt auf das Ereignis der Liquidierung. 3. Die Ersatzikone, die die Abwesenheit des toten Bin Laden jedoch am besten zu kompensieren vermag und bis ins letzte Detail interpretiert wurde, ist das Portrait der zugelassenen Zuschauer, die diesem Ereignis in Echtzeit beiwohnen durften: US-Präsident Obama, Außenministerin Clinton, Vizepräsident Joe Biden u.a., die konzentriert und angespannt in Richtung eines Bildschirmes blicken.

515 Žižek, *Violence*, S. 75.

516 Ebd., S. 77.

Durch den Exzess wird Sichtbarkeit erzeugt.[517] Auch ist seine Analyse dessen, was er als *hermeneutic temptation*[518] kritisiert, gleichsam auf die Interpretationshoheit des Amokläufer-Diskurses zutreffend. Nämlich das unbedingte Streben danach, Ereignisse zu psychologisieren und zwanghaft nach einer tieferen Bedeutung oder Nachricht zu suchen, ohne das Phänomen als solches anzuerkennen und dessen Charakteristika herauszuarbeiten. Um von den Potenzialen des Bösen zu profitieren, muss man dem Bösen ein Gesicht geben, das heißt der nette Junge von nebenan, wie Pekka-Eric Auvinen, ist nur bezogen auf einen bestimmten Bildkomplex effektiv, nämlich in direktem Kontrast vom unscheinbaren Aktanten zu der gewaltsamen Kraft des Ereignisses. Darstellungen archaischer Männlichkeit jedoch gehen den direkten Weg einer bösartigen Inszenierung durch gewalttätiges Auftreten. Sie sind das hyper-visuelle Gegenteil von Schläfern, die unauffällig unter uns leben.[519]

8.3.2 Der gewaltsame Akt als Manifest des Bösen

Es zeigt sich, dass das Böse häufig mit gewaltsamen Ereignissen gleichgesetzt wird, somit also die Darstellung von Gewalt eine Form ist, das Böse zu visualisieren. Für die Analyse der Darstellungen von Gewalt ist eine zu starke Ausdifferenzierung des Gewaltbegriffs kontraproduktiv, weswegen bei der Analyse von Gewalt und Gewaltbildern »die normative Aufladung des Begriffs […] auf das Erleiden (extremer) physischer Gewalt eingeengt wird«[520]. Zudem geht es bei der Analyse nicht nur um das »Warum?« von Gewalt, sondern vor allem um das »Wie?«.[521] Somit ist die physische Verletzung Vor-

517 Dass Exzess Sichtbarkeit erzeugt, ist vielleicht (wie Žižek meint) nicht von soziopolitischer, jedoch definitiv von bildpolitischer Bedeutung. Vgl. die Unterscheidung des Politischen und der Politik, wie sie The Invisible Commitee definiert: »The whole series of nocturnal strikes, anonymous attacks, wordless destruction, had the merit of busting wide open the split between politics and the political. No one can honestly deny the obvious weight of this assault which made no demands, and had no message other than a threat which had nothing to do with politics. But you'd have to be blind not to see what is purely political about this resolute negation of politics, and you'd certainly have to know absolutely nothing about the autonomous youth movements of the last 30 years.« (The Invisible Committee, *Coming Insurrection*, S. 4.)

518 Žižek, *Violence*, S. 76.

519 Schläfer sind auch für die bildliche Darstellung des Bösen gänzlich unbrauchbar, weil deren Strategie das Nicht-Bild ist. Das Nicht-Auffällige ist für die bildliche Inszenierung des Bösen kaum von Nutzen.

520 Friedrich, *Film. Killing. Gender.*, S. 58.

521 Vgl. ebd.

aussetzung für eine Choreographie der Gewalt und die Strukturierung der Bewegtbilder. Gleichzeitig ist die bildlich fiktionalisierte Gewaltdarstellung immer auch Ideal dessen, was in der jeweiligen Inszenierung als ästhetisch wichtig erscheint. Genauso sind übrigens auch Inszenierungen realer Gewaltdarstellungen zu sehen, die sich der Bildproduktion bewusst sind, wie beispielsweise Amokläufer und Hinrichtungsvideos. Es gibt keinen dokumentarischen Realitätsgehalt der Bilder außerhalb der Inszenierung als solcher. Und genauso sollte der hier verwendete Gewaltbegriff verstanden werden: Als die physische Schädigung eines oder mehrerer Subjekte durch ein anderes oder mehrere Subjekte. Dieses bezeichnet Žižek als »subjective violence« – »violence performed by a clearly identifiable agent«.[522] Žižek unterscheidet zwischen subjektiver und objektiver Gewalt:

»The catch is that subjective and objective violence cannot be perceived from the same standpoint: subjective violence is experienced as such against the background of a non-violent zero-level. It is seen as a perturbation of the ›normal‹, peaceful state of things. However, objective violence is precisely the violence inherent to this ›normal‹ state of things. Objective violence is invisible since it sustains the very zero-level standard against which we perceive something as subjectivly violent.«[523]

Gleichzeitig bedingen sich subjektive und objektive Gewalt, indem, besonders bezogen auf Bildpraxen, subjektive Gewalt Machtrelationen erhalten kann. Dieses Machtdispositiv (objektive Gewalt) unterstützt dann wiederum, wie subjektive Gewalt wahrgenommen wird. Subjektive Gewalt ist also notwendig, um objektive oder systemische Gewalt sichtbar zu machen. Beide Formen von Gewalt finden sich im Bildprogramm des Black-Metal-Videos. Das Oszillieren zwischen theatrischer Inszenierung und Realereignisbezug dient dem Ziel, einer diffus-universellen Idee des Bösen eine Präsenz zu verschaffen.

8.3.2.1 Visualisierungsstrategien des Bösen über den gewaltsamen Akt

Anhand der untersuchten Musikvideos können zwei Darstellungsmuster von Gewalt ausgemacht werden:

- die Übersetzung des Bösen in eine bildliche Darstellung über ein handelndes Einzelsubjekt;
- die Kriegsmaschine als Visualisierungsstrategie des Bösen und der totalen Zerstörung.

---

522 Žižek, *Violence*, S. 1.
523 Ebd., S. 2.

Das Böse findet im Akt seine Bestätigung und spiegelt sich in der *corpse paint*, als Maskierung des Bösen, im männlichen Subjekt. Das Böse entspringt aber nicht, wie Karl Rosenkranz in *Ästhetik des Hässlichen* beschreibt, der eigenen Innerlichkeit: Rosenkranz meint, dass, um das Böse in eine ästhetische Form zu transportieren, der Wille »teils von innen aus sich in die Hässlichkeit der Gestalt symbolisch reflektieren, teils sich als Tat äußern und zum Verbrechen werden«[524] muss. Bei der Analyse der Maske und des Verwandlungsbilds in Kapitel 6.2.1.1 wurde bereits erläutert, dass es sich genau umgekehrt verhält – dass der Weg einer Inszenierung von außen nach innen stattfindet: »Insisting on a false mask brings us nearer to a true, authentic subjective postiton than throwing off the mask an displaying our ›true face‹.«[525] In den hier gezeigten Männerbildern gibt es nur die Maske.[526] Folglich gibt es kein »true face«. Es gibt nur die Maske und den Akt. Die Möglichkeit zur Gewalt resultiert hier also aus der Äußerlichkeit der Darstellung als das Böse, welches affektfrei und ohne Legitimation der Umstände besteht. Das Böse, dessen Inkarnation das männliche Subjekt ist, findet sich nicht nur in der Darstellung von Gewalt und dem Gebrauchs satanischer Symbolik, sondern auch in der Inszenierung der Einzelperformance. Der gewaltsame Akt resultiert hier aus der Äußerlichkeit des Bösen, die jede Form von Innerlichkeit und Psychologisierung negiert. Die Konsequenz der Äußerlichkeit konterkariert den immer währenden Versuch, Charakteren eine tiefe Innerlichkeit zu verleihen, um einer Ideologie der Humanisierung Rechnung zu tragen, die darauf bedacht ist, »the richness of my inner life«[527] zu präsentieren. Die Reduzierung der Charaktere auf eine reine Äußerlichkeit hat aber auch einen inszenatorischen Grund: nämlich zu vermeiden, dass sich der Radikalität eines Ereignisses entzogen wird, indem man sich der Innerlichkeit eines Charakters zuwendet:

»Characters on stage should be flat, like clothes in a fashion show: what you get should be no more than what you see. Psychological realism is repulsive, because it allows us to escape unpalatable reality by taking shelter in the ›luxuriousness‹ of personality, losing ourselves in the depth of individual character. The writer's task is to

---

524 Rosenkranz, *Ästhetik des Hässlichen*, S. 261.

525 Žižek, *Enjoy Your Symptom!*, S. 38.

526 Der Weg vom äußerlich Bösen nach Innen hat also nichts mit Physiognomie zu tun, sondern damit, dass eine künstliche Äußerlichkeit inszeniert wird (ohne eine essenzielle Innerlichkeit zu besitzen), die als einziges Bestand hat.

527 Vgl. Žižek, *First as Tragedy, Than as Farce*, S. 41

block this manoeuvre, to chase us off to a point from which we can view the horror with a dispassionate eye.«[528]

Elfriede Jelinek erkennt die Kraft des Akts und der aktiven Person, welche von jeder Psychologisierung/Emotionalisierung losgelöst wird und somit den Blick auf das Sichtbare freilegt. Žižek beschreibt, dass der Rückzug in die eigene Innerlichkeit (»Stories we tell ourselves about ourselves«) nur dazu dient, die eigenen Taten bzw. »the true ethical dimension of our acts« zu verschleiern.[529] Nur Oberfläche zuzulassen ist somit das radikale Gegenprogramm zur symbolischen Aufladung und Ästhetisierung sämtlicher Lebensbereiche:[530] den Fokus auf den bösen Akt zu lenken.

Die zweite Form der Darstellung des Bösen, über den Akt, ist die Inszenierung einer Ästhetik des Krieges, beispielsweise durch das Verwenden von alten Kriegsaufnahmen. Hier ist es also nicht das Einzelsubjekt, welches in seiner Anti-Psychologisierung als Repräsentant des Bösen direkt auf den radikalen Akt verweist, sondern die industrialisierte Kriegsmaschinerie selbst (hauptsächlich der beiden Weltkriege). Dietmar Dath beschreibt die Wichtigkeit von Kriegsbildern und Kriegsbezügen sehr eindringlich:

»Die Vorstellung vom Krieg und der Schlacht als dem Singularpunkt der ›Erlebnisdichte‹, den die Zivilisation/die Geschichte (im Gegensatz zur Natur und ihren Katastrophen) erreichen kann, in dem mithin alle der ungeformten Welt abgerungenen menschlichen Eigenheiten wie Arbeit, Arbeitsteilung, Wissenschaft, Technik, Ökonomie und Kunst ihre äußerste Prägnanz und darwinistische Validität erreichen, ist der Punkt, an dem Moderne und Gegenmoderne seit Erschaffung dieses polaren Paars immer wieder ineinander übergehen. Das macht besagtes polares Paar zu einer

---

528 Elfriede Jelinek zitiert in: Žižek, First as Tragedy, Than as Farce, S. 40.
529 Ebd., S. 40.
530 Žižek erkennt dieses beispielsweise in den aktuellen Verfilmungen von Superhelden-Comics und bei Gebrauchgütern wie Kaffee. Vgl.: »It is interesting to note how a similar ›humanization‹ process is increasingly present in the recent wave of blockbusters about superheroes (Spiderman, Batman, Hancock und so weiter). Critics rave about how these films move beyond the original flat comic-book characters and dwell in detail over the uncertainties, weaknesses, doubts, fears and anxieties of the supernatural hero, his struggle with his inner demons, his confrontation with his own dark side, and so forth, as if all this makes the commercial super-production somehow more ›artistic‹.« Und: »Consumption is supposed to sustain the quality of life, its time should be ›quality time‹ – not the time of alienation, of imitating models imposed by society, of the fear of not being able to ›keep up with the Joneses‹; but the time of the authentic fulfilment of my true Self, of the sensuous play of experience, and of caring for others, through becoming involved in charity or ecology, etc. Here is an exemplary case of ›cultural capitalism‹: the Starbucks ad campaign ›It's not just what you're buying. It's what you're buying into‹.« (Žižek, First as Tragedy, Than as Farce, S. 43 und 53.)

ideengeschichtlich kaum zu überschätzenden bild- und tropentechnischen Vorrichtung für die automatisierte Erzeugung und Anbetung von autoritärer Kunst. Diese steht zur populären Kunst in exakt demselben Spannungsverhältnis wie die Gewalt zur Zivilisation, die Demagogie zur Avantgarde und das despotische zum demokratischen Moment der (post-) industriellen kapitalistischen westlichen Kultur.«[531]

Das Kriegsmoment, welches über historische Kriegsaufnahmen in schwarz-weiß seine Bilder findet, zeigt das Kriegsgerät in Aktion, als aktive Maschinerie. Der Soldat als Akteur des Krieges spielt ebenfalls eine große Rolle. Auch werden Tote gezeigt, die in der Inszenierung für ein Nach-dem-Kampf stehen. Für Elias Canetti sind sie der Beweis eines »wirklichen« Krieges, weil es bei einem Krieg »um ein Töten in Haufen« geht:

»Aber nie ist der Krieg ein wirklicher Krieg, wenn er nicht zuerst auf einen Haufen von feindlichen Toten zielt.«[532]

Die Darstellungen im Black Metal[533] ästhetisieren Krieg als ein aktives Moment des Zerstörungsexzesses bzw. einen »Singularpunkt der Erlebnisdichte«.[534] Die Maschinen sind hier nicht zum stillen Artefakt einer längst vergangenen Zeit geworden, sondern werden im Einsatz gezeigt. Es gibt kaum direkte Verweise auf Zeit und Ort. Und doch sind es Bilder einer Vergangenheit, in der eine andere Art von Krieg geführt wurde. Die Ästhetisierung des Kriegs findet in einem Naturraum statt, der jedoch jeder Überlegenheit beraubt wurde. Der hier gezeigte Raum ist, selbst im Moment seiner Zerstörung, ein von Menschen und Maschinen kontrollierter. Der Bezug zwischen Raum und dem Subjekt der archaischen Männlichkeit besteht alleine über das Ereignis des Kriegs, als abstrakter Signifikant des Bösen. Beim Krieg als Ereignis geht es um den Exzess der Zerstörung, jedoch nicht nur im Sinne eines abstrakten Kriegs-Begriffs (als Meta-Begriff für flächendeckende Zerstörung), sondern um direkte Kriegshandlungen einer überschaubaren Anzahl von Maschinen und Menschen. Die Maschinen werden nicht (nur) losgelöst von den Aktanten gezeigt, die sie bedienen. Es herrscht keine Anonymität des Kriegsgeräts: Diese Kriegsinszenierungen stehen in direkter Opposition zur Virtualität postmoderner Kriege, die eher einer Ästhetik von Games gleichen. Es findet ein Oszillieren zwischen Struktur (Choreographie) und Chaos (Explosionen, Soldaten) statt. Die gezeigten Kriegshandlungen werden aus ihrem geschichtlichen Kontext herausgelöst (auch wenn

531 Dath, *Das mächtigste Feuer*, S. 36.
532 Canetti, *Masse und Macht*, S. 77.
533 Vgl. zum Beispiel die Musikvideos von Marduk *Steel Inferno* und Endstille *Instinct*.
534 Dath, *Das mächtigste Feuer*, S. 36.

die Beschaffenheit des Bildmaterials eindeutig auf etwas Vergangenes verweist), indem Krieg hier nicht als das Zusammentreffen zweier Kriegsmächte gezeigt wird, sondern als Zerstörungsmoment ohne gleichwertigen Gegenspieler. Es gibt die Kriegsmacht und die Zerstörung, die ihr Ziel ist. Die Kriegsmacht selbst ist ohne Ort oder Nation. Sie ist der momentane Akt der Zerstörung und des Todes. Somit ist diese Kriegsmacht auch nicht mehr das, was sie eigentlich war (der Ursprung der Bilder: Weltkrieg zwischen zwei oder mehreren Kriegsmächten), sondern etwas, das nicht mehr Teil einer Staatsmacht oder Nation ist. Dies ist genau das, was Deleuze und Guattari als Kriegsmaschine beschreiben, nämlich etwas dem Staat Äußeres, das sich »von allen Formen des Staatsapparates oder ihm entsprechenden Institutionen [...] unterscheidet«[535]. Die Kriegsmaschine »kommt von woanders«[536] bzw. kommt von nirgends, weil sie in der bildlichen Inszenierung nur noch Exzess ist. Auch wenn die gezeigten Kriegshandlungen aus ihrem geschichtlichen Kontext herausgelöst und neu-kontextualisiert werden, so behält die Ästhetik der Bilder doch ihren »dokumentarischen« Stil, was sie zu ihrem eigenen Referenzbereich macht. Das heißt die Bilder werden als *shifting image* (über den Medienwechsel und die Zusammenstellung des Bildmaterials) neu kontextualisiert (der Inhalt wird auf den Akt reduziert), beziehen sich dann aber wieder auf den Ursprungskontext (über das Bildmaterial) einer kriegerischen Auseinandersetzung innerhalb eines Weltkrieges.

Genau wie in den Inszenierungen des bösen Einzelsubjekts, geht es hier um den Akt des Tötens und der Zerstörung, und nicht um dessen Vorgeschichte oder dessen Ergebnis (die Haufen von Feinden sind nicht nötig, um das Böse zu inszenieren). Die Inszenierung von Krieg, wie sie im Black Metal gezeigt wird, erzeugt (über den Akt, die Maschinen, die Soldaten und den Raum) archaische Mythen, die einer »Atmosphäre des Bösen« zuträglich sind. Paul Virilio verweist darauf, dass sich der Krieg nicht nur über seine technischen und wissenschaftlichen Neuerungen definiert, sondern immer Rückbezüge auf ein archaisches Moment hat:

»Seit dem Altertum hat die bewaffnete Gewalt sich der verschiedensten Probleme angenommen, technische und wissenschaftliche Neuerungen vollzogen. Dennoch hat sie nicht mit ihrem vorwissenschaftlichen Modell gebrochen. An dem Punkt verlässt der Krieg den Bereich des bloß Akzidentellen. Er kann sich nicht lösen vom magischen Schauspiel, dessen Veranstaltung sein eigentlicher Zweck bleibt.«[537]

---

535 Deleuze/Guattari, *Tausend Plateaus*, S. 491.
536 Ebd., S. 483.
537 Virilio, *Krieg und Kino*, S. 9.

Das »magische Schauspiel«, also das Ereignis selbst, ist eigentlicher Zweck des Krieges und seiner Inszenierung. Darstellungen des Bösen, also Bilder von Ereignissen (Krieg) oder Bilder als Ereignisse (der Akt des Einzelsubjekts), schaffen das Bildrepertoire, auf das sich der Ereignisraum bezieht und aus dem eine Geste von »Echtheit« entspringt, die im Folgenden als »Authentizität« beschrieben werden soll.

8.4 Subkulturelle Kapitalisierungsstrategien – Momente des Authentischen

Die Mannigfaltigkeit an Schock- und Bildstrategien macht sich das Bildprogramm des Black Metal, als eine Art »rage capital«[538], in ihrer Selbstinszenierung zunutze. Böse-Sein wird »zu einem metaphorischen Ausdruck für Gegnerschaft«.[539] Die symbolische Gewalt archetypischer Referenzen (zum Beispiel Mord und Krieg als zeitloses Gewaltmoment) sowie zeitgenössischer gesellschaftlicher Angstgegner (zum Beispiel islamistische Terroristen oder amoklaufende Jugendliche) werden popkulturell bricolagiert und in die Ikonographie des Bösen eingegliedert. Die Mordfälle innerhalb der norwegischen Black-Metal-Szene verkörpern diese Taktik und gleichzeitig das Ideal des Ernst-Machens. Was vorher nur in einer dem Metal oft inhärenten Horror-Ikonografie visualisiert wird, findet in den Ereignissen der Black-Metal-Szene seine Verwirklichung. Diese Ereignisse bilden den Mythos, welcher dazu dient, die Inszenierungspraxen durch den ausgeführten bösen Akt aufzuwerten und so den Authentizitätswert[540] zu steigern. Weil das böse Tun als realer Akt in die Symbolwelt des Black Metal aufgenommen wurde, bedarf es nun nicht mehr des realen Akts, um das Böse darzustellen. Oder anders formuliert: Die reale Tat verschwindet hinter der ihrer Darstellung und wird in die Stilwelt des Black Metal eingegliedert. Das Bildprogramm des Black Metal profitiert vom Realitätswert verschiedener Schreckensbilder insofern, als dass die Schreckensprämie des zusätzlichen Schauders durch den Bezug zum Realen als Information im Bild enthalten ist. Die Gewalt, die im Bild so ihre Verkörperung fin-

---

538 Vgl. Žižek, *Violence*, S. 187.
539 Hügel, *Spielformen des Bösen in der populären Kultur*, S. 313.
540 Vgl. Pierre Bourdieus Begriff des »kulturellen Kapitals« zum Beispiel in Bourdieu, *Die verborgenen Mechanismen der Macht*.

det, wirkt schlimmer als vormals die reale Gewalt, welche »banal und
harmlos«[541] sein kann – die Gewalt, die hier entsteht, ist symbolisch:

»Nur die symbolische Gewalt bedroht das System wirklich, da sie keinen Sinn hat
und keine ideologische Alternative in sich birgt.«[542]

Durch Aneignung und Nutzbarmachen symbolischer Gewalt und den Bezug auf die eigens generierten Ereignisse offenbart sich dem Bildprogramm
des Black Metal ein immenses Provokations- und Abweichungspotenzial,
welches sich aus der Inszenierung sowie aus der Bezugnahme auf ein Ereignis
speist. Ernsthaftigkeit ist oberstes Prinzip.

8.4.1 Die Praxis des Authentischen als Teil einer ernsthaften Inszenierung

»Wenn man von Authentizität spricht, dann heißt dies, dass sie unwiederbringlich
verschwunden ist.«[543]

Um diese Aussage Jean Baudrillards richtig einschätzen zu können, muss
definiert werden, was Authentizität sein kann bzw. wie sie, bezogen auf die
Inszenierung archaischer Männlichkeit, verortet werden muss. Es stellt sich
die Frage, ob man den Authentizitäts-Begriff nicht besser ganz aufgeben sollte, weil er, wie noch gezeigt werden wird, eine Art ideologisches Konstrukt
darstellt. Hierauf muss die Antwort lauten: Ja, aber nur im Sinne einer Unterscheidung zwischen authentischem Original und unauthentischer Kopie.[544] Es gibt dieses Authentische nicht. Aber im Sinne einer Praxis der Abgrenzung sollte dieser Begriff nutzbar gehalten werden. Eben weil der Begriff
der Authentizität im Übermaß verwendet wird (vor allem als Bewertungskriterium), muss für jeden Anwendungsbereich neu definiert werden, welche
Rolle die Praxis des Authentischen spielt und wie sie sich in Inszenierungen
zeigt bzw. welche Inszenierungspraxen gewählt werden, um einem immateriellen Begriff, wie dem der Authentizität, Substanz zu verleihen.

---

541 Baudrillard, *Der Geist des Terrorismus*, S. 31.
542 Ebd., S. 57.
543 Beitrag von Jean Baudrillard anläßlich der Preisverleihung des Siemens-Medienkunstpreises
    1995. Veröffentlicht in: *Medienkunstpreis 1995* (Hg. Zentrum für Kunst und Medientech-
    nologie Karlsruhe, Karlsruhe 1995). In: http://on1.zkm.de/zkm/stories/StoryReader$1088.
544 Walter Benjamin verweist beispielsweise darauf, dass »das Hier und Jetzt des Originals«,
    seine »Echtheit« ausmacht. (Benjamin, *Das Kunstwerk im Zeitalter seiner technischen Repro-
    duzierbarkeit*, S. 13.)

Bezogen auf den hier untersuchten Anwendungsbereich kann gesagt werden, dass das als authentisch gesehen wird, was den erwarteten Szeneparadigmen entspricht – es geht darum, ein dezidiertes Szenewissen zu besitzen, und einschätzen zu können, was einen bestimmten Stil ausmacht. Auch wird das als authentisch angesehen, was an Stile und Ereignisse der Realwelt rückgebunden ist.[545] Es geht also prinzipiell um eine Unmittelbarkeit in der Repräsentation bzw. darum, eine »suggestiv erzeugte Identität von Signifikant und Signifikat zu präsentieren«[546]. Authentizität wird hier als eine Praxis gesehen und stellt kein statisches Konstrukt dar. Somit wird das Bekennen zur Geste des Authentischen über seine Inszenierung zum Authentischen selbst. Selbst das bewusste Bekennen dazu, gerade nicht authentisch zu sein, wie es von anderen Szenen praktiziert wird, impliziert bereits die Geste des Authentischen. Es bedarf also nicht zwingend der für die archaische Männlichkeit so wichtigen Ernsthaftigkeit, um ein authentisches Moment zu erzeugen.

Der Authentizitäts-Begriff weist Parallelen zum Begriff des »Archaischen« auf. Der Archaik-Begriff von Emmanuel Levinas bezieht sich auf etwas Ursprüngliches (*origin*), im Gegensatz zu etwas An-archischem (*non-origin*).[547] Auch das Authentische ist in seinem Verlangen mit etwas Unmittelbarem und Ursprünglichem (*origin*) verbunden. Gleichzeitig dient der Authentizitäts-Begriff als Abgrenzungsbegriff bzw. beschreibt eine Abgrenzungspraxis.[548] Er bietet die Möglichkeit, einer In-Group anzugehören, die sich über ihre Authentizität definiert, also darüber, dass ein Fachwissen vorherrscht und Unmittelbarkeit in der Inszenierung eine große Rolle spielt. Das Authentische, als ideologisches System der Abgrenzung, stellt jedoch nicht nur die Frage nach In- oder Out-Group, sondern schafft überhaupt den Rahmen dafür, was in und out ist. Es ist der Inbegriff eines Positionierungs-Dualismus und zeigt sich in verschiedensten Dichotomien: »inauthentic vs. authentic; center vs. margin; mainstream vs. underground; commercial vs. independent; coopted vs. resistant; pop vs. rock«.[549] Die konstante Abgrenzung

---

545 Hier könnte zum Beispiel auf die Subkultur der Skinheads verwiesen werden, deren Stil direkte *working class*-Bezüge aufweist oder, bezogen auf Black Metal, die Morde und Kirchenbrände als Authentizitätssignifikanten.

546 Knaller/Müller, *Authentizität und kein Ende*, S. 9.

547 Vgl. Peperzak, *To The Other: An Introduction to The Philosophy of Emmanuel Lévinas*, S. 128.

548 »Der gesamte Bereich der Echtheit entzieht sich der technischen […] Reproduzierbarkeit.« (Benjamin, *Das Kunstwerk im Zeitalter seiner technischen Reproduzierbarkeit*, S. 14.) Benjamin macht hier beispielsweise, bezogen auf das Kunstwerk, eine Unterscheidung zwischen echt und unecht.

549 Grossberg, *We Gotta Get Out of This Place*, S. 206.

und Neubesetzung dessen, was als authentisch angesehen werden kann, bedeutet aber auch, dass das Authentische immer auf dem Weg ist, das neue Unauthentische zu werden. Authentizität oszilliert zwischen Ursprünglichkeit und Neuerung (um die Geste einer universellen Glaubwürdigkeit zu erhalten), was Lawrence Grossberg als »a certain mobility in the service of stability«[550], beschreibt.

Authentizität kann als eine Art variables Stilmittel bezeichnet werden; ein Surplus, das die Abgrenzung zu anderen Stilen und Praxen sichert. Authentizität ist eine Ansammlung von bestimmten Zutaten (Stil, Habitus, Verständnis für Zeitgeist, vermeintliche Individualität und so wieter). Ein Stil entsteht vor allem dadurch, dass vermittelt wird, dass sich um mehr handelt als nur um eine Zusammenstellung von bestimmten Artefakten. Somit geht es prinzipiell nicht darum, authentisch zu sein, sondern Authentizität zu vermitteln. Daraus ergibt sich, dass das Vermitteln von Authentizität (als inszenatorische Geste) zum Authentischen selbst wird. An dieser Stelle soll auf das Baudrillard-Zitat vom Anfang dieses Kapitels verwiesen werden: Es spielt keine Rolle, ob etwas authentisch ist oder nicht. Wichtig ist zu erkennen, dass das Authentische ein wichtiger Teil der Inszenierungspraxis archaischer Männlichkeit ist. Wenn also Baudrillard darauf verweist, dass Authentizität in dem Moment verschwindet, in dem sie benannt wird, so stimmt das, bezogen auf das hier untersuchte Feld, nur zum Teil. Authentizität besteht nämlich nicht in einer festen Entität, sondern eben in der Vermittlung eines authentischen Moments. Das Authentische findet sich im Moment einer Inszenierung, die auf etwas Universelles verweist[551] – »its ability to articulate private but common desires«[552]. Das Authentische ist jedoch schon immer verschwunden, wenn es versucht, ein universeller Wert zu sein. Baudrillards Zitat legt auch nahe, dass es einmal eine Authentizität gegeben hat (die Authentizität eines Originals), die dann verschwunden ist. Könnte es nicht aber sein, dass es diese Form von Authentizität nie gegeben hat, jedoch die Praxis des Authentischen immer Bestand hatte und hat?

---

550 Ebd., S. 209.
551 Universell bezieht sich hier auf die In-Group. Das Authentische besteht, wenn es ein Koordinatensystem bereit stellt, in dem die Möglichkeit erhalten wird, sich abzugrenzen.
552 Grossberg, *We Gotta Get Out of This Place*, S. 207.

8.4.1.1 Die authentische Inszenierung bedingt keine Authentizität

Die authentische Geste als Praxis der Abgrenzung ist nur insofern an ein Subjekt gebunden, als dass es dazu beitragen kann, diese Geste zu unterstützen und zu vermitteln. Wenn man weiter davon ausgeht, dass es eine Innerlichkeit des Subjekts nicht gibt und in der Pose mehr Echtheit liegt als im Glauben an eine solche Innerlichkeit, so kann es kein authentisches Subjekt geben. Wenn also in der Inszenierung/Maske mehr steckt als in den »stories we tell ourselves about ourselves«[553], dann ist die Inszenierung von Authentizität möglich, ohne wirklich authentisch zu sein. Wann etwas als authentisch interpretiert wird, hängt immer von momentanen Gegebenheiten und der jeweiligen In-Group ab. Es kann hier von einer Variabilität des Manifesten gesprochen werden, weil sich das Authentische als anpassungsfähig erweisen muss, gerade um seine Beständigkeit zu erhalten. Diese Vermittlung von Beständigkeit ist als solche nicht zu bewerten. Somit ist die Kritik aktueller Studien der Rezeption (sub-)kultureller Stile, die sich auf eine Dichotomie, in der »›the popular‹ (subculture's Other) as little more than purely ideological, with mainstream culture presented as producing banalized and passive individuals«[554], bezieht, völlig berechtigt. Diese Kritik versucht, ein Authentizitätsverständnis klassischer Cultural Studies, die »authentische« Subkulturen und »kommerziellen« Mainstream unterscheiden, zu negieren.

»This is something that all post-structuralists are aware of, that there are no rules, that there is no authenticity, no reason for ideological commitment, merely a stylistic game to be played.«[555]

Diese Meinung ist, bezogen auf einen wissenschaftlichen Diskurs, zu teilen. Jedoch darf diese Kritik nicht mit der absolut notwendigen Forderung nach Abgrenzung (welches die Praxis des Authentischen ist) verwechselt werden. Es muss nochmals betont werden, dass die Praxis des Authentischen kein wissenschaftliches Bewertungskriterium sein darf, jedoch bereits ein Raum zur Abgrenzung verschiedener inszenatorischer Praxen ist.

---

553 Žižek, *First as Tragedy, Than as Farce*, S. 40.
554 Stahl, *Still Winning Space?*
555 Ebd.

8.4.2 Trueness

Jede Form des Erzeugens eines authentischen Moments fordert eine Positionierung, auch wenn diese nur momentan ist. Dies impliziert auch das Ausweiten der Geste um eine bewusst nicht-authentische Inszenierung, was in dem Bekenntnis zum Nicht-Authentisch-Sein wiederum eine Form von Authentizität in sich trägt. Es muss eine Position gewählt werden – »to decide upon an undecidable point«[556]. Auch wenn etwas nicht authentisch sein kann, ist es wichtig, die Forderung nach Authentizität anzuerkennen. Ein Begriff, der diese Forderung passend beschreibt, ist »true«. Der Begriff der »trueness« impliziert die Forderung nach einer Wahrheit, nach einem Moment, der die universelle Manifestation davon in sich birgt, was wichtig ist bzw. dass die jeweilige In-Group wichtig ist. Dabei ist das Wichtige[557] eine Variable, die immer wieder aufs Neue definiert wird. »Trueness«, als Synonym für szenetypische Authentizität, steht auch für Ernsthaftigkeit.[558] Im Werk von Alain Badiou ist »truth« ein immer wieder verwendeter Begriff, welcher der Forderung der archaischen Männlichkeit nach Authentizität und Wahrheit relativ nah kommt: Bei ihm formt sich Wahrheit über den Prozess und die Treue zu einem Ereignis:[559]

»For a truth to affirm its newness, there must be a supplement. This supplement is committed to chance. It is unpredictable, incalculable. It is beyond what is. I call it an event. A truth thus appears, in its newness, because an evental supplement interrupts repetition.«[560]

---

556 Feltham, *Alain Badiou: Live Theory*, S. 90.

557 Lawrence Grossberg betont in seiner Analyse zu Rockmusik immer wieder, dass es darum geht, dass es wichtig ist – it matters: »Rock must constantly change to survive; it must seek to reproduce ist authenticity in new forms, in new places, in new alliances. It must constantly move from one centre to another, transforming what had been authentic into the inauthentic, in order to constantly project its claim to authenticity. For its claim which enables rock to matter, to make difference, to empower its fans.« (Grossberg, *We Gotta Get Out of This Place*, S. 209.)

558 Vgl. Kapitel 9.2 Andere Formen archaischer Männlichkeit.

559 Der Begriff der Treue kommt Badious *truth* teilweise sogar näher als der Begriff der Wahrheit. Der *truth*-Begriff, wie ihn Badiou verwendet, weist starke Überschneidungen zu den hier analysierten Praxen auf (zum Beispiel die Gleichzeitigkeit von Prozessualität und Beständigkeit von Wahrheit), wird aber von ihm anders gebraucht. Genauso findet eine bewusste Diskursverknappung statt, wenn man Badious Begriffe und Theorien auf eine Subkultur anwendet.

560 Badiou, *Infinite Thought*, S. 62.

»Truth« kann also als eine beständige und nicht-relativistische Maxime für singuläre und bestimmte Prozesse verstanden werden – was Badiou »process of truth« nennt. Gleichzeitig ist dieser Prozess ständiger Veränderung unterworfen: »A truth is, first of all, something new«[561]; somit kann nicht von einer Wahrheit gesprochen werden, sondern nur von Wahrheiten. Eine Wahrheit erscheint durch das Ereignis, zu dem sich das Subjekt bekennt. Dieses Ereignis hat eine potenzielle Universalität, weil es sich an alle richtet bzw. in der Praxis des Authentischen an die In-Group. Die Wahrheit liegt somit nicht darin, dass das Ereignis wahr ist, sondern darin, dass man sich zu dem Ereignis bekennt: »A truth is something we make. It is declared, composed, and upheld by the subjects it convokes and sustains.«[562] Genauso ist der Prozess des Authentischen vor allem ein Akt des Bekennens. Deswegen müssen auch »true« (als Authentizitätssignifikant der Heavy-Metal-Kultur) und »real« (als Authentizitätssignifikant des Hip-Hop) unterschieden werden. Beide Begriffe stehen für die Forderung nach Authentizität. »True« jedoch impliziert die Forderung nach einem Wahrheitsgehalt und einer Treue zur Szene, während »real« die Forderung nach einem Echtheitsgehalt impliziert. »True«-Sein ist nicht an etwas Wahres oder einen Realraum gebunden, während sich »real«-Sein vor allem auf Realräume einer scheinbar echten Lebenswelt bezieht.

Durch das Bekenntnis zum Ereignis entsteht ein authentischer Moment, der für die Inszenierung archaischer Männlichkeit unverzichtbar ist:

»An event is linked to the notion of the undecidable. Take this statement: ›The event belongs to the situation.‹ If it is possible to decide, using the rules of established knowledge, whether this statement is true or false, then the so-called event is not an event. Its occurence would be calculable within the situation. Nothing would permit us to say: here begins a truth. On the basis of the undecidability of an event‘s belonging to a situation a wager has to be made. This is why a truth begins with an axiom of truth. It begins with a groundless decision – the decision to say that the event has taken place.«[563]

Im Ereignis, welches das Subjekt hervorbringt[564] bzw. transformiert, liegt eine universelle Singularität, die als authentischer Moment beschrieben werden kann. Deswegen ist die Rückbindung auf ein Ereignis so wichtig, weil darin etwas liegt, das mehr ist als Repräsentation: Ein Mord kann stattgefun-

---

561 Ebd., S. 61.
562 Hallward, *Badiou: A Subject to Truth*, S. xxv.
563 Badiou, *Infinite Thought*, S. 62.
564 »A subject is born of a human being‘s decision that something they have encountered, which has happened in their situation – however foreign and abnormal – does in fact belong to the situation and thus cannot be overlooked.« (Ebd., S. 6.)

den haben oder Mythos sein, der Ablauf des Tötungsakts kann verherrlicht oder heruntergespielt werden – das Bekennen zum Ereignis des Mordes bleibt aber bestehen. Žižeks These zum Authentischen lässt sich insofern ergänzen, als dass das Authentische nicht nur im Akt der gewaltsamen Überschreitung liegt, sondern, bezogen auf die Inszenierungspraxen archaischer Männlichkeit, im Bekenntnis zu diesem Akt. Das Ereignis, der Akt diabolischer Gewalt und das Subjekt archaischer Männlichkeit bilden die Trias eines singulären Prozesses des Authentischen,[565] die diesen Raum konstituiert, der, für die bildlichen Inszenierungen des Darstellungsraums, eine atmosphärische Grundlage schafft. Die Inszenierungen von Widerständigkeit einer (Sub-)Kultur müssen versuchen, das inszenatorische Potenzial des Bösen, als reine Bildpraxis, zu verwischen. Das heißt, auch wenn die Inszenierungspraxen des Black Metal als eine Stilwelt innerhalb anderer Stile verstanden werden müssen, so ist es doch von enormer Wichtigkeit, diese selbstreflexive Ebene nicht zuzulassen, um Authentizität zu erlangen.

8.4.2.1 Wiederholung als strukturierendes Prinzip widerständiger Inszenierungen

Wie bereits beschrieben, sind Inszenierungen von Widerständigkeit an immerwährende Erneuerung gebunden, egal ob diese Erneuerungen ein Prinzip der Beständigkeit unterstützen (vertikal) oder ob sie für die Negation von Beständigkeit sorgen sollen (horizontal). Wiederholung ist so ein erneuerndes Prinzip. Der Begriff der Wiederholung, so wie ihn Deleuze verwendet (und vor ihm beispielsweise Nietzsche und Kierkegaard), steht für die Produktion von etwas Neuem und nicht etwa darin, Altes zu reproduzieren.[566] Es besteht ein »wesentlicher Unterschied zwischen der Wiederholung und jeder noch so großen Ähnlichkeit«.[567] Wiederholen beschreibt das Verhältnis zu etwas Singulärem, das kein Äquivalent hat:

»Demgegenüber erkennen wir genau, dass die Wiederholung eine notwendige und begründete Verhaltensweise nur im Verhältnis zum Unersetzbaren ergibt. Als Verhaltensweise und als Gesichtspunkt betrifft die Wiederholung eine untauschbare, unersetzbare Singularität. Die Spiegelungen, Echos, Doppelgänger, Seelen gehören nicht

---

565 Singulärer Prozess meint, dass das Authentische jedes Mal aufs neue inszeniert und ausgehandelt werden muss.
566 Vgl. Žižek, *In Defense of Lost Causes*, S. 139.
567 Deleuze, *Differenz und Wiederholung*, S. 15.

zum Bereich der Ähnlichkeit oder der Äquivalenz; und so wenig echte Zwillinge einander ersetzen können, so wenig kann man seine Seele tauschen.«[568]

Das, was Deleuze hier als Seele bezeichnet, könnte man auch als die Essenz eines Stils beschreiben oder als Schlüsselbild innerhalb einer Inszenierung: also das, was einen bestimmten Stil oder eine Inszenierung ausmacht, was wiederholt werden muss, um es (erneuert) zu erhalten. Žižek unterscheidet zwei Arten der Wiederholung: erstens die Deleuzsche als erneuerndes Prinzip und zweitens die Wiederholung im Sinne des Erhaltens des Alten und der Unveränderbarkeit. Erstes bezeichnet er als Spirit, also eine Art von Essenz, zweites als Letter, also eine Art gesetzmäßigen Verhältnisses, zu dem etwas wiederholt wird, welches keine Neuerung zulässt.[569] Bezogen auf die Inszenierungspraxen im Black Metal findet beides statt: also einerseits wird der inszenatorischen Kern von Ernsthaftigkeit zu erhalten (Spirit), indem die Darstellung von den gängigen Inszenierungspraxen abkehrt, aber andererseits werden auch klassische Darstellungsmerkmale über ihre Wiederholung ebendieser erhalten(Letter). Die gänzliche Abkehr vom klassischen Stil des Black Metal (mit corpse paint und Nieten) ist eine Strategie, den Spirit (im Sinne Žižek´s) zu erhalten. Ernsthaftigkeit manifestiert sich hier in der Ablehnung einer übermäßigen Inszenierung und in der Reduzierung auf eine vermeintliche Essenz.[570]

---

568 Ebd., S. 15.
569 Diese Unterscheidung der Wiederholung und die Wichtigkeit dieser, als Prinzip der Neuerung, erläutert Žižek am Beispiel des möglichen Umgangs mit der Philosophie von Immanuel Kant:»There are two modes of repeating him: either one sticks to the letter and further elaborates or changes his system […]; or one tries to regain the creative impulse […]. One has to betray the letter in Kant in order to remain faithful to (and repeat) the ›spirit‹ of his thought. It is precisely when one remains faithful to the letter of Kant that one really betrays the core of his thought, the creative impulse underlying it.« Žižek meint also, dass man sich, um die Essenz Kants zu erhalten, von Kant als Lehre abwenden muss. Nur so lässt sich der creative impulse Kants erhalten. (Žižek, *In Defense of Lost Causes*, S. 140.)
570 Bezogen auf die Wiederholung, um den Spirit zu erhalten, kann auch auf die musikalische Ebene des Black Metal verwiesen werden: Bands wie Sunn O))) oder MZ. 412 erhalten eine Essenz des Black Metal, indem sie den Schwerpunkt des Noise und der Repetition hervorheben. Bei neueren französischen Bands, wie Amesoeurs oder Alcest, wird die melodische Seite des Black Metal hervorgehoben und es werden ganz neue Bezüge der Musik herausgearbeitet (die Nähe zu Shoegaze und Post Rock).

Abbildung 14: Wolves In The Trone Room. Promotionfotos. wittr.com.

Die amerikanische Band Wolves in the Throne Room beispielsweise erhält in ihrer Inszenierung den starken Naturbezug und das kriegerische Element, verzichtet aber völlig auf andere typische Stilmerkmale. Das hier gezeigte Promofoto zeigt ein Mitglied von Wolves in the Throne Room in sternenklarer Nacht, vor einem Holzhaus stehend, mit einem Gewehr in der Hand. Die Person hat weder lange Haare noch *corpse paint* oder Nieten, jedoch einen Vollbart. Aber auch die – hier als »klassischer Stil des Black Metal« beschriebene – Inszenierung von Männlichkeit ergibt als solche nur Sinn, wenn neue inszenatorische Wege gefunden werden, diesen Stil zu erhalten. Betrachtet man beispielsweise Bands wie Gorgoroth oder Endstille, so werden bei deren Inszenierung Stilmerkmale wie *corpse paint* oder Nieten erhalten, jedoch wird gleichzeitig durch Erweiterungen und Optimierungen der Selbstdarstellung Neues geschaffen. An diesem Punkt könnte Žižek widersprochen werden: Selbst die Wiederholung des Letters (sprich des formellen Erhaltens) erzeugt Neuerung. Das bedeutet, dass in jeder Form der Wiederholung das Potenzial zur Neuerung liegt.[571]

---

571 Allerdings müsste an diesem Punkt (zumindest auf das hier untersuchte Feld) Deleuzes Aussage ergänzt werden: »Wiederholen heißt sich verhalten, allerdings im Verhältnis zu etwas Einzigartigem oder Singulärem, das mit nichts anderem ähnlich oder äquivalent ist. Und vielleicht ist diese Widerholung als äußeres Verhalten ihrerseits Widerhall eines noch heimlicheren Bebens, einer inneren und tieferen Wiederholung im Singulären, das sie beseelt. In der Gedenkfeier liegt gerade dieses Paradox offen zutage: ein ›Unwiederbringliches‹ wiederholen. Nicht ein zweites und ein drittes Mal dem ersten hinzufügen, sondern das erste Mal zur ›n-ten‹ Potenz erheben. Mit diesem Bezug zur Potenz verkehrt sich die Wiederholung, indem sie sich nach innen stülpt; es ist, wie Péguy sagt, nicht die Feier des 14. Juli, die an den Sturm auf die Bastille erinnert oder repräsentiert, viel mehr ist es der

Die Inszenierung archaischer Männlichkeit besteht durch die Erneuerungspraxis der Wiederholung. Dies hat eine Beständigkeit im Erzeugen von neuen, einzigartigen (Bewegt-)Bildern zur Folge. Bands wie Gorgoroth sind beispielsweise eine Wiederholung des klassischen Black-Metal-Stils. Dadurch besteht er weiter – jedoch erneuert. Genau genommen ist Wiederholung ein inszenatorisches *shifting image* – eine Inszenierung, die wandert, sich verändert, immer wieder neu-kontextualisierbar wird. Wiederholung steht gegen das Allgemeine und gegen die Variation.[572] Eben dieses anzuerkennen kann auch dafür sorgen, dass Inszenierungen nicht ohne Weiteres nur in eine Abfolge von Ähnlichkeiten eingereiht werden, sondern auch ihre Singularität hervorgehoben wird.

Sturm auf die Bastille, der im voraus alle Jahrestage feiert und wiederholt; oder es ist die erste Seerose Monets, die alle weiteren wiederholt.« (Deleuze, *Differenz und Wiederholung*, S. 15.)

Deleuzes Deutung, dass dem ersten Mal kein zweites oder drittes Mal hinzugefügt wird, sondern das erste Mal zu »n-ten« Potenz wird, ist nur insofern zu unterstützen, als dass jedes Neue selbst wieder zur »n-ten« Potenz werden kann. Ähnlich wie bei dem Ereignis ist es vielleicht weniger wichtig, ob sich das Ereignis wirklich ereignet hat, als dass man sich dazu bekennt. Genauso könnte es vielleicht wichtiger sein, dass sich die Wiederholung auf ein erstes Mal als »n-te« Potenz bezieht, dieses erste Mal aber ebenfalls erneuert werden kann, dass man nicht darauf angewiesen ist, dieses erste Mal definieren zu können. Denn während sich beispielsweise die Gedenkfeier direkt auf das bezieht, wessen gedacht werden soll, so ist das erste Mal nicht immer so definitiv auszumachen.

572 Vgl. Deleuze, *Differenz und Wiederholung*, S. 17.

9. Verortete Subjektüberhöhung und Strategien widerständiger Inszenierung

9.1 Komponenten ernsthafter Inszenierung archaischer Männlichkeit im Bewegtbild

Anhand der in den vorherigen Kapiteln erforschten Männerbilder und deren Verortung wird gezeigt, wie durch die Konstruktion der Räume das männliche Subjekt (durch die Relation zum Bedeutungszusammenhang des Raums) und die damit verbundene geschlechtspezifische Überhöhung entstehen. Gleichzeitig wird gezeigt, inwieweit Räume durch das männliche Subjekt geschlechtlich konnotiert werden (wenn beispielsweise ein unbeschriebener Raum durch das Subjekt in einen bestimmten Bedeutungszusammenhang gestellt wird). Räume sind nicht auf eine universelle Identität festgelegt, sondern variieren mit dem Subjekt, welches ihnen die Identität verleiht.[573] Auch wenn es typische Räume für bestimmte soziale oder symbolische Gruppen gibt, können sie, wie hier gezeigt werden sollte, nicht als statisch betrachtet werden – »Raum ist demnach nie fertig oder abgeschlossen«[574]. Raum ist als prozessual anzusehen: als ein dynamisches System, welches sich auf der »Basis von institutionalisierten Konstruktionen und Gegenkonstruktionen in der Dualität von Handeln und Struktur und in Abhängigkeit von Ort, Zeit und Machtverhältnissen«[575] konstituiert. Männliches Subjekt und Raum müssen gleichsam als dynamische Kategorien gedacht werden, die sich gegenseitig bedingen und beeinflussen. Raum und Männlichkeit sind nicht von einander zu trennen. Sie können nur zusammen gedacht und analysiert werden.

Nur eine solche dynamische und anti-essenzialistische Position ermöglicht es, Stereotypen von Männlichkeit zu erweitern und zu verändern. Die

---

573 Vgl. den relativistischen Denkansatz in Martina Löws *Raumsoziologie*, welcher davon ausgeht, dass die »Aktivität des Handelns unmittelbar mit der Produktion von Räumen einher« geht. (Löw, *Raumsoziologie*, S. 18.)
574 Hipfl, *Mediale Identitätsräume*, S. 29.
575 Löw, *Konstituierung sozialer Räume im Geschlächterverhältnis*, S. 460.

Naturalisierung männlicher Eigenschaften dient, im Gegensatz dazu, der Festigung von Stereotypen, die als unveränderbar scheinen und nicht infrage gestellt werden.[576] Den Inszenierungscharakter von Männlichkeitsdarstellungen hervorzuheben und als sochen analysierbar zu machen, ist der erste Schritt, um neue Männerbilder zu erkennen und zu entwerfen oder um alte Männerbilder neu zu deuten.[577] Die hier vorgenommenen Analysen beschreiben eine Form von stereotyper Idealvorstellung einer vermeintlich rückgewandten Männlichkeit, die sich auf vormoderne Werte beruft und sich bewusst unzeitgemäß gibt, als archaische Männlichkeit. Diese wird als Konstrukt verstanden, welches sich einen Raum schafft, um sich ernsthaft und widerständig zu inszenieren. Es wurde gezeigt, wie sich Ernsthaftigkeit,[578] als Prinzip der Inszenierungspraxis archaischer Männlichkeit, visualisiert und welche Rolle der Raum für die Inszenierung dieser Männlichkeit spielt. Dabei zeigt sich, dass es möglich ist, einerseits einen Raum der Widerständigkeit zu entwerfen und gleichzeitig ein regressives Stereotyp zu bedienen. Widerständige Potenziale, wie sie in den Inszenierungen archaischer Männlichkeit frei gesetzt werden, schließen folglich nicht automatisch normative Stereotypen von Männlichkeit und Weiblichkeit aus. Vielleicht bedarf es sogar einer bestimmten Regressivität für die Inszenierung dieser Form von ernsthafter Männlichkeit. Gerade der Begriff der Ernsthaftigkeit beschreibt das Prinzip archaischer Männlichkeit und deren inszenatorischen Kern: Ernsthaftigkeit als Teil jeder Darstellung von Männlichkeit, die kaum Erwähnung findet,[579] gerade weil sie so präsent ist, dass sie normalisiert und dadurch unsichtbar geworden ist. Männlichkeit und Ernsthaftigkeit werden zusammen gedacht und werden nur im Moment der Abweichung oder der Überzeichnung sichtbar. Eine solche Denaturalisierung zeigt sich in den Bildinszenierungen archaischer Männlichkeit, die über diese Bilder hinausreichen. Zum Erzeugen von Bildern des Ernstes und des Ernst-Machens be-

---

576 Hier kann auf Robert Bly verwiesen werden, der in *Iron John* von einer Essenz des Männlichen ausgeht und für den die Entfremdung von dieser Essenz Ursache für das Unglück vieler »moderner« Männer ist.

577 Natur ist nicht natürlich. In der Porno-Industrie beispielsweise gibt es das Genre »natural«, welches auf die »Natürlichkeit« des weiblichen Körpers verweist – im Vergleich zu den chirurgisch-optimierten Körpern, die sonst das gängige Stereotyp bilden. »Natural« ist hier ein Stil; eine Variante der Körperinszenierung.

578 Bei archaischer Männlichkeit handelt es sich um eine bestimmte Form von Ernsthaftigkeit, der bedrohlichen Ernsthaftigkeit eines kampfbereiten, kriegerischen Subjekts.

579 Latzel, *Der ernste Mensch und das Ernste*, S. 9.

darf es dem Subjekt der archaischen Männlichkeit und des Darstellungsraums, dessen Darstellungen durch Realereignisbezüge geadelt werden. Der Darstellungsraum ist der Bildbereich, in dem archaische Männlichkeit seine Darstellung findet. Er ist in vier Raumarten zu unterteilen, die auf verschiedene Weise das Subjekt der archaischen Männlichkeit erschaffen und gleichzeitig durch das Subjekt mitgeschaffen werden: anderer Ort, Naturraum, Heterotopie und filmischer Raum. Im Darstellungsraum werden (Un-)Sichtbarkeit und Diffusität erzeugt und als wichtige ästhetische Kategorien etabliert. Dabei steht das Helle dem Dunklen nicht mehr diametral gegenüber, sondern wird gleichsam eingesetzt. In den analysierten Musikvideos zeigt sich Licht als konstituierend für Raum und Subjekt. Es dient der Verschmelzung von Vorder- und Hintergrund und unterstützt die Ästhetisierung des männlichen Subjekts, wie sie sich beispielsweise bei der Gesichtsbemalung (*corpse paint*) oder in Darstellungen im Naturraum zeigt, bei dem das männliche Subjekt gänzlich obsolet wird.[580] Diffusität in seiner Künstlichkeit ist das, was die erzeugten Bilder von der Realwelt unterscheidet. Es werden Bereiche und Zwischenräume erschlossen, die sich den gezeigten Stereotypen zu entziehen vermögen. Die zwei wichtigsten Pole der Inszenierung archaischer Männlichkeit können, durch eine Erweiterung von John Bergers These (»men act and women appear«), so klassifiziert werden: »Men over-act and men disappear.« »Men over-act« beschreibt den Vorgang des Herauslösens aus einer normativen Unsichtbarkeit durch Übertreibung, wärend »men disappear« die Inszenierung von Diffusität beschreibt. Die Verbindung beider Pole, also die Inszenierung einer Hyper-Maskulinität und deren visueller Diffusion, macht die Inszenierungen im Black Metal als Repräsentant archaischer Männlichkeit aus.

Der Ereignisraum generiert das Bedeutungs-Surplus, welches zur Inszenierung im Bild gehört und im Bild visualisiert wird. Hier verschwimmen Realereignisse, Mythen, Darstellungscharakteristika und Inszenierungspraxen. Es werden Strategien widerständiger Gesten entwickelt, die sich auf ein bestimmtes Ereignis beziehen, um so den Bereich des Möglichen, um den realen Akt (hier der Gewalt) zu erweitern und in die Stilwelt des Black Metal einzugliedern. Dieser reale Akt verschwindet dann hinter den Bildern, die auf ihn Bezug nehmen. Das Bildprogramm des Black Metal kann vom »Realitätswert« verschiedener Schreckensbilder profitieren. Durch die Aneignung von gewaltsamen Ereignissen offenbart sich ein immenses Provokations- und Abweichungspotenzial, welches sich aus der Inszenierung sowie

---

580 Vgl. Kapitel 4.3 Der menschenleere beschriebene Raum.

aus der Bezugnahme auf ein Ereignis speist. Das Subjekt der archaischen Männlichkeit wird durch das Ereignis hervorgebracht.[581] Entweder indem es über den Akt daran Teil hat oder weil es sich zu ihm bekennt. Durch die Rückbindung an ein Ereignis wird der Darstellungsrahmen der archaischen Männlichkeit erweitert. Ernsthaftigkeit entsteht dann nicht nur über die Inszenierung, sondern wird durch etwas unterstützt, das den Rahmen der bildlichen Repräsentation erweitert.

Das Ereignis, der Bezug darauf über den Akt und das Subjekt archaischer Männlichkeit sind Teil eines Prozesses – der als Moment des Authentischen beschrieben wird. Der Begriff der Authentizität wird hier als eine Praxis der Abgrenzung und des Bekennens verstanden und stellt kein statisches Konstrukt dar. Der Moment des Authentischen dient der Inszenierung von Ernsthaftigkeit und konstituiert einen Raum, der – für die bildlichen Inszenierungen des Darstellungsraums – eine atmosphärische Grundlage schafft. Das Subjekt der archaischen Männlichkeit bedarf somit beider Räume, um Ernsthaftigkeit als Prinzip seiner Darstellung zu zeigen. Zudem bedarf es eines Ereignisses, um eine ernsthafte Atmosphäre zu erzeugen. Die Bildpraxis der archaischen Männlichkeit im Black Metal setzt sich somit aus diesen drei Komponenten zusammen: Subjekt – Raum – Ereignis. Im Folgenden soll beschrieben werden, inwieweit die Ergebnisse der Analysen auf andere Bilder anwendbar sind.

9.2   Andere Formen archaischer Männlichkeit

Es ist notwendig, weitere Strategien herauszuarbeiten, die genutzt werden, um archaische Männlichkeit als die überlegene und einzig wirkliche Form von Männlichkeit erscheinen zu lassen. Das Ziel ist bei diesen Strategien nicht, die Überlegenheit von Männlichkeit an sich zu konservieren, sondern nur die momentane, auf den jeweiligen Raum bezogene immer wieder neu zu formulieren. Deshalb ist es notwendig, Männlichkeit als monolith zu inszenieren und die Differenz zum Anderen symbolisch zu determinieren bzw. das Andere in der Darstellung niedriger zu positionieren – da die Geschlechterhierarchie einem scheinbar unveränderlichen Universalismus unterliegt, kann diese als

---

581 Es gibt hier jedoch keinen Widerspruch zwischen der Konstitution des Subjekts durch den Raum (Raumidentität im Darstellungsraum) und der Konstitution des Subjekts durch ein Ereignis (Ereignisraum): Wenn der Raum das Subjekt konstituiert, fungiert er als Ereignis, zu dem sich das Subjekt bekennt oder in dem es aktiv agiert.

vorausgesetzt verstanden werden.[582] Die Konservierung klassischer Stereotypen ist somit eine Art »side-effect«, welcher bei jeder Form von verbildlichter Männlichkeit anfällt. Die »patriachale Dividende«[583] garantiert Überlegenheit,[584] und eine Abkehr von der patriachalen Überhöhung ist nicht festzustellen. Dies zeigt sich auch bei anderen Inszenierungen archaischer Männlichkeit:

1. Musikvideo: Beispiel Hip-Hop
2. Film: Beispiel Actionfilm
3. Berichterstattung: Beispiel Männer in der Politik

9.2.1 Urban Warriors in devianten Räumen[585]

Eine Form von Männlichkeit, die ebenfalls als archaisch zu beschreiben wäre, jedoch ihr Repräsentationsfeld im Jetzt eines urbanen Kontexts hat, ist die Hip-Hop-Kultur. Hier findet ebenfalls häufig eine starke Überhöhung von Männlichkeit statt.[586] Das kriegerische Subjekt kämpft allerdings nicht in einem fiktiven Naturraum, sondern als Urban Warrior im dystopischen Beton-Grau einer Großstadt.[587] Diese Inszenierungen sind nicht weniger fiktiv als die des Black Metal. Wärend jedoch der Black Metal eine Nische innerhalb der Popkultur darstellt, ist Hip-Hop mainstream, das heißt, er ist einer großen Masse von Konsumenten zugänglich. Gleichzeitig gibt es auch im Hip-Hop Tendenzen, sich bewusst abzugrenzen und nur einem Nischenmarkt zugänglich zu sein, wie beispielsweise beim Horror- und Gore-Rap. Hier wird ein apokalyptisches Männer- und Repräsentationsbild verkörpert, bei dem sich die Inszenierungen nicht mehr an urbanen Gangstermythen orientieren, sondern ähnliche Referenzen wie im Black Metal bedient werden.[588]

---

582 Das männliche Geschlecht bleibt unmarkiert und wird daher zum Synonym des Universellen. Vgl. Butler, *Das Unbehagen der Geschlechter*, S. 40.
583 Vgl. Connell, *Masculinities*.
584 Während sich zum Beispiel Frauen und Homosexuelle diese Räume erkämpfen müssen, ist hetereosexuelle weiße Männlichkeit hier Grundlage/Ausgangspunkt.
585 Vgl. zu diesem Kapitel:
Richard, *Ghetto Fabulous, B-Girlin' und Electronic Ghetto.*
Richard, *Repräsentationsräume.*
Richard, *HipHop Honeys Strike Back!*
586 Besonders im Gangster Rap.
587 Vgl. Richard/Grünwald, *Horde und Kriegsrevue?*
588 Vgl. beispielsweise Necro oder Kampfhund 666.

Die Inszenierung von Männlichkeit im Hip-Hop-Musikvideo ist ebenfalls stark von seiner Verortung abhängig. Hier sind vier Räume zu unterscheiden, in denen archaische Männlichkeit inszeniert wird:

»1. Der deviante Raum: Die hier gezeigten Bilder implizieren Aggression und Kampfbereitschaft in reinen Männergesellschaften, in denen Frauen kaum vorkommen. Die Szenarien sind aggressiv: geballte Fäuste und verhüllte Gesichter der Gangster, Waffen, Kampfhunde. Feuer und Zerstörung erhellen die meist dunklen, zerfallenen Räume, in denen sich die Gangster bzw. Urban Warrior präsentieren. Dieser Raum ist mit dem Naturraum in Black-Metal-Inszenierungen vergleichbar: ein Raum, in dem das männliche Subjekt aktiv agiert und besteht.
2. Markenräume: Luxus- und Konsumwelten werden hier getreu dem Playa-Prinzip fantasievoll ausgebreitet. Es werden Statussymbole präsentiert: Villa, Pool, Autos, Handys, Whirlpools, luxuriöse Innenräume, Glücksspiel, Zigarren, Goldschmuck, Champagnerflaschen und als wichtigste Accessoires: unzählige bereitwillige, knapp bekleidete Frauen.
3. Gedenkraum: Hier zeigen sich die Schattenseiten des Gangstertums. Tod, Beerdigung, Gefängnis, Polizei, verwaiste Kinder, verwitwete Frauen werden als Folge der Unterdrückung und Chancenlosigkeit gegenüber den weißen Autoritäten dargestellt.
4. Der apokalyptische Raum: Die Referenzen sind hier ähnlich wie beim »filmischen Raum« des Black Metal. Der Referenzbezug bietet die Möglichkeit, sich außerhalb gängiger Darstellungsstereotypen zu präsentieren bzw. Hip-Hop-Stereotypen durch die Fremdreferenz zu ersetzen. Dieser Raum ist mit dem Parodieraum zu vergleichen, jedoch ohne die Überzeichnung der Inszenierung zu ironisieren.« [589]

Die Männlichkeitsinszenierungen innerhalb dieser Räume sind ebenfalls als archaisch zu beschreiben, weil sie eine monolithe Form von Männlichkeit präsentieren und durchweg als überlegen gezeigt werden. In den Inszenierungen im Hip-Hop-Musikvideo kommt meistens nur eine Form von Männlichkeit vor, welche dann automatisch die höchste Stufe in einer geschlechterbezogenen Hierarchie aufweist. Der Urban Warrior des Hip-Hop ist eingebettet in eine Männerhorde, seine Überhöhung erlangt über durchtrainierte Körperlichkeit und XXL-Kleidung Raumdominanz im Bild. [590] Im Hip-Hop wird das männliche Gegenüber, der Gegner im Battle, auf gleicher

---

589 Richard, *Ghetto Fabulous, B-Girlin' und Electronic Ghetto.*
590 In Bezug auf die Raum-Körper-Relation herrscht im Hip-Hop durch die bildfüllende Horde und den XXL-Körper ein Körperüberhang vor. Das heißt, es ist wenig vom Raum zu sehen, es zeigen sich oft nur männliche Körper, die Frauenfiguren werden zu einem Teil des Raums/Hintergrunds in der visuellen Inszenierung.

bildlicher Stufe gezeigt: zum Beispiel Gangster versus Gangster.[591] Bezogen auf Geschlechterrelationen zwischen Mann und Frau ist es irrelevant, wie der Mann gezeigt wird (ob als Gangster oder als »verrückter Nigga«): dem-Verhältnis zum weiblichen Gegenüber ist er immer überlegen. Die Gradationen von Männlichkeit (falls vorhanden) haben keinen Einfluss auf die Position des Mannes innerhalb der Geschlechterhierarchie.

Neben der Bedeutung des männlichen Subjekts und des Raums für die Inszenierung archaischer Männlichkeit im Hip-Hop zeigt sich, dass es wiederum das Ereignis ist, welches der Inszenierung seine »realness« verleiht. Die Inszenierungen des Rappers 50 Cent beispielsweise verweisen häufig auf Straßengewalt und Schusswaffen. Dass er echte Schusswunden am gestählten Körper trägt, die zur Schau gestellt werden, soll auf die Ernsthaftigkeit seiner Inszenierung und das Ereignis einer realen Schießerei verweisen. Über den Körper manifestiert sich das Ereignis dann im devianten oder im Markenraum. Das fortwährende Bekennen zu diesem Ereignis (durch Bilder und Interviews) unterstützt eine Strategie des Ernst-Machens, was Grundlage aller Inszenierungen archaischer Männlichkeit ist.

9.2.2 Tobende Männer im Film

Im Actionkino, genauer im sogenannten »Male Rampage Film«[592], werden Männerbilder gezeigt, die wild, körperlich und ernsthaft sind. Filme wie *Rambo, Dirty Harry, Die Hard, 300* oder *Gladiator* zeigen eine weiße Männlichkeit, die das Gesetz in die eigene Hand nimmt und in ihrer misanthropischen Autorität jede Form fremder Autorität ablehnt. Die im Film inszenierte archaische Männlichkeit kann in verschiedenen Räumen verortet werden, bezieht sich jedoch fast immer auf ein Ereignis, zu dem sich das männliche Subjekt bekennt, und zeigt dieses als kriegerisch und körperlich:

»The taut, torn, upper torso of the white star brandishing his lethal weapons (giant pistol, machine gun, deadly martial-arts skilled hands) in perfect readiness for whatever comes next, despite the wounds, burnmarks and other signs of mortification marring the muscle-ripped skin we can see through the rags of his clothes«.[593]

---

591 Die Ausnahmen zeigen Männlichkeiten, die im jeweiligen Darstellungskontext als solche nicht akzeptiert werden: Homosexuelle oder eine comichafte Überzeichnung einer bestimmten Person, wie zum Beispiel Moby als Puppe im Video zu *Without Me* von Eminem.
592 Vgl. Pfeil, *White Guys.*
593 Ebd., S. 3.

John Rambo, aus dem Film *Rambo – First Blood* (1982), soll als Beispiel für die Darstellung archaischer Männlichkeit im Film dienen. Der Vietnam-Veteran John Rambo kehrt in diesem Film in die Heimat zurück und führt einen Ein-Mann-Krieg gegen die Polizei einer Kleinstadt, die ihn vorher ungerecht und brutal behandelt hat. Er versteckt sich in einem Wald, nur bewaffnet mit einem großen Messer und seinen Händen.[594] Während die Polizei den Wald inspiziert, werden die Jäger zu Gejagten, weil Rambo beim Guerilla-Krieg im Naturraum überlegen ist. Der Naturraum ist hier ebenso fiktiv wie in den Inszenierungen des Black Metal, jedoch mit direktem Bezug auf ein Außen. Das Subjekt der archaischen Männlichkeit besteht in diesem Raum und trotzt den Mächten der zivilisierten Welt. Männlichkeit ist hier eine kriegerische Oberfläche,[595] drastisches Abfallprodukt des ungeliebten (weil verlorenen) Krieges.

Das Subjekt konstituiert sich durch seinen Bezug zum Ereignis (Vietnam-Krieg), welches seine gesamte Performance bestimmt: John Rambo wird provoziert, weil er ein Veteran ist; er ist durch den Krieg geschult in Guerilla-Taktik, seine Realität vermischt sich immer wieder mit Erinnerungen an traumatische Erlebnisse im Krieg. Der Naturraum ist Rückzugsort, Raum, in dem es zu bestehen gilt, und Ressource für Waffen und Fallen, die Rambo aus Holz erschafft. Die zivilisatorischen Institutionen (Polizei, Armee) sind ihm innerhalb des Naturraums bis zuletzt unterlegen: Am Ende des Films ergibt er sich freiwillig.

---

594 In diesem Film wird ebenfalls mit Sichtbarkeit und Unsichtbarkeit als ästhetischem Mittel und als Mittel der Tarnung gearbeitet: Das männliche Subjekt ist in der Lage, im Naturraum zu verschwinden, um dann blitzschnell wieder aufzutauchen und anzugreifen. Eine solche Ästhetik der Tarnung ist typisch für Filme, die sich mit Guerilla-Krieg auseinandersetzen, kommt aber in anderen Actionfilmen, in denen Wert auf Sichtbarkeit gelegt wird, kaum vor.

595 Das Subjekt der archaischen Männlichkeit ist als Oberfläche zu betrachten, welches durch den Bezug zum Ereignis konstituiert wird. Dieses steht in Opposition zu dem, was Slavoj Žižek einen »humanization process« nennt. (Vgl. Žižek, *First as Tragedy, Than as Farce*, S. 43.) Diese neuen Versionen der klassischen Superhelden, aber auch die neuen sympathischen Vampire in *Twilight*, reflektieren ihre Situation, zeigen emotionale Tiefe und sind selbstkritisch. Dadurch wird jedoch nicht deren Handeln beeinflusst, nur legitimiert. Die inszenatorische Intensität archaischer Männlichkeit liegt jedoch gerade darin, flach zu sein und die Zwischenräume (Reflektionsvermögen, Zweifel, Angst und so weiter) nicht zu füllen. Es bleibt Platz für den Akt als Akt (ohne Legitimationsversuch) und für das Ereignis als klarer Bezugspunkt.

9.2.3 Moderat kriegerische Männlichkeiten

Betrachtet man Inszenierungen von männlichen Politikern in (Bewegtbild-) Medien, so fällt ebenfalls auf, dass archaische Männlichkeit und deren Inszenierungspraxen sich auch hier finden lassen. Inszenierungen von Männlichkeit in der Politik sind häufig nicht mit denen von Musik- oder Filmkultur zu vergleichen, weil die Geste der Widerständigkeit und der Übertreibung nicht in der gleichen Explizität dargestellt werden kann, um mögliche Wähler/-innen nicht abzuschrecken. Es gibt jedoch ebenfalls das Bestreben nach einem authentischen Moment, nach Ernsthaftigkeit und Überhöhung der eigenen männlichen Position. Der Ereignisbezug dient auch hier der Mythenbildung und der Fiktionalisierung des männlichen Subjekts. Diese Inszenierungen sind nicht an eine Realität gebunden, sondern vielmehr daran, das Gefühl von Realität zu vermitteln. Es handelt sich hierbei also um einen bestimmten »Realitätsstil«.[596]

Ein Beispiel für eine solche Inszenierung ist der Besuch George W. Bushs auf dem Kriegsschiff USS Abraham Lincoln 2003. Dort hält er seine »Mission Accomplished«-Rede, in der er den Krieg im Irak offiziell für beendet erklärt. Bush landet mit einem Militärjet auf dem Schiff und entsteigt ihm in voller Militäruniform,[597] begrüßt einzelne Soldaten auf der Plattform und lässt sich mit ihnen fotografieren.

Bush wird als Soldat mit Soldaten inszeniert. Dass diese Inszenierung jeden Realitätsgehalt vermissen lässt (er selbst war nie im Kriegseinsatz, die Abzeichen auf der Uniform sind nicht seine), spielt keine Rolle, weil ein besonderer Realitätswert erzeugt wird: Die Rede wird nicht im Parlament oder irgendwo anders auf dem Festland gehalten, sondern im heterotopischen Raum des Schiffs:

»Das Schiff, das ist die Heterotopie schlechthin. In den Zivilisationen ohne Schiff versiegen die Träume.«[598]

Die gesamte Inszenierung appelliert an bestimmte Vorstellungen von Krieg, Männlichkeit und Führungsstärke (bzw. an das Träumen, wie Foucault es beschreibt). Die Landung mit dem Jet verweist auf einen Kampfeinsatz im

596 Vgl. Richter, *Digitaler Realismus.*
597 Dies ist das erste Mal in der US-Geschichte, dass ein Präsident in Militäruniform auftritt. Selbst Generäle wie Grant oder Eisenhower achteten stets darauf, in ziviler Kleidung aufzutreten, um zu vermitteln, dass die Zivilgesellschaft Kontrolle über das Militär hat. (Vgl. http://tomsito.com/blog.php?post=1159.)
598 Foucault, *Andere Räume,* S. 46.

Irak-Krieg (Ereignis), die Uniform des Präsidenten zeigt ihn als Soldat (Subjekt) und das Kriegsschiff, im Einsatz fernab der Zivilgesellschaft, bildet die Kulisse dieser Inszenierung (Raum).

An diesen drei Beispielen (Hip-Hop, Action-Film, Politik) zeigt sich, dass die archaische Mänlichkeit ein Bildparadigma ist, welches medienübergreifend inszeniert wird und stets präsenter Teil eines medialen Bildrepertoires ist.[599] Gleichzeitig muss aber von Inszenierung zu Inszenierung immer wieder neu analysiert und interpretiert werden, inwieweit bzw. ob die jeweilige Inszenierung die Möglichkeit bietet, naturalisierte Stereotypen von Männlichkeit sichtbar zu machen sowie neue Räume der Widerständigkeit zu eröffnen, und welche ästehtischen Spezifika[600] eingesetzt werden, um dieses zu erreichen.

9.3 Formen widerständiger Inszenierung

Neben dem Blick auf andere Bereiche und Formen archaischer Männlichkeit soll nun abschließend darauf eingegangen werden, wie Strategien widerständiger Inszenierung zu werten sind und ob es Formen von nicht-ernsthaften Widerstandsinszenierungen gibt, die denen der archaischen Männlichkeit gegenüberstehen. Abschließend steht die Überlegung, inwieweit Widerstandsbestrebungen notwendiger Teil von pop- oder subkulturellen Inszenierungen sind.

Während die Inszenierungen von »trueness«[601] archaischer Männlichkeit versuchen, statisch zu wirkenn und als direkt-oppositionell beschrieben werden können, stellt sich die Frage, wie denn andere Abweichungsstrategien aussehen könnten. Man muss dabei zwei Formen unterscheiden:

– Kulturen des Bekenntnisses: Diese sind beispielsweise Metal und Hip-Hop. Es findet eine Identifizierung mit dem Begriff, der die jeweilige

---

599 Archaische Mänlichkeit ist nicht auf die Bereiche der drei Beispiele beschränkt. Vergleichbare Männlichkeitsinszenierungen finden sich beispielsweise in Sport (zum Beispiel beim Wrestling), Games (zum Beispiel bei *God of War* oder *Duke Nukem*) und Pornografie.

600 Diffusität und Unsichtbarkeit sind beispielsweise ein Hauptdarstellungsmerkmal archaischer Männlichkeit im Black Metal. Siehe Kapitel 3.1 Unendliche Schattenräume: Licht, Raum und Subjekt.

601 Trueness als Synonym für szenetypische Authentizität und die Treue zur Szene oder zu einem Ereignis.

Kultur beschreibt, statt. Wenn beispielsweise eine Band zu populär wird für die Black-Metal-Szene, dann wird dieser Band abgesprochen, Black Metal oder Teil der Szene zu sein.

– Kulturen der Distanz: Diese positionieren sich dadurch, dass eine Genrezugehörigkeit abgelehnt wird. Wenn beispielsweis ein bestimmtes Genre populär wird, wird eine Band, die dem Genre zugeordnet wird, jede Verbindung zu diesem Genre negieren oder sich durch Ironisierung davon distanzieren.[602]

Die Praxis der Ironie kann als eine valide, postmoderne Gegenposition zur Praxis des Bekennens und der Inszenierung von Ernsthaftigkeit[603] gesehen werden – sozusagen das Gegenteil zum Bekenntnis und zur »trueness« als bewusste Distanzierung zu Authentizitätsgebärden, aber auch zu anderen gängigen Stereotypen. Die Praxis der ironischen Distanz ist eine radikal reflexive, in der sich die Waren und Artefakte der kapitalistischen Gesellschaft »in ein System diffuser Zeichen aufgelöst haben – Markenzeichen, die nicht als Mythen funktionieren, wie Norbert Bolz einmal wollte, sondern eher als Zitate von Mythen, die jeder kennt. Die Reflexivität des Kapitalismus drückt sich unter anderem darin aus, dass wir uns dieser Markenzeichen mit einer ähnlich ironischen Distanz bedienen wie die Helden des berühmten Romans American Psycho von Bret Easton Ellis.«[604] Es stellt sich die Frage, inwieweit eine ironische Distanz bzw. »laughable inauthenticity«[605] dazu geeignet ist, sich widerständig zu positionieren, welcher Strategien sich bedient wird und ob sie eine Gegenposition oder Ergänzung zu der direkt-oppositionellen Haltung archaischer Männlichkeit darstellt.

Zuerst einmal kann festgestellt werden, dass die Praxis der reflexiven Distanz, der Fluidität und der bewussten, ständigen Veränderung der Geschwindigkeit der Annektierung durch eine Out-Group besser angepasst scheint als eine direkt-oppositionelle Haltung. In anderen Worten, das bewusste Streben danach, nicht eingeordnet werden zu können, offeriert einen Raum, der beweglicher ist als eine konkrete Zuordbarkeit. Gleichzeitig sorgt die reflexive Distanz dafür, dass der Versuch, sich im Außerhalb zu positio-

---

602 Die Klaxons beispielsweise etablierten den Begriff des »New Rave«, distanzierten sich aber in dem Moment, als New Rave zu einem neuen Genre wurde.

603 Es muss betont werden, dass es sich nur um eine Ernsthaftigkeit in der Inszenierung handelt. Die Inszenatoren und Rezipienten müssen diese Ernsthaftigkeit nicht unbedingt teilen. In diesem Sinne sind sie unwichtig für die Inszenierung.

604 Thomas Macho in: Der göttliche Kapitalismus, S. 23.

605 Critchley, Infinitely Demanding, S. 82.

nieren, gar nicht erst in Frage kommt bzw. überhaupt nicht möglich scheint. Die Abweichungsstrategien sind also nicht nur mit dem Fluss der Out-Group (zum Beispiel dem Mainstream) abgestimmt – dieses muss auch die ernsthafte Inszenierung leisten, um ernsthaft sein zu können –, sondern bereits ein wissender Teil dieser Out-Group, der sich dadurch abgrenzt, dass die Ironie vor einer vollständigen Identifizierung schützen soll. Ironisierung, als Versuch der vollständigen Aufgabe jeder langfristigen Manifestation von Stil und seinen Insignien, zeigt insofern die Gabe zur Reflektion, als dass erkannt wird, dass jede Form von Abweichung bereits mitgedacht wird bzw. bereits in die (pop-)kulturelle Matrix eingeschrieben ist. Die Praxis der ironischen Distanz kann als horizontal beschrieben werden: Weil der zeitliche Rahmen der Abgrenzung immer kleiner wird, muss der Raum größer werden. Nimmt man beispielsweise die Zusammenstellung der Artefakte, die einem Stil zugeordnet werden können, so wird die zeitliche Limitierung der Zuordbarkeit durch die Erweiterung des Raums kompensiert, aus dem sich der bestimmte Stil zusammensetzt.

Zwei Formen von Ironie sind zu unterscheiden:[606]

– Ironie als Strategie einer kritischen Distanz: also der Versuch, durch ironische Übertreibung die normative Matrix sichtbar zu machen. Ironie ist hier als Teil einer Parodie zu sehen.

– Ironie als Nähe: der Geste nach zwar eine ironische Distanz wahrend, jedoch nur, um die Systemkonformität zu maskieren. Es handelt sich also hierbei eher um einen als Ironie getarnten Zynismus.

---

606 Es gibt natürlich noch andere Formen widerständiger Strategien, die gleichsam als postmodern beschrieben werden könnten. Man könnte hier Haraways Ironie-Begriff nennen, der von nicht-auflösbaren Widersprüchen handelt; oder Butlers Parodie als Strategie, die Geschlechterkonstrukte wiederholt und dabei gleichzeitig konterkariert; oder Bhabhas Konzept der Mimikry, um Stereotype umzuschreiben und zu transformieren. Die hier genannten Formen von widerständiger Inszenierung stehen dem ersten Punkt nahe. In diesem Kapitel sollen jedoch Unterschiede und Problematiken dieser zeitgemäßeren Ironisierungspraxen im Vergleich mit den Inszenierungen von Ernsthaftigkeit beschrieben werden.
Auch könnten Hardt und Negri noch erwähnt werden, die ebenfalls für eine, horizontalen Kapitalismus (Empire) angepasste, Form von Widerstand plädieren. Das widerständige Subjekt nennen sie Multitude (in der deutschen Übersetzung als »Menge« bezeichnet, obwohl »Vielheit«oder die deleuzsche »Mannigfaltigkeit« wohl besser passen würden). Die Multitude ist das Subjekt, welches durch Produktivität und Kreativität Empire erst möglich mache. Somit ist Empire nichts ohne Multitude. Und da es kein Außerhalb von Empire gäbe, sei auch jede Politik, die sich außerhalb von Empire positioniert, verfehlt. Die Multitude agiert von innen heraus, um letztendlich das parasitäre Empire abzuwerfen.

Das Paradox, welches diese Unterteilung offenbart, zeigt sich in der Bildana-
lyse verschiedener Bewegtbildmedien, die häufig gleichsam beiden Punkten
zuordbar sind. Dabei erweitert die ironisch distanzierte Inszenierung nur
den Rahmen dessen, was ironisiert werden soll. Anhand der Episode »South
Park is Gay«[607] der Animations-Comedy *South Park* wird dieses Paradox
deutlich. In dieser Episode wird das Stilphänomen der Metrosexualität thematisiert: Die gesamte männliche Bevölkerung von South Park lässt sich
vom metrosexuellen Trend anstecken und mimt den schwulen Lifesyle. Dadurch wird Schwulsein nicht mehr zu Ausschlusskriterium der Normalwelt,
sondern die Ausgrenzung betrifft die, die sich nicht schwul inszenieren. Es
kommt zum »straight bashing«, also zum Ausschließen und Verprügeln von
Nicht-Schwulen, als Umkehrung der Praxis des »gay bashing«. Es findet sozusagen über die Selbststigmatisierung (also das bewusste Wählen des
Schwulseins als Stil) ein Benutzen der Schwulenkultur statt, jedoch ohne
sich, abgesehen von Stilmerkmalen, innerhalb der Schwulenkultur auszukennen oder schwulen Sex zu praktizieren. Zum Eklat kommt es in dem
Moment, in dem der schwule Lehrer Mr. Garrison und sein Lustsklave in
einer Schwulenbar einen der metrosexuellen Männer zum Sex auffordern.
Schockiert werden sie abgewiesen: »We're not like that!« Einer der metrosexuellen Männer fügt hinzu: »It's ok, Mr. Garrison, we've learned that gays are
totally cool. You're just one of us now.«
    Das Subjekt der Parodie wird hier umgekehrt und in den Dienst des
»Mainstreams« gestellt: Die Praxis der Parodie wurde von den Repräsentanten der heterosexuellen Matrix übernommen – die heterosexuellen Männer
übernehmen homosexuelle Stilmerkmale. Die homosexuellen Stilmerkmale
werden in die heteronormative Matrix integriert und nicht etwa umgekehrt.
Das zeigt besonders die bereits erwähnte Aussage eines hetero-(metro-)sexu-
ellen Mannes: »[…] we've learned that Gays are totally cool. You're just one
of us now.« Die heterosexuellen Männer sehen sich nicht als Teil einer homosexuellen Praxis, sondern integrieren diese Praxis in die heteronormative Matrix. »Du bist jetzt einer von uns« beschreibt die Erweiterung einer hetero-
normativen Ordnung um ein neues Element. Dieses Element, das vorher
schwul codiert war, wird neu kontextualisiert.
    Nicht nur die Umkehrung des parodistischen Subjekts bringt diese
Schwierigkeiten mit sich. Auch die bewusste Ironisierung gängiger Stereotypen kann gleichzeitig den Rahmen dieses Stereotyps erweitern. Es soll kurz
auf das Beispiel einer weiblichen Ironisierungspraxis eingegangen werden,

---

607 South Park: *South Park is Gay*. Episode 708.

gerade weil diese nicht von einer patriarchalen Dividende profitieren kann, wie das im Anschluss darauf folgende Beispiel der Band Rammstein zeigen soll. Bei dem weiblichen Beispiel handelt es sich um Lady Bitch Ray, die versucht, eine ironisierte Überzeichnung des klassischen Bildrepertoires der Darstellung von Weiblichkeit im Hip-Hop-Kontext auf der Bildebene sichtbar zu machen. Lady Bitch Ray präsentiert eine hypersexualisierte Weiblichkeit, die einerseits in ihrer Attitüde einem weiblichen Machismo Rechnung trägt, also männliche Hip-Hop-Strereotypen invertiert, sich aber andererseits im Hip-Hop-Fundus an Weiblichkeitsklischees bedient und somit klassische Stereotypen unterstützt. Ihr extrem sexualisiertes Auftreten zeigt den Versuch, gängige Stereotypen zu überzeichen, zu invertieren und neu lesbar zu machen. Die Schwierigkeit, diese Strategie auf der Bildebene zu vermitteln, besteht hier darin, dass die stereotypen Bilder von Weiblichkeit, auf die sich Lady Bitch Ray bezieht, sich bereits so stark überzeichnet und comichaft gestalten, dass der Versuch der Widerständigkeit nur eine weitere Facette einer sexualisierten und stereotypen Weiblichkeit zu ergeben scheint. Anhand dieses Beispiels zeigt sich die Schwierigkeit, gängige Stereotypen zu überzeichnen, um so die Konstruktion von Geschlecht sichtbar zumachen, ohne nur den Rahmen dieser Stereotypen zu erweitern und sie dabei zu reproduzieren.[608] An diesem Punkt sollte auch überlegt werden, ob es Formen archaischer Weiblichkeit gibt oder geben kann und wie diese inszeniert werden. Dazu bedarf es einer genaueren Analyse, die hier nicht geleistet werden kann, jedoch von großer Wichtigkeit für die Vervollständigung von Geschlechterinszenierungen zu sehen ist. Bei kurzer Betrachtung dieses interessanten Forschungsfeldes fällt auf, dass Weiblichkeit fast immer nur in Relation zur männlichen Position inszeniert wird. Es stellt sich die Frage, was archaische Weiblickeit sein könnte. Entweder eine Form klassischer häuslicher Weiblichkeit, die sich um Kind und Küche kümmert, oder eine amazonenhafte Weiblichkeit, die sich zu behaupten vermag und stark sexualisiert ist (zum Beispiel Lara Croft, Xena). Hinzu kommt Weiblichkeit, die als archaische Männlichkeit inszeniert wird und eher Geschlechtergrenzen auflöst (zum Beispiel Ripley und Vasques im Film *Alien*). Doch wird auch hier im Moment einer heterosexuellen Liebesbeziehung die normative Rollenverteilung beibehalten.

Eine Band, die Inszenierungen archaischer Männlichkeit mit der gleichzeitigen Ironisierung dieser paart und dadurch die Problematik der Ironisierungspraxis sichtbar macht, wie sie hier in Punkt zwei beschrieben wird (Iro-

---

608 Vgl. dazu die umfangreiche Analyse zu weiblichen Widerstandsstrategien in: Richard/ Grünwald/Metz/Recht, *flickrnde Jugend*.

nie als Nähe), ist Rammstein.[609] Das bildgewaltige Werk Rammsteins lebt vor allem von diesen Verschiebungen und Ironisierungen innerhalb der selbstetablierten Inszenierungspraxen und auch davon, dass oftmals unklar bleibt, ob eine Ironisierung stattfindet.[610] Trotzdem zeigt sich beispielsweise bei einem Musikvideo wie *Pussy*, dass es eine Gleichzeitigkeit von entlarvender Parodie und Systemkonformität gibt, wenn einerseits die Stereotypisierung von Pornografie sichtbar gemacht wird und anderseits das Musikvideo zur Premiere über einen Internet-Pornokanal gesendet wird. An Rammstein zeigt sich auch die mögliche Gleichzeitigkeit von Hyper-Maskulinität und deren Ironisierung. Dieses funktioniert erstens über das Profitieren von der patriarchalen Dividende, also einer Vorherrschaft von Männlichkeit, auf die sich berufen werden kann, und zweitens über das bereits etablierte Bildprogramm von Rammstein, das ein stark körperliches hyper-maskulines ist. Wenn Rammstein dieses bereits etablierte Bildprogramm zu dekonstruieren sucht, dann entstehen einerseits Brüche mit den vorherigen Inszenierungen, aber andererseits gibt es immer Rückbezüge auf das vorherige Programm. Das kann bedeuten, dass das archaische Bildprogramm Rammsteins, genau wie die Momente der Reibung und Dekonstruktion, reine Stilmerkmale geworden sind, die je nach Bedarf eingesetzt werden können, ohne dabei den »männlichen Kern« der Inszenierung zu beschädigen.

»Wenn es möglich ist, einem ›Mann‹ ein männliches Attribut zuzusprechen und dieses Attribut als zwar erfreuliches, aber akzidentielles Merkmal dieses Mannes zu verstehen, dann können wir einem ›Mann‹ auch ein weibliches Attribut – was immer das sein mag – zusprechen und dennoch dabei die Integrität der Geschlechtsidentität aufrechterhalten.«[611]

---

609 Rammstein befreit beispielsweise eine Nazi-Ästhetik von den dazugehörigen Inhalten, eventuell vergleichbar mit Charly Chaplins Hitler-Rede in *Der große Diktator*, die, vom Inhaltlichen befreit, alle Obszönitäten der reinen Geste freilegt. Rammstein ist dann pure obszöne Geste innerhalb einer proto-faschistischen Ästhetik.

610 Rammstein treten, Quentins Tarantinos *From Dusk Till Dawn* zitierend, in *Du hast* hypermaskulin auf; in *Ohne Dich* als Bergsteiger in klassischer Louis Trenker-Manier; in *Stripped* werden nur Aufnahmen Leni Riefenstahls, als Huldigung des gestählten Körpers, gezeigt. In *Sonne* verbindet sich die hypermaskuline Darstellung der Protagonisten als Bergwerkarbeiter, mit der devoten Anbetung einer übergroßen Schneewittchenfigur; in *Mein Teil* wird eine starke Körperlichkeit mit masochistischen Praxen gemischt. In *Mann gegen Mann* wird die Homoerotik, denen diese Männlichkeitsinszenierung inhärent ist, herausgestellt, um in *Ich hab keine Lust* das geschaffene Männlichkeitsbild vollständig zu dekonstruieren, bis Rammstein dann in *Pussy* zu Pornoschauspielern morphen, die explizite sexuelle Handlungen ausführen und die Grenze zwischen Ironie als kritischer Distanz und Zynismus wieder verschwimmt.

611 Butler, *Das Unbehagen der Geschlechter*, S. 48.

Dies bedeutet, dass selbst der Versuch einer bewussten Dekonstruktion männlicher Inszenierungspraxen diese Inszenierungen nur erweitert. Das ist es auch, was Deleuze und Guattari beschreiben, wenn sie betonen, dass es für den Mann kein Mann-Werden geben kann, weil »alles Werden [...] ein Minoritär-Werden« ist – während der Mann die »Mehrheit par excellence«[612] ist. Die Erweiterung der Stilvielfalt und das Sich-Vor- und Zurückbewegen innerhalb dieser Stilvielfalt, das nur durch das Bewahren einer ironischen Distanz möglich wird, wird, laut Slavoj Žižek, durch das zynische Subjekt vertreten:

»The cynical subject is quite aware of the distance between the ideological mask and the social reality, but he none the less still insists upon the mask. The formular, as proposed by Peter Sloterdijk, would then be: ›they know very well what they are doing, but still, they are doing it‹.«[613]

Žižek erweitert hier Marx' Definition von Ideologie – »Sie wissen das nicht, aber sie tun es«[614] – um den neuen ideologischen Zeitgeist, den Žižek ausmacht: Sie wissen, was sie tun, aber sie tun es trotzdem. Das bedeutet, dass man sich, auch wenn man eine aufgeklärt-ironische Distanz wahrt, weiterhin so verhält, als gäbe es diese ironische Distanz nicht. Žižek erläutert seine These an einem Film-Beispiel:

»Kung Fu Panda, the 2008 cartoon film hit, provides the basic coordinates of the functioning of contemporary ideology. The fat panda bear dreams of becoming a sacred Kung Fu warrior, and when, through blind chance (beneath which, of course, lurks the hand of Destiny), he is chosen to be the hero to save his city, he succeeds … However, throughout the film, this pseudo-oriental spiritualism is constantly being under mined by a vulgar-cynical sense of humor. The surprise is how this continuous self-mockery in no way impedes on the efficiency of theoriental spiritualism- the film ultimately takes the butt of its endless jokes seriously.«[615]

Die These, dass trotz aller (Selbst-)Ironie und Distanzierung an der normativen Matrix festgehalten wird, kann auf die Strategie ironischer Distanzierung, wie sie bei den metrosexuellen Männern in *South Park* oder teilweise in Inszenierungen von Lady Bitch Ray oder Rammstein stattfinden, angewendet werden.

---

612 Deleuze/Guattari, *Tausend Plateaus*, S. 396.
613 Žižek, *The Sublime Object of Ideology*, S. 29.
614 Marx, *Das Kapital*, S. 88.
615 Žižek, *First as Tragedy, Than as Farce*, S. 50.

Eine parodistische Praxis, die durch bewusste Übertreibung das sichtbar macht, was ansonsten in der Normalität unsichtbar bleibt, stellt die Überidentifikation dar:

»According to Slavoj Žižek and Peter Sloterdijk, overtly criticizing the ideology of a system misses the point, because today every ideological discourse is marked by cynicism. This means that every ideological discourse has internalized, and thus already anticipated, its own critique. Ideology does not ›believe‹ its own declarations anymore; it assumed a cynical distance towards its own moral premises. Consequently it became impossible to adequately encounter cynicism as a universal and diffuse phenomenon through the traditional means of critique of ideology (e.g. through enlightened engagement). Vis-à-vis a cynical ideology, according to Žižek, the means of irony becomes something that ›plays into the hands of power‹. The public declarations and values of an ideology are ›cynical‹; they are actually not to be taken seriously. But as soon as an ›adequate distance‹ no longer is kept, when an ›over-identification‹ with ideology takes place, the so-called ›ruling ideology‹ has a problem.«[616]

Die Praxis der Überidentifikation, wie sie hier von Inke Arns beschrieben wurde, entgeht scheinbar der vorher beschriebenen Gefahr der Ironisierungspraxen gerade dadurch, dass sie eben keine ironische Imitation dessen ist, was sichtbar gemacht werden soll. Gerade weil die gängige Ideologie ist, nichts wirklich ernst zu nehmen, ist die Strategie, diese ironische Distanz aufzulösen und die Inszenierung besonders ernst zu nehmen, wirksam.[617] Allerdings muss auch hier angemerkt werden, dass die Überidentifikation nur so lange als Strategie einer widerständigen Inszenierung funktioniert, solange diese noch nicht eingegliedert, bzw. normalisiert worden ist.

9.3.1 Horizontale und vertikale Räume widerständiger Inszenierung

Abschließend kann festgestellt werden, dass alle Inszenierungsstrategien – Ernsthaftigkeit sowie Ironie (aber auch Überidentifikation, die beides sein kann) – gemeinsam haben, dass sie permanenter Veränderung unterworfen sind, um sich immer wieder neu, aber als beständig zu positionieren. Die Inszenierung von Ernsthaftigkeit legt den Fokus auf das Vermitteln von Beständigkeit, während die Strategie einer ironischen Distanz zur jeweiligen Inszenierung das Neue in den Vordergrund stellt. Aber wie Badiou bereits

---

616 Arns, *Mobile States | Shifting Borders | Moving Entities*, www.nskstate.com.
617 Die Praxis der Überidentifikation ist auch für Darstellungsformen archaischer Männlichkeiten nutzbar und wurde in Kapitel 4.4 Relative und direkte Referenzen im Naturraum noch genauer und anhand von Bildbeispielen analysiert.

betont hat, ist selbst die Praxis der Wahrheit, der »trueness«, an etwas Neues gebunden: »A truth is, first of all, something new.«[618] Genauso betont Grossberg, dass die (Re-)Produktion eines authentischen Moments konstante Veränderung bedingt:

> »Rock must constantly change to survive; it must seek to reproduce ist authenticity in new forms, in new places, in new alliances. It must constantly move from one centre to another, transforming what had been authentic into the inauthentic, in order to constantly project its claim to authenticity.«[619]

Dabei kann sich eine direkt-oppositionelle Widerständigkeitsstrategie in ihrer Inszenierung einfacher abgrenzen als postmoderne Praxen, die sich ironisch oder spielerisch mit dem Thema der Widerständigkeit auseinandersetzen. Archaische Männlichkeit, wie sie beispielsweise im Black Metal inszeniert wird, positioniert sich dadurch im Außerhalb, dass sie dem Ideal einer fluiden, globalisierten Welt das Bekenntnis zu bestimmten Ereignissen sowie auch zu totalitären Regimes gegenüberstellt. Diese direkt-oppositionelle Haltung ist als vertikal zu beschreiben, weil sie einen radikalen Bruch fordert. Strategien der Ironisierung hingegen agieren im Einklang mit der globalisierten Welt, und Widerständigkeit spielt sich in Mikrobreichen ab, um sich im horizontalen Fluss der systemischen Struktur Freiräume zu schaffen. Vertikale Formen von Widerständigkeit sind insofern in ihrer Inszenierung einfacher als widerständig auszumachen, während horizontale Praxen, die sich innerhalb der Koordinaten gängiger gesellschaftlicher Idealvorstellungen bewegen (Toleranz, Weltgemeinschaft, Demokratie), schneller und raumübergreifender agieren müssen, um sich widerständig zu positionieren und auch als solche erkennbar zu sein.[620] Wie Hart und Negri bereits in *Empire* beschrieben haben, ist ein Imperativ des Empires[621] ein »magnanimous, liberal face«, also eine großzügige liberale Erscheinung, die jeden willkom-

---

618 Badiou, *Infinite Thought*, S. 61.

619 Grossberg, *We Gotta Get Out of This Place*, S. 209.

620 Timothy Morton kritisiert beispielsweise die ästhetische Politik des Rhizoms als Widerstandsstrategie, wie sie häufig in experimenteller Musik angewendet wird: »Thinking that you are doing something new by mixing different sounds together from different sources, or inventing new ways of mimicking real or imaginary sounds, is the very form of modern music production, and has been so at least since the emergence of capitalist demands for fresh product. Rhizomic writing, visual art, architecture, and multimedia all suffer the same ironic fate.« (Morton, *Ecology without Nature*, S. 53.)

621 Empire beschreibt, nach Hardt und Negri, die neue Weltordnung, deren Macht kein eindeutiges Zentrum mehr hat, sondern vielmehr überall stattfindet und das menschliche Leben als Biomacht durchzieht, während Nationalstaaten an Bedeutung verlieren.

men heißt und aufnimmt, »within its boundaries, regardless of race, creed, color, gender, sexual orientation, and so forth«[622]: Indem formale Differenzen beseitigt werden, wird versucht, den Raum möglicher Konflikte zu neutralisieren.

Horizontale Widerstandsstrategien sind diesem Imperativ des Empires verbunden, während sich vertikale Widerstandsstrategien genau dagegen positionieren können, weil sich diese bewusst außerhalb eines Wertesystems bewegen bzw. genau das Gegenteil eines solchen proklamieren. Bei der Inszenierung von Ernsthaftigkeit über Strategien einer vertikalen Widerständigkeit ist besonders eines wichtig: Ironiefreiheit. Vergleicht man beispielsweise unterschiedliche Inszenierungen innerhalb der Black-Metal-Szene, so gibt es Tendenzen, sich von den klassischen Inszenierungspraxen (Nieten, *corpse paint*, offensiv bösartige Inszenierung) abzuwenden, um dadurch Ernsthaftigkeit zu erzeugen. Somit kann auch das Ablehnen des Stils, der bis dahin als Ernsthaftigkeitsgarant diente, dafür sorgen, dass eine neue Form von Ernsthaftigkeit etabliert wird. Bei aller Veränderung zur Beständigkeit – »a certain mobility in the service of stability«[623] – bleibt Ironiefreiheit in der Inszenierung oberstes Prinzip. Strategien vertikaler Widerständigkeit definieren sich somit über Ausschließung; Strategien horizontaler Widerständigkeit über Einschließung. Es kann jedoch abschließend allgemein formuliert werden, dass es bei jeder Form von widerständiger Inszenierung nur darum gehen kann, einen Raum offen zu halten, der, unter ständiger Veränderung, aber mit bewusst gewählten Koordinaten, die Möglichkeiten von Widerständigkeit immer wieder aufs Neue auslotet. Oder um es mit den Worten Alain Badious zu sagen: »This is a rule: everything which is consensual is without a doubt bad for human emancipation.«[624]

---

622 Hardt/Negri, *Empire*, S. 106.
623 Ebd., S. 209.
624 Interview mit Alain Badiou. In: Feltham, *Alain Badiou: Live Theory*, S. 139.

10. Verzeichnisse

10.1 Literatur

Altrogge, Michael/Amann, Rolf, *Videoclips – Die geheimen Verführer der Jugend*, Berlin 1991.

Altrogge, Michael, *Tönende Bilder – Interdisziplinäre Studie zu Musik und Bildern in Videoclips und ihrer Bedeutung für Jugendliche*, Bd. 1, Berlin 2001.

Angerer, Marie-Luise, *The Body of Gender*, Wien 1995.

Angerer, Marie-Louise/Dorer, Johanna, »Auf dem Weg zu einer feministischen Kommunikations- und Medientheorie«, in: Marie-Louise Angerer und Johanna Dorer (Hg.), *Gender und Medien*, Wien 1994, S. 8–23.

Augé, Marc, *Orte und Nicht-Orte. Vorüberlegungen zu einer Ethnologie der Einsamkeit*, Frankfurt/Main 1994.

Badiou, Alain, *Conditions*, Paris 1992.

Badiou, Alain, *Handbook of Inaesthetics*, Stanford 2005.

Badiou, Alain, *Infinite Thought – Truth and the Return to Philosophy*, London/New York 2004.

Badiou, Alain, *Logic of Worlds*, London/New York 2009.

Badiou, Alain, *Paulus. Die Begründung des Universalismus*, Zürich/Berlin 2002.

Badiou, Alain, *The Communist Hypothesis*, London/New York 2010.

Badiou, Alain/Žižek, Slavoj, *Philosophie und Aktualität*, Wien 2005.

Bataille, Georges, *Das Unmögliche*, München 1987.

Bataille, Georges, *Henker und sein Opfer*, Berlin 2008.

Baudrillard, Jean, *Architektur, Wahrheit oder Radikalität?*, Wien 1999.

Baudrillard, Jean, *Der Geist des Terrorismus*, Wien 2003.

Baudrillard, Jean/Groys, Boris, *Die Illusion des Endes. Das Ende der Illusion*, CD, Berlin 1997.

Baudrillad, Jean, *Die Intelligenz des Bösen*, Wien 2006.

Baudrillard, Jean, *Simulacra and Simulation*, Michigan 1994.

Baudrillard, Jean, *Transparenz des Bösen*, Berlin1992.

Baudrillard, Jean, *Warum ist nicht alles schon verschwunden?*, Berlin 2008.

Benjamin, Walter, *Zur Kritik der Gewalt und andere Aufsätze*, Frankfurt/Main 1965.

Bennett, Andy/Kahn-Harris, Keith, *After Subculture – Critical Studies in Contemporary Youth Culture*, New York 2004.

Benthien, Claudia, »Das Maskerade-Konzept«, in: Claudia Benthien und Inge Stephan (Hg.), *Männlichkeit als Maskerade. Kulurelle Inszenierungen vom Mittelalter bis zur Gegenwart*, Köln 2003, S. 36–59.

Berendt, Bettina, »Kognitionswissenschaft«, in: Klaus Sachs-Hombach (Hg.), *Bildwissenschaft*, Frankfurt/Main 2006, S. 21–36.

Berger, John, *Ways of Seeing*, New York 1972.

Bertin, Jaques, *The Semiology of Graphics*, Wisconsin 1983.

Bly, Robert, *Iron John – Man and Masculinity*, London/Sydney/Auckland/Johannesburg 2001.

Boehm, Gottfried, »Jenseits der Sprache? Anmerkungen zur Logik der Bilder«, in: Christa Maar und Hubert Burda (Hg.), *Iconic Turn – Die neue Macht der Bilder*, Köln 2004, S. 28–43.

Bordo, Susan, *The Male Body*, New York 1999.

Bourdieu, Pierre, *Die feinen Unterschiede. Kritik an der gesellschaftlichen Urteilskraft*, Frankfurt/Main 1982.

Bourdieu, Pierre, *Die männliche Herrschaft*, Frankfurt/Main 2005.

Bourdieu, Pierre, *Sozialer Sinn. Kritik der theoretischen Vernunft*, Frankfurt/Main 1987.

Brandes, Holger, *Der männliche Habitus*, Opladen 2001.

von Braun, Christina/Stephan, Inge, *Genderstudien – Eine Einführung*, Stuttgart/Weimar 2000.

von Braun, Christina, »Medienwissenschaft«, in: Christina von Braun und Inge Stephan (Hg.), *Genderstudien – Eine Einführung*, Stuttgart/Weimar 2000, S. 300–312.

Brockhaus-Enzyklopädie, in 24 Bd. – 19. Aufl., Mannheim 2000.

Bublitz, Hannelore, »Sehen und Gesehenwerden – Auf dem Laufsteg der Gesellschaft. Sozial- und Selbsttechnologien des Körpers«, in: Robert Gugutzer (Hg.), *body turn – Perspektiven der Soziologie des Körpers und des Sports*, Bielefeld 2006, S. 341–362.

Burke, Edmund, *Vom Erhabenen und Schönen*, Hamburg 1989.

Burroughs, William S., *Naked Lunch*, New York 1990.

Butler, Judith, *Das Unbehagen der Geschlechter*, Frankfurt/Main1991.

Butler, Judith, *Gender Trouble*, New York 2006.

Butz, David/Ripmeester, Michael, »Finding Space for Resistant Subcultures«, in: *[Threshold of the Visible] Visible Culture*, An Electronic Journal for Visual Studies, 1999.

Canetti, Elias, *Masse und Macht*, Frankfurt/Main 1980.

Cavell, Marcia, *Freud und die analytische Philosophie des Geistes. Überlegungen zu einer psychoanalytischen Semantik*, Stuttgart 1997.

Chapman, Rowena/Rutherford, Jonathan, »The Forward March of Man Halted«, in: Rowena Chapman und Jonathan Rutherford (Hg.), *Male Other, Unwrapping Masculinity*, London 1988.

Chesterton, Gilbert Keith, *Orthodoxy*, New York 2004.

Connell, Robert, *Masculinities*, Berkley/Los Angeles 2005.

Critchley, Simon, *Infinitely Demanding – Ethics of Commitment. Politics of Resistance*, London/New York 2008.

Critchley, Simon/Schroeder, William Ralph, *A Companion to Continental Philosophy*, Oxford 1999.

Dath, Dietmar, »Das mächtigste Feuer – Die Kriegsphantasie als Nukleus von Moderne und Gegenmoderne in Pop oder/und Avantgarde«, in: Birgit Richard und Klaus Neumann-Braun, *Ich-Armeen. Täuschen – Tarnen – Drill*, Paderborn 2006, S. 35–46.

Dath, Dietmar, *Die salzweißen Augen, Vierzehn Briefe über Drastik und Deutlichkeit*, Frankfurt/Main 2005.

Deleuze, Gilles, *Das Bewegungsbild*, Frankfurt/Main 1997.

Deleuze, Gilles, *Differenz und Wiederholung*, München 2007.

Deleuze, Gilles, *Unterhandlungen 1972 – 1990*, Frankfurt/Main 1993.

Deleuze, Gilles/Guattari, Félix, *Tausend Plateaus – Kapitalismus und Schizophrenie*, Berlin 1992.

Derrida, Jacques, *Eine gewisse unmögliche Möglichkeit, vom Ereignis zu sprechen*, Berlin 2003.

Drühl, Sven, *Der uniformierte Künstler – Aspekte von Uniformität im Kunstkontext*, Bielefeld 2006.

Dyer, Richard, *White*, London/New York 1997.

Erhart, Walter und Herrmann, Britta, »XY – Ungelöst, Männlichkeit als Performance«, in: Therese Steffen (Hg.): *Masculinities – Maskulinitäten. Mythos-Realität-Repräsentation-Rollendruck*, Stuttgart/Weimar 2002, S. 33-53.

Ernst, Wolfgang, *Das Rumoren der Archive*, Berlin 2002.

Eshun, Kodwo, *More Brilliant than the Sun, Adventures in Sonic Fiction*, London 1998.

Estés, Clarissa Pinkola, *Women Who Run with the Wolves, Myths and Stories of the Wild Woman Archetype*, New York 1996.

Faulstich, Werner, *Bildanalysen, Bilder, Gemälde, Werbebilder*, Bardowick 2010.

Faulstich, Werner, »Nachlese«, in: *Das Böse heute*, München 2008, S. 319–321.

Faulstich-Wieland, Hannelore, *Einführung in die Genderstudien*, Opladen/Farmington Hills 2006.

Feltham, Oliver, *Alain Badiou, Live Theory*, London/New York 2008.

Fischer-Lichte, Erika, *Ästhetik des Performativen*, Frankfurt/Main 2004.

Fisher, Mark, *Capitalist Realism*, Winchester/Washington 2009.

Foucault, Michel, »Andere Räume«, in: Karlheinz Barck (Hg.), *Aisthesis. Wahrnehmung heute oder Perspektiven einer anderen Ästhetik*, Leipzig 1992, S. 34–46.

Foucault, Michel, *Die Heterotopien/Der utopische Körper*, Frankfurt/Main 2005.

Foucault, Michel, *Schriften zur Literatur*, Frankfurt/Main 2003.

Foucault, Michel, »Wie wird Macht ausgeübt?« in: Hubert L. Dreyfus und Paul Rabinow (Hg.), *Michel Foucault. Jenseits von Strukturalismus und Hermeneutik*, Weinheim/Basel 1994, S. 251–261.

Foucault, Michel, *Überwachen und Strafen – Die Geburt des Gefängnisses*, Frankfurt/Main 1977.

Freud, Sigmund, »Das Unheimliche«, in: *Psychologische Schriften Bd. IV*, Frankfurt/Main 2000, S. 241–274.

Friedrich, Kathrin, *Film. Killing. Gender. Weiblichkeit und Gewalt im zeitgenössischen Hollywoodfilm*, Marburg 2008.

Gabriel, Marcus/Žižek, Slavoj, *Mythology, Madness and Laughter. Subjectivity in German Idealism*, New York/London 2009.

Gates, Philipa, *Detecting Men*, New York 2006.

Genz, Henning, *Die Entdeckung des Nichts – Leere und Fülle im Universum*, München/Wien 1994.

Gerbner, G./Gross, L., »Living With Television. The Violence Profile«, in: *Journal of Communication*, 26(2), 1976, S. 173 – 199.

Gildemeister, Regine/Wetterer, Angelika, »Wie Geschlechter gemacht werden. Die soziale Konstruktion der Zweigeschlechtlichkeit und ihre Reifizierung in der Frauenforschung«, in: Hannelore Faulstich-Wieland (Hg.), *Einführung in die Genderstudien*, Opladen/Farmington Hills 2006, S. 107 – 108.

Goffman, Erving, *Interaktion und Geschlecht*, Frankfurt/New York 1994.

Gottschlach, Wilfried, *Männlichkeit und Gewalt*, Weinheim/München 1997.

Grossberg, Lawrence, *We Gotta Get Out of This Place – Popular Conservativism and Postmodern Culture*, New York/London 1992.

Grosz, Elizabeth, »Bodies-Cities«, in: Beatritz Colomina (Hg.), *Sexuality and Space*, Princeton 1992.

Grosz, Elizabeth, *Volatile Bodies. Toward a Corporeal Feminism*. Bloomington, Indianapolis 1994.

Grünwald, Jan, »Apokalyptische Jungs – Formen von Männlichkeit auf MySpace«, in: Birgit Richard Alexander Ruhl (Hg.), *Konsumguerilla – Widerstand gegen Massenkultur?*, Frankfurt/Main 2008, S. 169–183.

Hagemann-White, Carol, »Thesen zur Konstruktion der Zweigeschlechtlichkeit«, in: Barbara Schaeffer-Hegel (Hg.), *Mythos Frau, Projektionen und Inszenierungen im Patriarchat*, Berlin 1984.

Hahn, Hans Peter, »Von der Ethnographie des Wohnzimmers – zur Topografie des Zufalls«, in: Elisabeth Tietmeyer, Claudia Hirschberger, Karoline Noack und Jane Redlin (Hg.), *Die Sprache der Dinge – kulturwissenschaftliche Perspektiven auf die materielle Kultur*, Münster/New York/München/Berlin 2010, S. 9–22.

Hallward, Peter, *Badiou, A Subject to Truth*, Minneapolis 2003.

Hardt, Michael/Negri, Antonio, *Empire*, Cambridge/Massachusetts/London 2001.

Harman, Graham, *Towards Speculative Realism*, Hampshire 2010.

Hartmann, Günter, *Die Ruine im Landschaftsgarten*, Worms 1981.

Hipfl, Brigitte,»Mediale Identitätsräume – Skizzen zu einem spatial turn in der Me-
dien- und Kommunikationswissenschaft«, in: Brigitte Hipfl, Elisabeth Klaus
und Uta Scheer, *Identitätsräume – Nation, Körper und Geschlecht in den Medien*,
Bielefeld 2004, S. 16–52.

Brigitte Hipfl, Elisabeth Klaus und Uta Scheer,»Mediale Identitätsräume«, in: Brigitte Hipfl, Elisabeth Klaus und Uta Scheer, *Identitätsräume – Nation, Körper
und Geschlecht in den Medien*, Bielefeld 2004, S. 9–15.

Hirschauer, Stefan,»Die soziale Fortpflanzung der Zweigeschlechtlichkeit«, in: *Köl-
ner Zeitschrift für Soziologie und Sozialpsychologie*, 46 H. 4, 1994, S. 668–692.

Höltgen, Stefan, *Schnittstellen – Die Konstruktion von Authentizität im Serienmörder-
film*. Dissertation an der Philosophischen Fakultät der Rheinischen Friedrich-
Wilhelms-Universität, Bonn 2009.

Hügel, Hans-Otto,»Spielformen des Bösen in der populären Kultur«, in: *Das Böse
heute*, München 2008, S. 307–318.

Invisible Committee, The, *Coming Insurrection*, Cambridge 2009.

Joisten, Karen, *Philosophie der Heimat – Heimat der Philosophie*, Berlin 2003.

Jordan, Wolfgang, *Friedrich Nietzsches Naturbegriff zwischen Neuromantik und positivistischer Entzauberung*, Würzburg 2006.

Kalis, Pamela/Neuendorf, Kimberly A.,»Aggressive Cue Prominence and Gender
Participation in MTV« in: *Journalism Quarterly*, 1989, 66 (1).

Kierkegaard, Sören, *Der Begriff Angst*, Stuttgart 1992.

Kierkegaard, Sören, *Die Krankheit zum Tode. Vorwort, Abschließende unwissenschaftli-
che Nachschrift*, Düsseldorf/Köln 1959.

Kirchner, Friedrich/Michaëlis, Carl, *Wörterbuch der Philosophischen Grundbegriffe*.
Leipzig 1907.

Kittler, Friedrich,»Imaging«, in: *What a Wonderful World! – Musicvideos in architecture*, Ausstellungskatalog, Groningen 1990, S. 47–48.

Kluge, Alexander, *Nachrichten aus der ideologischen Antike*, DVD, Frankfurt am
Main 2008.

Kluge, *Etymologisches Wörterbuch der deutschen Sprache*, 23., erweiterte Auflage, Ber-
lin/New York 1995.

Knaller, Susanne/Müller, Harro,»Authentizität und kein Ende«, in: Susanne Knaller
und Harro Müller (Hg.), *Authentizität – Diskussion eines ästhetischen Begriffs*,
Paderborn 2006, S. 7–16.

Knieper, Thomas,»Kommunikationswissenschaft«, in: Klaus Sachs-Hombach (Hg.),
Bildwissenschaft, Frankfurt/Main 2006, S. 37–51.

Kotthoff, Helga,»Was heißt eigentlich doing gender?«, in: J. van Leeuwen-Turnov-
cová (Hg.), *Wiener Slawistischer Almanach*, Sonderband 55, Wien 2002, S. 2–7.

Kristeva, Julia, *Powers of Horror*. New York 1982.

Latour, Bruno, *Iconoclash. Gibt es eine Welt jenseits des Bilderkrieges?*, Berlin 2002.

Latzel, Sigbert, *Der ernste Mensch und das Ernste*, München 2001.

Lemke, Inga, *Verschwinden des Körpers – Wiederkehr des Körpers*, in: Ernest W. B.
Hess-Lüttich, *Autoren, Automaten, Audiovisionen*, Wiesbaden 2001, S. 151–168.

Levinas, Emmanuel, »Transcendence and Height«, in: Adriaan Theodoor Peperzak und Simon Critchley (Hg.), *Emmanuel Levinas – Basic Philosophical Writings*, Bloomington 1996, S. 11–32.

Lévi-Strauss, Claude, *The Savage Mind*, Chicago 1966.

Löw, Martina, »Konstituierung sozialer Räume im Geschlechterverhältnis«, in: *Differenz und Integration. Die Zukunft moderner Gesellschaften. Verhandungen des 28. Kongresses der deutschen Gesellschaft für Soziologie in Dresden 1996*. Frankfurt/Main 1997, S. 451–463.

Löw, Martina, *Raumsoziologie*, Frankfurt/Main 2001.

Maas, Georg, »Videoclips. Gegenwartskunst oder Gefahr für die Jugend?«, in *Musik und Unterricht 9*, 1998, S. 5–12.

Macho, Thomas in: *Der göttliche Kapitalismus*, hg. von Marc Jongen, Paderborn 2007.

Martschukat, Jürgen/Stieglitz, Olaf, *Geschichte der Männlichkeiten*, Frankfurt/Main/New York 2008.

Marx, Karl, *Das Kapital*, Berlin, MEW 23, 1968.

Marx, Karl, »Der achtzehnte Brumaire des Louis Bonaparte«, in: Karl Marx und Friedrich Engels, *Werke*, Bd. 8, Berlin 1978, S. 113 - 207.

McCarty, John, *Splatter Movies, Breaking the Last Taboo*. New York 1981.

McGrath, Roberta, »Looking Hard – The Male Body under Patriarchy«, in: Alasdair Foster (Hg.), *Behold the Man, The Male Nude in Photography*. Edingburgh 1988.

McLuhan, Marshall, *Understanding Media. The Extensions of Man*, New York 1964.

Mentges, Gabriele/Neuland-Kitzerow, Dagmar/Richard, Birgit, *Uniformierungen in Bewegung. Vestimentäre Praktiken zwischen Vereinheitlichung, Kostümierung und Maskerade*, Münster/New York/München/Berlin 2007.

Meteling, Arno, *Monster. Zur Körperlichkeit und Medialität im Modernen Horrorfilm*. Bielefeld 2006.

Mitchell, W.J.T., *Iconology, Image, Text, Ideology*, Chicago/London 1987.

Morton, Timothy, *Ecology without Nature – Rethinking Environmental Aesthetics*, Cambridge/Massachusetts/London 2007.

Moser, Sibylle, »Feministische Medientheorien«, in: Stefan Weber (Hg.), *Theorien der Medien*, Konstanz 2003, S. 224–252.

Moynihan, Michael/Soderlind, Didrik, *Lords of Chaos*, Los Angeles 1998.

Neumann, Hans-Joachim, *Das Böse im Kino*, Frankfurt/Main/Berlin 1986.

Neumann-Braun, Klaus/Mikos Lothar, *Videoclips und Musikfernsehen. Eine problemorientierte Kommentierung der aktuellen Forschungsliteratur*. Schriftenreihe Medienforschung der Landesanstalt für Medien NRW (LfM), Bd 52, Berlin 2006.

Newton, Isaak, *Mathematische Grundlagen der Naturphilosophie*, Hamburg 1988.

Nietzsche, Friedrich, *Der Antichrist. Versuch einer Kritik des Christentums*, Frankfurt/Main 1986.

Nietzsche, Friedrich, *Götzendämmerung oder wie man mit dem Hammer philosophiert*, Frankfurt/Main 1984.